Kommerzielle Datenverarbeitung

Eine Schriftenreihe herausgegeben von

Prof. Dr.-Ing. Arno Schulz

Das Management-Informationssystem als Mittel der Unternehmensführung

von

Winfried A. Elm

mit 19 Abbildungen und 3 Tabellen

Walter de Gruyter · Berlin · New York 1972

 Satz und Druck: E. Rieder, Schrobenhausen. — Printed in Germany.

Library of Congress Catalog Card Number: 72-76033

ISBN 3 11 003838 2

Vorwort

Der Technische Fortschritt als treibende Kraft der Wirtschaft stellt an die Unternehmer in zunehmendem Maß immer höhere Anforderungen und Aufgaben. Die Betriebswirtschaftslehre kann sich dieser Entwicklung nicht verschließen, sondern sie muß sich deren wissenschaftliche Erfassung und Durchdringung annehmen. Unsere Bemühungen müssen dahingehen, daß wir von einer Theorie des Unternehmens zu einer Theorie der Unternehmensführung gelangen. Bei Kongressen, Tagungen und Seminaren wurde wiederholt bestätigt, daß in Zukunft ein Informationssystem als Mittel der Unternehmensführung notwendig sein wird. Der neue Führungsstil, das neue Führungsverhalten sowie die Schnellebigkeit unserer Zeit verlangen zweckkonforme Führungsmittel. Deutschsprachige Literatur-Neuerscheinungen über die Herausforderung und Techniken auf dem Gebiet der Unternehmensführung der kommenden Jahre gibt es kaum. Dies war auch der Anlaß, diese Arbeit anzufertigen. Sie soll für Wissenschaft und Praxis ein Beitrag sein, die zukünftigen Probleme der Unternehmensführung aufzuzeigen und die Diskussion der Problemlösungen voranzutreiben.

Berlin, im September 1971

Dipl.-Ing. Dr. rer. pol. Winfried A. Elm

Inhalt

Abbildungen

Tabellen

1. Sachlich-systematische und begriffliche Grundlegung

1.1 Problemstellung, Gang und Ziel der Arbeit

Der Technische Fortschritt als dynamischer Unruhefaktor unserer modernen Wirtschaft wird an die Unternehmer der Zukunft noch höhere Anforderungen und komplexere Aufgaben als bisher stellen. Die wirtschaftlichen Zusammenhänge werden differenzierter, vielschichtiger, unübersichtlicher und somit die Probleme des Führens und des Erkennens der Wirtschaftsinterdependenzen immer schwieriger. Eine Direktkontrolle durch den Menschen ist nicht mehr möglich, da die Realitäten nicht mehr anschaulich genug sind. Den oft kurzfristigen Schwankungen der konjunkturellen und wirtschaftspolitischen Entwicklung sind die Führungspraktiken der Vergangenheit, die traditionellen Informationsinstrumente und -methoden nicht mehr gewachsen. Aus dieser Kritik an den Praktiken der Unternehmensführung hat sich in den europäischen und damit auch in den deutschsprachigen Ländern die Erkenntnis gefestigt, daß sich im Vergleich mit Ländern wie denUSA und Japan ein „technological gap", ein „managerial gap" und ein „educational gap" zu ungunsten der europäischen Länder entwickelt hat. Somit ist an den Unternehmer unserer Zeit die zentrale Forderung zu richten: Unternehmerische Anforderungen und Aufgaben der Zukunft müssen sich am Technischen Fortschritt orientieren. Dieser Notwendigkeit muß sich auch die Unternehmensführung anpassen. „Facts and figures" müssen die Entscheidungssituation beherrschen, und dazu sind Informationen unumgänglich. Der Erfolg einer Unternehmensführung steht und fällt mit der Güte der Informationen. Ab einer Unternehmensgröße von ca. 30 Millionen Deutsche Mark Jahresumsatz sind allein die Computersysteme der dritten Generation in der Lage, die Fülle der Informationen wirtschaftlich zu verarbeiten. Der Einsatz elektronischer Datenverarbeitungsanlagen verbürgt jedoch keinesfalls die Lösung der aufgeworfenen Probleme. Informationsaufbereitung zur Kontrolle und Entscheidungsbildung setzen in einem Unternehmen eine „maßgeschneiderte Organisation" des Informationsflusses voraus — ein integriertes Informationssystem, das als Mittel der Unternehmensführung dient. In der vorliegenden Arbeit soll dieser Problemkreis in einer geschlossenen Darstellung erörtert und dessen Realisierbarkeit aufgezeigt werden.

Das Informationssystem als Mittel der Unternehmensführung ist in der jüngsten Vergangenheit als „Management-Informationssystem" (MIS) oft Gegenstand der Literatur und Diskussionen gewesen. Der Inhalt der Begriffsneuprägungen ist jedoch teilweise uneinheitlich und zum großen

Teil schlagwortartig, so daß Unklarheiten bei der Verwendung der Begriffe die Folge sind. Aus diesem Grund sollen im Einleitungsteil der Arbeit die Begriffe in ihrer informationstheoretischen und betriebswirtschaftlich-organisatorischen Bedeutung für die weitere Abhandlung eindeutig festgelegt werden.

Im ersten Hauptteil wird im Anschluß an dessen Begriffsinterpretation das Management-Informationssystem in seiner Grundkonzeption nach den system-spezifischen Eigenschaften und Merkmalen analysiert und anschließend in einem Organisationsentwurf dargestellt. Dieser Abschnitt behandelt somit das Informationssystem konstitutionierend aus betriebswirtschaftlich-theoretischer Sicht.

Im zweiten Hauptteil wird dann der Einsatz eines MIS als Mittel der Unternehmensführung behandelt. Die Abhandlung bringt jedoch eine methodische Schwierigkeit mit sich: Die Kapazität der unternehmerischen Aktivität umfaßt sehr heterogene Einzelleistungen, die durch Interdependenzen gekennzeichnet sind. Eine systematische Erörterung des Einsatzes eines Informationssystems ist jedoch nur dann möglich, wenn der Aufgabenkomplex der Unternehmensführung in homogene Teilbereiche zerlegt wird. Dazu könnten die Grundfunktionen eines Unternehmens — Beschaffung, Produktion, Vertrieb, Verwaltung und Leitung — verwendet werden. Für die vorliegende Arbeit erscheint diese Differenzierung jedoch nicht brauchbar, da sich so die Grundsätzlichkeiten des Einsatzes eines Informationssystems als Mittel der Unternehmensführung nur sehr schwer darstellen lassen. Deshalb wird beim Aufzeigen dieses Problemkreises ein Weg beschritten, der den erwähnten Nachteil nicht aufweist. Im Mittelpunkt steht hierbei das Typische, das Spezifikum einer jeden Führungstätigkeit: das Planen, das Fällen, das Durchsetzen und die Kontrolle von Entscheidungen. Daneben wird aber auch gezeigt, wie durch den Einsatz eines Management-Informationssystems aktuelle Einzelprobleme der betrieblichen Belange bewältigt werden können, die allgemein von Interesse für die Unternehmensführung sind. Durch diese Aufteilung wird die Informationsabfolge in homogene Durchführungsbereiche zerlegt.

Im dritten Hauptteil wird die neue Bedingungslage eines Management-Informationssystems durch den Technischen Fortschritt erörtert, wobei auf zwei zukunftsorientierte Probleme des formalen Vollzugs einzugehen ist: die Automatisierbarkeit eines Informationssystems und der Problemkreis eines REAL-TIME-Management-Informationssystems.

Der Schlußteil bringt eine Zusammenfassung der wesentlichen Erkenntnisse und Ergebnisse der Untersuchung sowie einen Ausblick auf die Einsatzplanung eines Informationssystems.

Mit dieser Arbeit wird ein Problemkreis angesprochen, dessen wissenschaftliche Erfassung und Durchdringung sich die moderne Betriebswirtschaftslehre als Aufgabe stellen muß, um das neue, sich ändernde Führungsverhalten der Unternehmensführung ziel- und systemkonform zu gestalten. In diesem Prozeß der betriebswirtschaftlichen Orientierung am Technischen Fortschritt können der schöpferische Weitblick und die schöpferische Fähigkeit eines Unternehmers, seine Initiative, der Mut zur Verantwortung und die Durchsetzungskraft nicht ersetzt werden; Management-Informationssysteme liefern jedoch gerade hierfür die Informationen, durch die die Unternehmereigenschaften erst richtig zur Geltung gelangen können. Das Management-Institut in Heidelberg hat während der Herbstmonate 1969 mehrere Seminare für mehr als zweihundert deutsche Top-Manager durchgeführt. Dabei wurde von den Teilnehmern immer wieder darauf hingewiesen, daß es in der Bundesrepublik keine Literatur-Neuerscheinungen über die Herausforderungen und Techniken auf dem Gebiet der Unternehmensführung der kommenden Jahre gibt. Die vorliegende Arbeit verfolgt gerade dieses Ziel, einerseits den neuen Führungsstil und das neue Führungsverhalten aufzuzeigen, andererseits die wissenschaftliche Auseinandersetzung über die zur Durchführung notwendigen Management-Informationssysteme voranzutreiben und einen umfassenden Überblick über die spezifischen Probleme zu geben.

1.2 Die Begriffe der Untersuchung in ihrer informationstheoretischen und betriebswirtschaftlich-organisatorischen Bedeutung

1.21 System, Nachricht, Information, Kommunikation

Das Wort System ist abgeleitet aus dem Altgriechischen; die Übersetzung lautet: das Zusammengesetzte. Es bedeutet ein aus Einzelteilen gebildetes Ganzes, das nach bestimmten Prinzipien, nach einer Ordnung zusammengesetzt ist. Beeinflußt von dem kybernetischen Denken wird in allen wissenschaftlichen Disziplinen und Bereichen technischer, ökonomischer, psychologischer und physiologischer Praxis das Wort „System" vorwiegend für ein nach organisatorischen Prinzipien geordnetes Ganzes benutzt.

Der Begriff Nachricht hat im täglichen Sprachgebrauch des Menschen eine weite Verbreitung gefunden; eine Definition wird dadurch sehr erschwert. Redewendungen wie „Nachricht hören", „Nachricht geben", „Tagesnachrichten" verwenden wohl den Nachrichtenbegriff, ohne eine wissenschaftliche Definition beizumessen. Drei Charakteristika haften jedoch an diesen Redewendungen: existent sind ein Sender, ein Empfänger und etwas mit den menschlichen Sinnen Wahrnehmbares, wodurch Tatbestände konkretisiert werden. Eine Nachricht muß jedoch in materiellen Elementen fixiert sein, wenn sie nicht lediglich im rein abstrakt geistigen Raum eines Lebewesens verbleiben soll [193, S. 8]. Diese Elemente als Nachrichtenträger sind sinnlich wahrnehmbare Reize und/oder physikalisch erfaßbare Zustände, die in der Literatur synonym als Signale [177, S. 22], Symbole [283, S. 31] oder Zeichen [124, S. 2] bezeichnet werden. Sie können z. B. als Buchstaben, Ziffern, Laute und Bilder, andererseits als Spannungen, magnetische Felder, Schwingungen und Impulse dargestellt werden [33, S. 169]. Somit kann als Definition gelten: Eine Nachricht ist eine Folge von Signalen, gebildet aus wahrnehmbaren Elementen unserer Erscheinungswelt. Ihrem Wesen nach ist eine Nachricht wertfrei.

Dem Begriff Information werden in der Literatur je nach Fachgebiet, Autor und seinem Denken die verschiedensten Definitionen zugeordnet. Für den Zweck der vorliegenden Arbeit eignet sich die Darstellung von Wittmann [201, S. 14]; eine Information ist als bewertete Form einer Nachricht anzusehen, indem zu dem wertfreien Tatbestand der Übermittlung der Nachricht die Funktion der Aussage, der Mitteilung, die Inhaltsbewertung tritt. Einen Unterschied zwischen Information und Nachricht sieht auch Albach. Das Wissen wird durch einen Sender in Signale transformiert; diese Signale werden von einem Empfänger aufgenommen und als Nachricht ausgegeben. „Die Nachricht wird dann zur Information, d. h. Wissen beim Empfänger" [3, S. 379]. Eine Information ist somit eine interpretierte Nachricht.

Auch der Begriff Kommunikation erfährt in der Literatur eine unterschiedliche Auslegung. Um für den Fortgang der Arbeit eine zweckmäßige Begriffsdeutung zu finden, ist eine kurze Erörterung des Begriffs notwendig. Coenenberg [37, S. 34 ff.] regt zu folgender grundsätzlicher Unterscheidung an: Kommunikation als formalorganisatorisches und Kommunikation als soziologisches Kalkül. Diese Unterscheidung bedarf jedoch noch einer Ergänzung, indem die von der Systemtheorie ausgehenden Auffassungen über Kommunikation hinzugefügt werden.

Die formalorganisatorische Deutung vertritt z. B. Koreimann, der unter Kommunikation die „Sammlung, Verwertung, Übermittlung und zweckmäßige Speicherung von relevanten Informationen" [248, S. 631] versteht. Simon führt aus, daß als Kommunikation jeder Prozeß zu bezeichnen sei, bei dem Entscheidungsgrundlagen zwischen Gliedern einer Organisation übertragen werden [169, S. 154].
Kramer bezeichnet „als Kommunikation die Gesamtheit aller auf die Glieder einer Organisation bezogenen Regelungen . . . , die auf das Zusammenwirken der Funktionen Aufnahme (Empfang), Speicherung, Verarbeitung und Ausgabe (Sendung) von Signalen, Nachrichten oder Infor-

mationen gerichtet sind" [97, S. 35]. Nach der Ansicht von Kosiol wird das Gliederungssystem des Betriebs „durchsetzt von einem umfangreichen Netz von Beziehungen zwischen den Stellen, das ein kommunikatives Beziehungssystem darstellt, weil es dazu dient, die organisatorisch getrennten Stellen zu vereinigen, um den Arbeitsprozeß der Unternehmung gemeinsam durchzuführen" [96, S. 178]. Wiener kommt zu dem Ergebnis, daß die Kommunikation einen Mechanismus der Organisation darstellt [193, S. 18].

Den soziologischen Aspekt der Kommunikation betonen z. B. Allen [5, S. 144], der unter Kommunikation die Summe der Handlungen einer Person versteht, die dazu dienen, sich einer anderen Person gegenüber verständlich zu machen, und Weaver [280, S. 95], der mit dem Begriff Kommunikation „all of the procedures by which one mind may affect another" zusammenfaßt. Diese Definitionen beinhalten eine so allgemeine Aussage, daß sie zur Klärung der betriebswirtschaftlich-organisatorischen Fragestellung nicht beitragen.

Eine von der Systemtheorie beeinflußte Auffassung zum Begriff Kommunikation ist die von Häusler, der Kommunikation als „Inbegriff der in einem System bestehenden Beziehungen" [71, S. 116] definiert. Staerkle spezifiziert diese Beziehungen als „... eine gegenseitige Abhängigkeit, ein Aufeinanderangewiesensein zweier oder mehrerer Stelleninhaber" [174, S. 31].

Als Basisbegriff für den Tatbestand der Kommunikation eignet sich für die vorliegende Arbeit die aus der Systemtheorie herausgebildete Auffassung, die durch die repräsentativen formalorganisatorischen Aspekte ausgebaut werden muß. Kommunikation ist somit ein terminus technicus für die Gesamtheit der Beziehungen in einem nach organisatorischen Prinzipien geordneten Ganzen, die durch das Zusammenwirken der Grundfunktionen Erfassung, Eingabe, Verarbeitung, Speicherung und/oder Ausgabe von Informationen konkretisiert werden.

1.22 Nachrichtensystem, Kommunikationssystem, Informationssystem

In der Literatur werden entsprechend der unterschiedlichen Definitionen der Grundbegriffe die Wortverbindungen ebenfalls für problemverwandte Tatbestände gebraucht. Auch diese Begriffsbildungen müssen interpretiert und deren Abhängigkeit untersucht werden, da sie grundlegende Sachverhalte zur Gewinnung von betriebswirtschaftlich-organisatorischen Erkenntnissen beschreiben und außerdem Grundkomponenten der Organisationsanalyse darstellen.

Ausgehend von dem obengenannten Nachrichtenbegriff sind unter einem Nachrichtensystem die nach Gesetzmäßigkeiten aufeinander abgestimmten technischen Einrichtungen zur formalen Verarbeitung einer Signalfolge zu verstehen. Ein Mensch, der eine Nachricht einem anderen Menschen übertragen will, tritt in seiner Eigenschaft als Sender auf, der zuhörende Partner als Empfänger. Die Verbindung zwischen beiden Aufgabenträgern wird durch ein Sende- und Empfangsgerät geschaffen, die ihrerseits durch ein Übertragungsmedium in Kontakt stehen. Diese Einrichtungen zur Bearbeitung von Signalen muß nach dem Prinzip der Kompatibilität geordnet sein, d. h. die formale Arbeits- und Funktionsweise der einzelnen Systemelemente muß aufeinander abgestimmt sein. Sender bzw. Empfänger können auch technische Speichermedien sein.

Die Nachrichtenverarbeitung erfolgt grundsätzlich in drei Phasen:

1. Aufbereitung der Nachricht,
2. Signaltransport,
3. Aufnahme der Nachricht.

Das Aufbereiten der Nachricht umfaßt die Annahme der Nachricht in Form von Daten und Zeichen, die in übertragungskonforme Signale moduliert werden und das Senden der Einzelsignale. Gegebenenfalls tritt zwischen Annahme und Modulation eine Speicherung der Signale. Der Signaltransport beinhaltet die Übermittlung der Signale mit Hilfe eines Trägermediums. Werden z. B. bei großen Entfernungen abschnittsweise die Signale übertragen oder werden verschiedenartige Übertragungsmedien benötigt, bilden entsprechende Umformer die Verbindung. Diese Geräte arbeiten analog den Sende- bzw. Empfangsgeräte. Die Aufnahme der Nachricht besteht in der Annahme der Signale und deren Demodulation zu empfangskonformen Signalen, die dann als Nachricht formuliert werden.

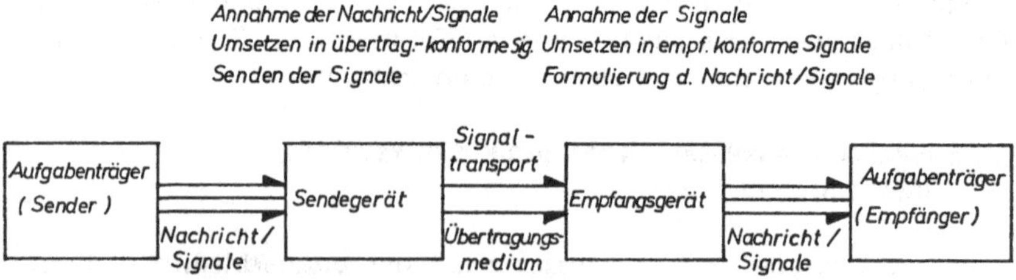

Abb. 1. Grundprinzip eines Nachrichtensystems

Die in Abb. 1 dargestellte einfachste Form des Nachrichtensystems zeigt zwei sich unterhaltende Menschen. Ein Gesprächspartner mit dem „Wissen" wird als Aufgabenträger in Verbindung mit dem Sendegerät (Mund) zum Sender, sein Zuhörer nimmt mit Hilfe der Gehörorgane die Luftschwingungen wahr und empfängt somit die Nachricht.

Oft sind jedoch sehr viel komplexere Nachrichtensysteme zu finden, die Signale der menschlichen Sinne und/oder Signale von physikalischer Beschaffenheit übermitteln. Als Beispiele seien hier das Fernmeldenetz der Bundespost, die Sprechanlage in einem Betrieb, die Rundfunk- und Fernseheinrichtungen oder Fernschreiber genannt. Ebenso stellen elektronische Datenverarbeitungsanlagen hardware-mäßig formaltechnische Anlagen zur Verarbeitxung von Signalen — ein Nachrichtensystem — dar; eine solche Computer-Anlage wird auch als Konfiguration bezeichnet.

Zwischen den einzelnen Aufgabenträgern bzw. Sendern und Empfängern bestehen kommunikative Beziehungen. Die Gesamtheit dieser Beziehungen bildet ein von den auszuführenden Aufgaben strukturiertes geistiges Netz, das als Kommunikationssystem zu bezeichnen ist. „Das Kommunikationssystem als Inbegriff der in einer Unternehmung bestehenden kommunikativen Beziehungen zwischen den einzelnen Aufgabenträgern bildet die strukturelle Komponente der innerbetrieblichen Kommunikation" [10, S. 48]. Sender und Empfänger in der Eigenschaft als sich gegenseitig zu verständigende Partner sowie die nicht direkt greif- oder sichtbaren Verbindungen des geistigen Verkehrs [97, S. 114] — die Kommunikationswege[1] — als Bindeglied zwischen den korrespondierenden Aufgabenträgern stellen die Systemelemente dar.

Die Kommunikationsaufgaben des Senders bestehen, wenn es ein Mensch ist, in der Wahl des Kommunikationspartners sowie des Informationsinhalts, der Art, der Formulierung und des Zeitpunkts der Informationsübermittlung [10, S. 49]. Hax stellt fest, daß im Extremfall sich ein Sender nach explizit vorgegebenen Verhaltensnormen zu richten habe [69, S. 76 ff.]; die Entscheidung muß er nur dahingehend fällen, ob er diese befolgen will oder nicht. Fungiert als Sender ein Speichermedium, so liefert der Aufgabenträger Daten in Form von Signalen. Alle weiteren Kommunikationsaufgaben werden von einem starr vorgegebenen Programm ausgeführt und überwacht. Voraussetzung ist in diesem Fall, daß alle Aufgaben in Kategorien erfaßbar und programmierbar sind.

Die Aufgaben des Empfängers umfassen, wenn es sich um einen Menschen handelt, die Aufnahme und Kontrolle des Informationsinhalts sowie die Entscheidung über die weiteren Veranlassungen, was erledigt werden muß. Die Aufnahme hängt von der Bedingung ab, daß die Information „von der Perzeption zur Apperzeption, d. h. von der sinnlichen Wahrnehmung zur bewußten Vorstellung" [166, S. 80] angelangt. Bei einem Speichermedium als Empfänger werden nur Signale aufgenommen und auf ihre Richtigkeit kontrolliert. Alle weiteren Kommunikationsaufgaben müssen wieder von einem Programm ausgeführt werden; dazu müssen

[1] Neben dem Begriff Kommunikationsweg werden die Bezeichnungen Informationsweg und Kommunikationskanal synonym gebraucht.

die Daten in Form von Signalen wieder gelesen werden. Der Empfänger wird zum Sender, der Vorgang der Perzeption zur Apperzeption entfällt.

Die als weiteres Systemelement genannten Kommunikationswege weisen einen Abstraktionsgrad auf, da sie ihrem Wesen nach nicht an eine Vergegenständlichung gebunden sind [10, S. 55]. Der den Aufbau eines Kommunikationssystems kennzeichnende Faktor sind die aufgabenträger-verknüpfenden Kommunikationswege. Sie werden wie folgt geprägt:

1. Ein Kommunikationsweg beschreibt die geistige Beziehung der Verbindung zweier oder mehrerer Aufgabenträger [1, S. 88 ff; 160, S. 153].
2. Ein Kommunikationsweg stellt eine bestimmte konkretisierte Kommunikationsbeziehung aus der Vielzahl der prinzipiell denkbaren dar [95, S. 168 ff.].

In den bestimmten konkretisierten Kommunikationskanälen fließen die Informationen — die Objekte des Kommunikationssystems. Aus diesem Zusammenhang ist der Inhalt des Begriffs Informationssystem abzuleiten.

Niederberger faßt die Anzahl der Kommunikationswege zusammen als ein „Netz von Informationswegen und -verbindungen, welches sich über die ganze Unternehmung und darüber hinaus erstreckt", das „als Informationssystem bezeichnet werden" [135, S. 33] kann, stellt aber auch im darauf folgenden Absatz fest: „Eine andere Betrachtungsweise, welche vom Bedarf der Leitung der Unternehmung an Information ausgeht, führt ebenfalls zum Informationssystem" [135, S. 33]. Ausgangspunkt für die Begriffsdeutung ist die Unterscheidung der Unternehmensaufgaben in unmittelbare und mittelbare. Unmittelbare Aufgaben sind die eigentlichen Arbeitsaufgaben des Betriebes, die von Arbeitsprozessen gekennzeichnet sind. Mittelbare Aufgaben sind diejenigen, die den Betrieb und die Betriebsverwaltung zum Objekt haben und die von einem informativen Charakter geprägt sind. Diese Informationsaufgaben resultieren aus Informationsprozessen, die sich aus den Informationsabfolgen — den Informationsflüssen — herausbilden. Die Informationsflüsse können nun aufgrund der geschaffenen Unternehmensorganisation durch die gewollten Informationswege die Instanzen verbinden und somit ein Kompetenzsystem mit seinen Instanzenzügen und Dienstwegen bilden.

Andere gewollte Formen der Kooperation sind meist in den hierarchisch höheren Ebenen der Unternehmensführung Besprechungen und Ausschußsitzungen. Informationsflüsse können aber auch aufgrund informeller Beziehungen entstehen. Jedoch nur die Gesamtheit aller bestimmten, nach unternehmens-organisatorischen Prinzipien geordneten Informationsprozesse kann nach den betriebswirtschaftlich-organisatorischen Grundsätzen als „das Informationssystem" in einem Unternehmen angesehen werden. Das Informationssystem baut wohl auf dem Netz von Informationswegen auf, der prägende Faktor ist jedoch das Kalkül der gezielten Bereitstellung von Informationen: die Herkunft der Information, die Aufbereitung der Information, der Inhalt der Information, die instanzengerechte Zuordnung der Information und der bestimmte Zeitpunkt des Zugangs der Information. Das Informationssystem ist als etwas „Lebendiges" der Wirklichkeit im Unternehmensgeschehen direkt der Dynamik des Betriebs als Ganzem unterworfen.

Zusammenfassend läßt sich sagen: Das Informationssystem setzt ein Kommunikationssystem voraus und dieses wiederum ein Nachrichtensystem, so daß der Gebrauch des Begriffs Informationssystem die Existenz beider Basissysteme einschließt.

1.23 Unternehmensführung

In der Themenstellung der Arbeit wird ein Oberbegriff der Betriebswirtschaftslehre benutzt, der als nicht eindeutig verstanden vom Standpunkt der Wissenschaft umstritten ist: die Unternehmensführung. Dieser Begriff ist verwandt mit „Unternehmensleitung". Vom Inhalt her läßt sich zwischen Führung und Leitung ein Unterschied erkennen, der über Nuancierungen hinausgeht [159, S. 31]. Eine Führung erteilt immer Weisungen, Leitung befolgt sie mehr. Die Führung eines Unternehmens hat die Aufgabe, „das Steuerrad im Unternehmen richtig zu drehen und der Politik anzupassen, d. h. also mit den täglich auf sie einstürmenden wirtschaftlichen Fragen fertig zu werden, die die unternehmenspolitischen Ziele ändern und auch die Verfahren der Zielerreichung variieren können" [159, S. 31]. Das Arbeitsgebiet der Führung ist also umfangreicher, geht über Politik hinaus. Schnutenhaus folgert daraus weiterhin: „Wenn aber die Führung jedes Gebilde als Oberbegriff beherrscht, Politik aber nicht identisch ist mit Führung, andererseits aber Leistungsdynamik ohne Politik nicht existieren kann, erscheint es zweckmäßig, den Begriff der Führung für die oberste Ebene der Unternehmung zu reservieren und den Begriff der Leitung für die nachfolgenden Ebenen zu nutzen" [159, S. 31]. Diese Auffassung kann jedoch nicht gebilligt werden, da die Begründung der Aufteilung der Begriffe Unternehmensführung und -leitung von der Identität Führung gleich Politik abgeleitet ist.

Auch Mellerowicz gibt zu, daß sich „Leitung" und „Führung" durch gewisse Nuancen voneinander unterscheiden. „Aber diese Unterscheidungen sind dann so klein, daß ein konsequenter Gebrauch kaum möglich ist. Denn im Grunde wären sie künstlicher Art, d. h. gedanklich hineininterpretiert" [119, S. 37]. Auch Fayol [50, S. 35 ff.] und Nordsieck (136, S. 97 ff.] unterscheiden zwischen dem „Instanzenbau" und der „Rangordnung". Die Rangeinstufung ist die wertmäßige Seite des Instanzenbaues, wobei Nordsieck unter Instanz einen Funktionsträger versteht, der mit Machtbefugnis und Vertretungsgewalt gegenüber den Untergebenen ausgestattet ist. Ebenso sieht Schramm [161, S. 10 ff.] in der Instanz einen Arbeitsträger, der innerhalb seines genau abgegrenzten Funktionsbereiches autoritär entscheidet und anordnet. In der heutigen Zeit, in der das Delegieren der Führungsaufaben ein Grundsatz der modernen Betriebswirtschaftslehre darstellt, liegt es nahe, „der Gliederung nach Führungs-, Leitungs- und Ausführungsaufgaben eine Unterscheidung der Aufgabenbereiche in

Geschäftsführungsbereich
Leitungsbereich
Ausführungsbereich

zur Seite zu stellen. Die Bildung dieser verschiedenen Aufgabenbereiche kann aber nicht in der Weise geschehen, daß man einfach Führungsaufgaben und Führungsbereich, Leitungsaufgaben und Leitungsbereich sowie Ausführungsaufgaben und Ausführungsbereich gleichsetzt" [116, S. 57]. Die Erledigung von Führungsproblemen fällt größtenteils in den Führungsbereich. Gegenstand der Führungsaufgaben ist sowohl die Rahmenplanung der Struktur des Aufbaues der Unternehmung als auch die Grundsätze für die Unternehmenspolitik [119] nach innen und außen und für die Gestaltung der Vollzugsarbeiten festzulegen. „Führen heißt entscheiden und verantworten, heißt überdies vorausschauen, d. h. planen, also im voraus Ziele und Wege festsetzen" [122, S. 276].

Im Führungsbereich sind jedoch auch Leitungsaufgaben wie Koordination und manchmal sogar bestimmte Ausführungsaufgaben wie Kauf bzw. Verkauf von wertmäßig großen Geschäftsobjekten abzuwickeln. Im Leitungsbereich werden hauptsächlich die Leitungsaufgaben bewältigt. Jedoch werden auch in diesem Bereich von den Funktionsträgern Führungsaufgaben wie Verfahrensfragen oder Ausführungsaufgaben abverlangt. In den unteren Ebenen des Leitungsbereiches, z. B. im Bereich der Meister und Vorarbeiter, ist die Unterscheidung von Führungs-, Leitungs- und Ausführungsaufgaben nur noch schwer zu vollziehen. Im Ausführungsbereich werden Führungs- und Leitungsaufgaben wohl seltener zu finden sein, obwohl auch hier z. B. durch Abgabe von Verbesserungsvorschlägen Führungsarbeiten geleistet werden.

Die Zuordnung der verschiedenen Aufgaben auf die Aufgabenbereiche ist in Abb. 2 dargestellt.

Unternehmensführung ist also nicht nur die oberste Ebene der Unternehmung, sondern umfaßt mit Ausnahme des Ausführungsbereiches folgende Instanzen: Geschäftsführung, Bereichsleitung, Ressortleitung und Abteilungsleitung bzw. Meisterbereiche.

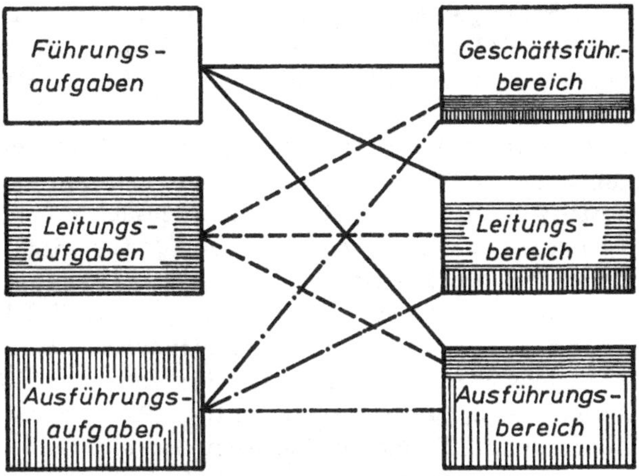

Abb. 2. Zuordnung der Aufgaben auf die Aufgabenbereiche[2]

1.24 Management

Seiner durchschlagenden Bedeutung, seinem alltäglichen Gebrauch zum Trotz ist „Management" ein am wenigsten eindeutiger und am wenigsten klar umrissener Begriff unserer Zeit.

Junckerstorff [84, S. 9 ff.] wirft die Frage auf: Management — eine Kunst oder eine Wissenschaft? Um diese Frage zu klären, geht er bis auf die Jahrhundertwende zurück. Damals hat schon Frederick W. Taylor [179] die Idee des Management nach wissenschaftlichen Grundsätzen entwickelt, Fayol [51] hat in eigener, der kontinentalen Denkweise angepaßten Überlegungen ein bodenständiges Konzept ausgearbeitet. Campion [29, S. 227] erklärt übereinstimmend mit Fayol in seinem grundlegenden Werk, daß Management gleich Verwalten sei, das nach klassischer Auffassung bedeute: vorausschauen, organisieren, anweisen, koordinieren und kontrollieren. In Deutschland war es Mellerowicz [120, S. 23], der Management als einen Teil der Betriebswirtschaftslehre darstellt, indem er ausführt: „Taylorismus im weiteren Sinne, wissenschaftliche Betriebsführung, ist nur ein kleiner Teil der Betriebswirtschaftslehre". Die Amerikaner Gast [58] und Terry [180] als die hervorzuhebenden Vertreter der „Business Administration" in den USA sind der Auffassung, daß das ausschlaggebende Moment bei der Begriffsklärung Management die Wahl der wissenschaftlichen Methode sei. Fayol [51, S. 138] faßt zusammen, daß Management gelehrt werden kann und gelehrt werden soll.

[2] nach A. Meier, [116, S. 58].

Im deutschen Sprachgebrauch umfaßt der Begriff Management etwas Doppeltes: Einmal wird damit eine bestimmte Tätigkeit innerhalb eines Unternehmens umschrieben, zum anderen ist Management der Inbegriff für die Tätigkeitsträger.

Junckerstorff führt zu dieser bestimmten Tätigkeit aus, daß sie „im Planen, Organisieren und Kontrollieren des Personals und des Kapitals" [84, S. 56] bestehe. Mellerowicz faßt allgemein zusammen: „Führung = Leitung = Management = Lenkung = Steuerung" [119, S. 37]. An anderer Stelle erläutert er seine Feststellung:

„Managing ... ist systematisches, nach unternehmenspolitischen Grundsätzen durchführtes, zweckbestimmtes und planendes, koordinierendes und kontrollierendes Handeln" [119, S. 43]. Für Vaterrodt bedeutet Management „Entscheidung auf Basis systematischer Planung und Koordination im Rahmen einer funktional gegliederten Organisation" [185, S. 55]. Aus dieser Begriffsfeststellung geht hervor, daß mehrere Funktionen besonderer Art, die sich von den Grundfunktionen deutlich abheben, die Tätigkeit Management bilden. Auf die sogenannten Management-Funktionen soll in diesem Abschnitt nicht eingegangen werden, da sich ein gesonderter Abschnitt mit den Charakteristika der Management-Funktionen befaßt[3].

Wie bereits angedeutet, wird Management auch als Inbegriff für alle Tätigkeitsträger verwandt, die Management-Funktionen innehaben: für die Führungsgremien des Unternehmens. Wachsende Abstraktion in der Führung von Unternehmen erfordert vom „klassischen Unternehmer" die Umstellung auf ein Arbeiten im Managerteam, das das Management bildet. „Der überlieferte Typ des Unternehmers, der die Wirtschaftsgeschichte der modernen Staaten in den unterschiedlichsten individuellen Prägungen im wesentlichen bestimmt hat, entspricht immer weniger den zeitgemäßen Modellen der gesellschaftspolitischen und betriebswirtschaftlichen Ablauftheorie" [205, S. 326]. Die Unternehmensführung wird zum Management. [228, S. 3]. „Zum Management gehören daher nicht nur die obersten Führungskräfte, das Top Management (wie bei Burnham), sondern — ähnlich der amerikanischen Auffassung — alle betrieblichen Kräfte, die sich vorwiegend mit dispositiven Arbeiten, insbesondere mit der betrieblichen Menschenführung befassen und die eine gewisse Entscheidungsmacht im Betrieb haben" [119, S. 41]. Ein Manager, ob als Eigentümer oder Angestellter, muß seine Rechte und Interessen der sachlichen Forderung des Unternehmens nach Managerleistung und -verhalten unterordnen [47, S. 103/104]. Er muß beide Extreme — Streben nach Gewinn und Dienst an der Allgemeinheit — stets gleichzeitig sehen.

[3] vgl. Abschnitt 2.212: Management-Funktionen.

Ein Wesenszug des Managers gegenüber dem Unternehmer besteht also darin, daß seine Tätigkeit sowohl nach dem Inhalt als auch in der Durchführung von einer Versachlichung geprägt ist. Der Vorzug des individuellen Engagements eines Unternehmers mußte dem Erfolgsdenken weichen. Jedoch besteht für ein Unternehmen nur in den Fähigkeiten und Leistungen seines Managements sein einziger echter Vorsprung in einer Wettbewerbswirtschaft [46, S. 11]. Peter F. Drucker führt weiter dazu aus: „Die industriellen Führungskräfte, die wir unter dem Begriff des Mnagement zusammenfassen, stellen innerhalb der industriellen Gesellschaft eine besondere, und zwar führende Gruppe dar. Wir sprechen heute nicht mehr von ‚Kapital' und ‚Arbeit'; statt dessen hören wir vielmehr von der ‚Verantwortung des Management' und von den — ein denkbar unglücklicher Ausdruck — ‚Vorrechten des Management'" [46, S. 11].

Der Begriff Management steht also einmal für die Tätigkeit, die sich aus den Management-Funktionen ableitet, und ist andererseits der Inbegriff für die Führungsgremien eines Unternehmens, die nach Management-Grundsätzen handeln [113, S. 17].

2. Das MIS — Begriff, seine Merkmale und Organisation

Nachdem im vorangehenden Abschnitt die begriffliche Grundlegung vollzogen ist, soll nun das als Mittel der Unternehmensführung dienende Informationssystem erörtert werden: das Management-Informationssystem.

Der Weg zum Erfolg steht in der Zukunft nur geschulten Führungspersönlichkeiten offen, die mit dem Aufbau und der Anwendung zweckmäßiger Management-Informationssysteme vertraut sind. Dieser Abschnitt befaßt sich deshalb mit dem organisatorischen Aufbau eines Management-Informationssystems, dessen betriebswirtschaftlich-theoretischen Grundlagen und zeigt einen Aufriß der spezifischen Probleme. Damit wird gleichzeitig erstmals der Versuch unternommen, ein Management-Informationssystem in seiner Ganzheit abzuhandeln.

2.1 Begriff des Management-Informationssystems

2.11 Wesen und funktionaler Inhalt

Ein Management-Informationssystem ist ein Dienstleistungssystem, das in einem fest vorgegebenen betrieblichen Kommunikationssystem verursachungs- und zeitnah für die Unternehmensführung die Daten der verschiedenen Unternehmensbereiche nach Maßgabe der vorliegenden Ordnungskriterien sammelt, umordnet und für Auswertungen verfügbar macht und das die so aufbereiteten Daten zu zweckgerichteten und funktionalen Informationen verdichtet und diese dosiert und differenziert den vertikalen und horizontalen Management-Ebenen mit klarer Abgrenzung von Verantwortung und Kompetenzen zuordnet.

Werden auf diese Art Informationen systematisch für die Unternehmensinstanzen aufgebaut, so entsteht ein Informationsnetz. „Bei der Gestaltung eines derartigen funktionalen Informationsnetzes ist seine Zwecksetzung zu berücksichtigen: Führungsinstrument zu sein und als Entscheidungshilfsmittel für die unternehmerische Strategie, für Planung, Durchführung und Kontrolle zu dienen" [185, S. 61]. Hervorzuheben ist dabei die zunehmende Versachlichung der Organisationsstruktur und Informationsbedürfnisse. Bislang war der Arbeitsablauf meist nach den ausführenden Funktionsträgern ausgerichtet. Zukünftig werden die dargelegten Management-Anforderungen das Gepräge geben.

Die Qualität einer Information ist abhängig von der Bezugnahme auf den zugrundegelegten Kommunikationsprozeß. Eine Information ist qualitativ um so höher einzuschätzen, je besser sie auf ihn abgestimmt ist. Da sich jedoch das Kommunikationssystem in seinerUrsprungsanwendung stets auf menschliche Kontakte bezieht, erscheint die Qualität als ein subjektiver Maßstab. Der Schwerpunkt der Information liegt auf solchen, die zur Planung, zur Kontrolle oder als Entscheidungshilfen dienen. Damit wird aber der Wert einer Planung, Kontrolle bzw. Entscheidung von Qualität und Zweckmäßigkeit der Information ebenso abhängig wie von der Erarbeitung eines dazu abgesteckten Rahmens; dieser beschreibt die Zielsetzung, das Delegieren der Aufgaben, die Autorität zur Durchführung und die Verantwortung.

Bei der Durchführung eines Management-Informationssystems werden drei zu trennende Prozesse ausgelöst:

1. der Informationsbeschaffungsprozeß, der die Zusammenführung der Basisdaten und deren Auswertung zum Inhalt hat,
2. der Informationsübermittlungsprozeß, der alle informationsvermittelnde Aktivitäten umfaßt,
3. der Informationsauswertungsprozeß, der sich an den Informationsübermittlungsprozeß anschließt.

2.12 Aufgabe und Zielsetzung

Von einem Management-Informationssystem erwarten sowohl die Unternehmer als auch Unternehmensberater, das Informationsaufkommen der Zukunft bewältigen zu können. Die Unternehmensführungen kommen zukünftig nicht an dem Kardinalsproblem vorbei, trotz der immer komplexer werdenden Entscheidungen und Kontrollen und den dazu notwendigen immer umfangreicher werdenden Informationen den Grad der Unsicherheit und damit das Risiko von Fehlentscheidungen auf ein Minimum verringern zu müssen, um sich im Konkurrenzkampf eine Existenz- und Gewinnchance zu sichern. Eine dynamische Unternehmensführung der Zukunft kann sich einerseits heute bei ihren Entscheidungen für morgen nicht auf Informationen von vorgestern stützen, und andererseits kann sie bei einem Controlling von gestern nicht auf Analysen und Auswertungen von übermorgen warten. Dafür ist das Management-Informationssystem ein Instrumentarium, diese angesprochenen Führungskonflikte zu schlichten. Heute ist das Management-Informationssystem selbst noch ein Stück Zukunft, aber diese Zukunft hat schon begonnen. Seit etwa zwei Jahren wird auch in der Bundesrepublik an der Realisierbarkeit, den

Techniken und Praktiken eines Management-Informationssystems gearbeitet[1].

Die große Aufgabe eines Management-Informationssystems liegt in dem schnelleren und besseren Informieren der Unternehmensführung. Umfassendere Information und schnellere Verfügbarkeit aller Informationen erhöhen die Unternehmenstransparenz — sie ermöglichen dem Unternehmer, durch schnellere Reaktionsmöglichkeit nicht im Nachvollzug zu entscheiden, sondern im Mitvollzug. Wichtige Führungsaufgaben, die in den kommenden Jahren noch mehr in den Mittelpunkt des Unternehmensgeschehens rücken, wären ohne ein Management-Informationssystem nur unzureichend auszuführen. Im Zeitalter der Automation und der Dynamik der Wirtschaft werden verbesserte Markt- und Kundenbetreuung, beschleunigte Auftragsbearbeitung, größere Termintreue, optimalere Produktionsplanung und aussagefähigere Kosten- und Erfolgsrechnungen verlangt.

Ein Management-Informationssystem, das den Anforderungen und Aufgaben einer dynamischen Unternehmensführung, die sich am Technischen Fortschritt orientiert, gewachsen sein soll, muß folgende Bedingungen erfüllen:

1. Die Basisdaten müssen zentral gesammelt und zentral aufbereitet werden.
2. Diese auszuwertenden Daten müssen so flexibel sein, daß aus ihnen alle notwendigen Informations- und Entscheidungsalternativen abgeleitet, d. h. daß Alternativlösungen aufgezeigt werden können.
3. Die Entscheidungsunterlagen müssen so aufgebaut sein, daß zwischen kritischen und weniger wichtigen Mitteilungen unterschieden wird.
4. Ein Management-Informationssystem muß in seinen Methoden und Praktiken das unternehmerische Risiko sowie die Unsicherheit berücksichtigen.
5. Ein Management-Informationssystem muß adaptiv sein, d. h. jede Datenänderung wird nicht nur vermerkt, sondern auch die sich daraus ergebenden Auswirkungen auf andere Daten müssen sichtbar gemacht werden.
6. Ein Management-Informationssystem muß zukunftsorientiert sein, darf jedoch aufgrund seiner Controlling-Funktion auch die Vergangenheitswerte nicht unberücksichtigt lassen.
7. Ein Management-Informationssystem muß verursachungs- und zeitnah sein.

[1] Diese Aussage basiert auf persönlichen Unterredungen mit Vertretern der Firmen Siemens AG, Berlin, Volkswagen-Werk AG, Wolfsburg, IBM Deutschland GmbH, Sindelfingen und Bull AG, GS Berlin, sowie mit den Herren Futh und Lang, Unternehmensberater, Wuppertal.

2.2 Merkmale des Management-Informationssystems

2.21 Das Führen des Unternehmens nach Management-Grundsätzen

2.211 Management-Prinzipien

Mit der wissenschaftlichen Erfassung und Fixierung der Management-Tätigkeit wurden auch Prinzipien aufgestellt, die als Axiome die gesellschaftlichen Motive des Management zum Ausdruck bringen sollen. Sie dienen als Säulen der Management-Idee und bilden die Beurteilungs- und Wertungsgrundlage für die Tätigkeit. Wurde vorher der Mensch ausschließlich als Arbeitskraft, als Produktionsfaktor angesehen, so steht nunmehr der Mensch als gesellschaftliches Individuum, das eine Seele hat, unter gleichzeitiger Beibehaltung des Erfolgsstrebens eines Unternehmens im Mittelpunkt. Management achtet den Menschen. Herrschte bis zur Zeit der Veröffentlichungen von Taylor und Fayol die Meinung, daß ein Unternehmen die einzige Zweckbestimmung habe, Gewinn zu erzielen, so ist heute bekannt, daß das Management einen gesellschaftlichen Auftrag zu erfüllen hat. Mellerowicz drückt die Leitmotive des Management in der „besonderen betrieblichen Denkweise" aus, die eine dreifache ist [120, S. 28]: eine kalkulatorische, eine organisatorische und eine gemeinwirtschaftliche, wobei gemeinwirtschaftlich vornehmlich als sozialbewußt zu verstehen ist.

Taylor nennt als „The Four Principles of Scientific Management" [272, S. 92 ff.]:

„1. . . . the development of a science to replace the old rule-of-thumb knowledge of the workmen.

2. . . . the scientific selection and then the progressive development of the workmen.

3. . . . to bring the scientifically selected workan and the science togethers.

4. . . . a deliberate division of the work which was formerly done by the workmen into two sections, one of which is handed over to the management."

Er setzte sich damals für eine bessere und zeitgemäßere Ausbildung der Arbeiter ein, um in Partnerschaft und Kooperation mit der Unternehmensführung zu forschen und zusammenzuarbeiten.

Emerson [220, S. 179 ff.; 214, S. 213/214] gibt eine detaillierte Aufzählung[2] der Management-Prinzipien im Gegensatz zu Taylor. Das erste Prin-

[2] vom Verfasser übersetzt.

zip lautet: klar definierte Vorstellungen, ohne diese mitzuteilen niemand etwas erfolgreich ausführen kann; sein zweites Prinzip: Gemeinschaftssinn. Die weiteren Prinzipien: verbindlicher Rat, Disziplin, anständige Behandlung, zuverlässige und rechtzeitige Anweisungen, schnelle Erledigung, standardisierte Angaben und Tabellen, festgelegte Bedingungen, fest vorgegebene Arbeiten, praktische Unterrichtung und leistungsgerechte Entlohnung. Diese zwölf Prinzipien greifen den Grundgedanken auf, daß die Unternehmenführung dem Menschen mit Wertschätzung begegnen soll. Als neue Gedanken im Vergleich zu Taylor sind hier das Informiertsein, die Sicherung des Arbeitsplatzes und das Lohnproblem zu finden. Für Church und Alford existieren dagegen nur drei Management-Prinzipien, denen alle anderen unterzuordnen sind; diese gelten für sie somit als allumfassend [214, S. 197]:

„1. The systematic use of experience.
2. The economic control of effort.
3. The promotion of personal effectiveness."

Fayol dagegen ist der Meinung, daß es eine feste Anzahl von Management-Prinzipien überhaupt nicht gibt, denn ein Prinzip ist nur so lange ein Prinzip, bis die Erfahrung — die Tradition — seine Würdigkeit anerkennt. „There is no limit to the number of principles of management, every rule or managerial procedure which strengthens the body corporate or facilitates its functioning has a place among the principles so long, at least, as experience confirms its worthiness" [224, S. 217/218]. Fayol gibt eine Aufstellung von Management-Prinzipien, die er am häufigsten angewendet hat [224, S. 218]:

„1. Division of work (Arbeitsteilung),
2. Authority (Autorität),
3. Discipline (Disziplin),
4. Unity of command (Einigkeit in der Anweisungserteilung),
5. Unity of direction (Einigkeit in der Führung),
6. Subordination of individual interests to the general interest (Unterordnung der eigenen Interessen hinsichtlich dem allgemeinen Interesse),
7. Remuneration (Entlohnung),
8. Centralization (Zentralisation),
9. Scalar chain (line of authority) (Autoritätsabstufung),
10. Order (Ordnung),
11. Equity (gerechter Anspruch),
12. Stability of tenure of personnel (Stabilität der Anstellung),
13. Initiative (Initiative),
14. Esprit de corps (Gemeinschaftssinn)."

Zu 1.: Arbeitsteilung bringt eine Steigerung der Arbeitsleistung und eine Erhöhung der Arbeitsqualität mit sich, ohne den Arbeitseinsatz zu erhöhen. Wenn ein Arbeiter stets mit dem gleichen Arbeitsgang beschäftigt wird, wenn ein Manager immer im gleichen Arbeitsbereich tätig ist, werden sie zu Experten — die Fähigkeiten werden geweckt, die Mitarbeiter gewinnen an Sicherheit in ihren Tätigkeiten und steigern den Output.

Zu 2.: Autorität ist das Recht, Anweisungen zu erteilen, und die Macht, Gehorsam zu verlangen. Es besteht aber ein Unterschied zwischen der Autorität eines Managers, die er kraft seiner Stellung hat, und der Persönlichkeitsautorität, die sich aus Intelligenz, Erfahrung, Moral, Führungsfähigkeit, Höflichkeit und Herzensbildung zusammensetzt. Weiterhin ist Autorität verbunden mit Verantwortungsbewußtsein.

Zu 3.: Disziplin ist ihrem Wesen nach Gehorsam, Auferlegung, Energie, Benehmen und äußere Anzeichen von Respekt, die in Übereinstimmung mit der gesellschaftlichen Konvention zwischen Unternehmensführung und Mitarbeiter bestehen sollen. Ob diese Konvention frei gewachsen oder ohne vorherige Diskussion angenommen worden ist, ob sie geschrieben oder ungeschrieben ist, ob sie aufgrund einer Einigung beider Parteien oder aufgrund von Gesetzen und Gewohnheiten zustande gekommen ist — diese Konvention legt die Formen der Disziplin fest.

Zu 4.: In jeder Situation sollte ein Ausführender seine Anweisungen von einem einzigen Vorgesetzten empfangen. Wird dieses Prinzip verletzt, wird die Autorität untergraben, die Disziplin aufs Spiel gesetzt, werden Anordnungen nicht befolgt, und die Stabilität des Arbeitsablaufs wird gefährdet. Diese Regel scheint für Fayol grundlegend zu sein, indem er schreibt: „This rule seems fundamental to me and so I have given it the rang of principle" [224, S. 222/223].

Zu 5.: Einigkeit in der Führung ist nicht gleichzusetzen mit Einigkeit in der Erteilung von Anweisungen. Einigkeit in der Führung bedeutet, daß in der Unternehmensführung Übereinstimmung herrscht in der Voraussicht, der Vorbereitung und der Zielsetzung. Es muß ein Plan gegeben sein, der die Richtung zeigt. Einigkeit in der Erteilung von Anweisungen kann ohne einheitliche Führung nicht existieren; sie ist aber nicht von ihr abzuleiten.

Zu 6.: In diesem Prinzip steckt eine der großen Schwierigkeiten des Management. Bedingt durch Mitsprache und Partnerschaft besteht die Gefahr, daß der eine oder andere Angestellte oder auch Gruppen versucht sind, ihre eigenen Interessen durchzusetzen, ohne auf das Allgemeinwohl zu achten. Um dies erst gar nicht aufkommen zu lassen, muß die Unternehmensführung stark sein und ein gutes Vorbild geben. Hierbei muß sie insbesondere versuchen, soweit als möglich Übereinstimmung in allen Fragen und Problemen zu erzielen und in ihrem Führen eine Linie zu bewahren.

Zu 7.: Die Arbeitsvergütung muß eine gerechte und angemessene Entlohnung sein. In ihr kommt eine Wertschätzung des Menschen zum Ausdruck, die dazu beiträgt, die innere Arbeitsruhe zu erhalten und zu fördern. Gerade in der heutigen Zeit nimmt die Entlohnung und Vermögensbildung einen breiten Raum in der Lohn- und Preispolitik ein. Aber nicht nur allein die finanzielle Vergütung auf der Basis von Zeitlohn, Akkordlohn, Arbeitsstücklohn, Provision, Boni und Gewinnanteilen bilden eine gerechte Entlohnung; dazu gehören auch Schutz der Gesundheit am Arbeitsplatz, Erleichterung der Arbeitsbedingungen, Ausbildung und angemessene Urlaubszeit. Außerhalb der Fabriktore sollte ein Management dafür sorgen, daß seine Mitarbeiter angenehm wohnen, und es sollte ihnen Sozialeinrichtungen zur Verfügung stellen.

Zu 8.: Immer wieder taucht in der Betriebswirtschaftslehre die Grundsatzfrage auf, zentral oder dezentral führen? Das Management nimmt hierin eine feste Position ein: Zentralisation in der Führung, Dezentralisation in der Ausführung.

Zu 9.: Wenn Fayol in seiner Aufzählung der Management-Prinzipien „line of authority" aufführt, so meint er damit die Auflockerung der autoritären Unternehmenshierarchie. Das moderne Management geht noch weiter, indem die althergebrachte „Herrscher-Hierarchie" durch das „Mitarbeiterverhältnis" ersetzt wird. Eine Stufung des Management ergibt sich nur noch aus dem Controlling-System, bei dem jedoch das Mitspracherecht gewährleistet ist.

Zu 10.: „Ordnung ist Regelung des Aufbaues und der Arbeitsabläufe" [119, S. 142]. Innerhalb des Unternehmens muß Ordnung geboten sein. Diese Ordnung ist eine dreifache: eine räumliche, eine soziale und eine organisatorische. Durch räumliche Ordnung werden unnütze Arbeitsgänge, Verlustzeiten und Fehlerquellen vermindert. Soziale Ordnung verlangt genaue Kenntnis der menschlichen Bedürfnisse und Fähigkeiten sowie eine laufende Angleichung an den sozialen Fortschritt. Die organisatorische Ordnung ist die Voraussetzung für das einwandfreie Zusammenwirken aller Aktivitäten im Unternehmensgeschehen.

Zu 11.: Das Verlangen nach gerechtem Anspruch nach Gleichheit in der Behandlung beinhaltet Bestrebungen, die im Umgang mit Mitarbeitern besonders zu beachten sind, da sie die Achtung des Einzelnen ausdrückt.

Zu 12.: Eine große Verpflichtung des Management besteht darin, Arbeitsplätze zu erhalten und zu schaffen. Das Management ist der Garant der Arbeitsplätze. Die Sicherung der Arbeit verbrieft für ein Volk Wohlstand und einen steigenden Lebensstandard; das Management leistet so einen wesentlichen Beitrag zur Förderung des sozialen Fortschritts und des Friedens in der Welt.

Zu 13.: Sich eine Idee auszudenken und diese zu verwirklichen ist eine Errungenschaft für den arbeitenden Menschen. Wird ihm diese Freiheit genommen oder beeinträchtigt, kommt Unzufriedenheit und Gleichgültigkeit auf. Die Wirtschaft lebt aber von dem Nach-Vorn-Streben des Menschen — Forschung und Entwicklung sind die eigentlichen Triebkräfte jeglichen Wirtschaftens.

Zu 14.: Jeder Funktionsträger im Management hat seinen Platz, den er voll und ganz ausfüllen muß. Er muß sich dabei auf den anderen verlassen können. In dem Bewußtsein, daß jeder gleich wichtig ist, um die vorgegebenen Ziele verwirklichen zu können, entwickelt sich ein Gemeinschaftssinn, der dem Management eigen ist.

2.212 Management-Funktionen

Die Management-Tätigkeit ist eine Führungstätigkeit, deren Dominante die Entscheidung ist. Der Entscheidungsablauf bedingt jedoch noch mehr Funktionen, die einerseits im weiteren Sinne Funktionen des Management darstellen, andererseits sind sie aber nicht Selbstzweck, vielmehr sind sie im engeren Sinne zugleich Teilfunktionen des Entscheidungsprozesses.

Die Tabelle 1 auf Seite 32 soll einen Überblick über die unterschiedlichen Auffassungen hinsichtlich Management-Funktionen geben.

Junckerstorff/Gast, Hellfors und Davis vertreten die Meinung, daß Planung, Organisation und Kontrolle die „definitiven" Management-Funktionen darstellen, da sie die Grundlage für das Führen eines Unternehmens abgeben. Das Treffen von Entscheidungen, Koordination, Lenken, Motivation und Informieren liegt in den drei Grundfunktionen mit umschlossen. Die Auffassung des Verfassers ist jedoch: Wer führen will, muß entscheiden und disponieren, muß planen, muß organisieren, muß koordinieren, muß Durchführung und Ergebnis der Entscheidung kontrollieren, muß informiert sein und muß seine Mitarbeiter informieren.

Da Entscheidung die zentrale Stelle im Wirkungsfeld des Management einnimmt, seien hier die wesentlichen Phasen des Entscheidungsprozesses analysiert [74, S. 19]:

1. Definition des Problems,
2. Auffindung von Lösungsalternativen,
3. Gegenüberstellung und kritischer Vergleich der Lösungsalternativen,
4. Bestimmung einer Alternative als Problemlösung.

Davis [41, S. 154] (1934)	Fayol [51, S. 819] (1916)	U. S. A. F., Air University [140, S. 154] (1947, app)	Brech [24, S. 15] (1967)	Mellerowicz [119, S. 61] (1962)	Hellfors [74, S. 41-55] (1967)	Koontz und O'Donnel [94] (1959)	Junckerstorff u. Gast [84, S. 63] (1960)	Allen [5, S. 33 ff.] (1958)
-----	-----	-----	-----	-----	-----	-----	-----	Zielsetzung
-----	-----	-----	-----	Entscheidung	-----	-----	-----	-----
Planning	Plan	Planning	Planning	Planung	Planung	Planning	Planung	Planung
Organizing	Organize	Organizing	-----	Organisation	Organisation	Organization	Organisieren	Organisieren
-----	-----	-----	-----	-----	-----	Staffing	-----	-----
-----	Command	Directing	-----	-----	-----	Direction	-----	-----
-----	Coordinate	Coordinating	Co-ordination	Koordination	-----	-----	-----	Koordinieren
-----	-----	-----	Motivation	-----	Motivation	-----	-----	-----
Controlling	Control	Controlling	Control	Kontrolle	Kontrolle	Control	Kontrollieren	Kontrolle
-----	-----	-----	-----	Information	-----	-----	-----	-----
-----	-----	-----	-----	-----	Repräsentation	-----	-----	-----

Tab. 1. Management-Funktionen

Der vierten Phase, auch Festlegungsphase genannt, kommt eine vorrangige Bedeutung zu, wenn mehrere gleichwertige Alternativen zur Lösung herangezogen werden können. In der Praxis wird es aber gerade in solchen Situationen nicht gleichgültig sein, welche Lösungsalternative als die ceteris paribus bestmögliche ausgewählt wird; oft liegen doch bei gleichwertigen Alternativen stochastische oder subjektive geschätzte Werte zugrunde. Wie gut dieser Willkürspielraum genutzt wird, hängt auch weiterhin von den Fähigkeiten des Management ab.

Die Entscheidungen können grundlegender und laufender Art sein [119, S. 88 ff.]. Die grundlegenden betriebspolitischen Entscheidungen, „die nur bei Anfang und am Ende des Betriebslebens sowie in besonderen wichtigen Situationen auftreten" [119, S. 88], gehören nicht zu den Management-Funktionen, die durch das Management-Informationssystem beeinflußt werden. Die Entscheidungsfunktion des Management ist in den laufenden Entscheidungen in bezug auf die betrieblichen Grundfunktionen und speziellen betrieblichen Teilpolitiken zu sehen. Grundsätzlich sind alle Entscheidungen des Management schriftlich zu formulieren und den Führungsinstanzen mitzuteilen. Die Vorteile liegen darin, daß

1. alle Funktionsträger der Unternehmensführung dadurch gezwungen werden, koordinierend zu denken, und daß somit die Aufgaben rationell und wirkungsvoll erledigt werden;
2. klare Entscheidungen getroffen werden, ohne die ein Vorgesetzter keine Aufgaben delegieren kann;
3. durch die Bekanntgabe des Arbeitszweckes ein Unternehmer von seinen Mitarbeitern sinngemäßes Arbeiten verlangen kann.

Auch die Planungsfunktion läßt sich zerlegen in zwei grundlegende Phasen, wobei beiden das Grundelement der Planung, nämlich Vorausrechnung zu sein, gemeinsam ist:

1. die Prognose, auch zukunftserkennende oder vorausschauende Phase genannt,
2. die zukunftsgestaltende Phase, d. h. die Ereignisse und Entwicklungen der Zukunft zu beeinflussen und die dazu notwendigen Mittel bereitzustellen.

Beide Phasen überschneiden sich in der Praxis sehr stark. Trotzdem ist das von ihnen verwendete Datenmaterial und dessen Verarbeitung unterschiedlich. Bei der Vorausschauphase werden — ausgehend von Vergangenheitswerten, die Istwerte darstellen — Datentransformationen in Sollwerte vorgenommen; unter Zuhilfenahme mathematischer Methoden, Wahrscheinlichkeitsrechnungen und Aufstellung von Kausalreihen vergleichbarer Situationen werden Prognosen aufgestellt. Der Planungsspielraum wird jedoch durch die Istdaten begrenzt. Die zukunftsgestaltende Planungsphase baut auf der Plankontrolle auf: Gegenüberstellungen der

Plan-(Soll-)Werte mit den angefallenen Istdaten und Analyse der Abweichungen. Aus diesen Erkenntnissen werden dann für die weitere Zukunft die Verhaltens- und Handlungsalternativen abgeleitet.

Die Planung ist eine der Grundvoraussetzungen zur wirtschaftlichen und dynamischen Unternehmensführung, wenn ein Management der hohen Entwicklungs- und Forschungsintensität Rechnung tragen will. Der Vorstandsvorsitzende der Dynamit Nobel Aktiengesellschaft, Dr. Kneip, hat die Notwendigkeit der Planung begründet [245]:

1. mit wachsender Konkurrenz und schnellem Wechsel,
2. mit multi-nationaler Entwicklung bestehender und neuer Märkte,
3. mit steigendem Lebensstandard — hohe Löhne, kapitalintensive Forschung und Entwicklung sowie Kapitalknappheit.

Die Planung als Management-Funktion läßt sich nach drei Gesichtspunkten einteilen [119, S. 110 ff.]:

1. nach der Fristigkeit — in kurz-, mittel- und langfristige Planung,
2. nach betrieblichen Einzelplänen wie Beschaffungs-, Produktions-, Lager-, Absatz-, Verwaltungs-, Finanz-, Ergebnis- und Bilanzplan,
3. nach unternehmenspolitischen Zielsetzungen wie z. B. in absatzdeterminierte, sozialpolitische oder gewinnausgerichtete Planung, die die strategische und taktische Planung sowie Planungsalternativen und Verhaltensstrategien beinhaltet.

Das Ifo-Institut hat einen Forschungsbericht [207] über Planung, der in Zusammenarbeit mit dem Rationalisierungs-Kuratorium der Deutschen Wirtschaft und dem Institut Européen d'Administration des Affaires erarbeitet wurde, in Unternehmen vorgelegt und darin festgestellt, daß die technische Entwicklung, Rentabilitätserwägungen, Markterwartungen und wirtschaftspolitische Maßnahmen hauptsächlich für die Entwicklung der Planung maßgebend sind und daß die großen Unternehmen von diesen Einflußgrößen viel stärker berührt werden als kleinere Unternehmen. Aus dieser Abhängigkeit ist zu folgern, daß das Management großer Unternehmen sehr intensiv planen muß.

Ebenso wie das Planen ist das Organisieren eine wichtige Funktion der Unternehmensführung. „Organisation, als betriebliche Ordnung, ist zwar auch bei statischen Verhältnissen bedeutungsvoll, sie wird aber zu einer conditio sine qua non eines guten Management, wenn ständige Veränderungen und Entwicklungen das Wesensmerkmal der Wirtschaft werden, was nun gerade für die gegenwärtige Wirtschaft in höchstem, bisher noch nicht erlebtem Maße zutrifft" [119, S. 138]. Zu organisieren sind der Aufbau und die Arbeitsabläufe des Unternehmens; dabei ist zu beachten, daß die Leitungsorganisation wachstumselastisch ist, d. h. sie muß sich „gewissermaßen im Gleichschritt mit dem Wachstum des Geschäftsvolumens anpassen". Das Organisieren muß notwendig ein Hauptanliegen des Management sein, das in seinen zu lösenden Problemen folgende Schwerpunkte hat[3]:

1. Aufgabenzuordnung und Kompetenzentrennung auf die einzelnen Management-Ebenen und -Stellen,
2. Festlegung der Grundsätze der Organisationsstruktur, Bildung von Stabsstellen,
3. Form des Führens im Unternehmen,
4. Dynamisierung der Organisation anhand des Fortschritts,
5. Sicherung der Funktionsfähigkeit durch Ausarbeitung der Ablauforganisation, durch Regelung der Stellvertretung und Ausbildung des Nachwuchses.

Die Bedeutung der Organisation als Management-Funktion kommt auch in der Betrachtung ihrer Beziehung zur Unternehmenspolitik, der Zentralaufgabe des Management, zum Ausdruck. Die Organisation als Zuordnung von Menschen, Sachen und Zwecksetzungen ist ein Instrument, das für die wirtschaftliche Leistungserstellung nach Maßgabe der Politik unentbehrlich ist [119, S. 222/223].

Als eine weitere Management-Funktion ist die Koordination anzuführen. Koordinieren hat zum Inhalt, daß alle Management-Wahlakte aufeinander abgestimmt sind hinsichtlich der Zielprojektionen des Management. „Im Vordergrund stand hierbei bisher stets das Problem, die betrieblichen Aktionsvariablen so zu bestimmen, daß ein optimales Ergebnis erreicht wird" [69, S. 40]. Hax bezieht diese Aussage auf die Koordination von Entscheidungen und bemängelt, daß das Subjekt, dem die Wahl der Aktionsvariablen obliegt, unbeachtet bleibt. Die Koordination im Management-Informationssystem wird zwar durch ihre systembedingte Zwangsläufigkeit für die Manager vereinfacht, jedoch nicht ersetzt, so daß die „So-Bestimmung" zwecks Erreichung eines optimalen Ergebnisses im Vordergrund stehen bleibt.

Um eine optimale Wirkung der betriebspolitischen Entscheidungen zu erzielen, sind nach Mellerowicz [119, S. 94/96] die nachstehenden Grundsätze zu beachten:

„1. Grundsatz der stufenweisen Abstimmung . . .;
2. Grundsatz der Abstimmung der Teilentscheidungen . . .;
3. Grundsatz des gleichen Gewichts der Hauptentscheidungen in kurzer Sicht . . .;
4. Grundsatz des Vorranges der Vertriebsgesichtspunkte in langer Sicht . . .;
5. Grundsatz des Primats der Wirtschaftlichkeit . . .".

[3] in Anlehnung an Mellerowicz [119, S. 147].

Neben der unternehmenspolitischen Koordinierung gliedert er die Koordinationsfälle in vier Gruppen [119, S. 228/238]: in sachliche, personelle, zeitliche und räumliche Koordinierung.

Meier [116, S. 24] zieht die Koordination als Management-Funktion in der Einordnung der Leitungsaufgaben in die durch den Unternehmensgegenstand bestimmte Zielsetzung, der Anpassung der Leitungsmaßnahmen an die materiellen, personellen und finanziellen Mittel, der einheitlichen Ausrichtung in der Aufgabendurchführung und der Sicherstellung der Zusammenarbeit der verschiedenen Unternehmensbereiche.

Schließlich ist die Kontrolle als Management-Funktion zu erörtern, wobei Kontrolle im Sinne von „Control" zu verstehen ist. Control bedeutet mehr als Kontrolle, nämlich: neben überwachen und kontrollieren ist es auch analysieren, lenken, beherrschen und führen. Die Notwendigkeit der laufenden Kontrolle läßt sich aus der Tatsache ableiten, daß jede Zielsetzung überprüft werden muß, ob das Ziel auch erreicht worden ist. Controlling hat primär den Erfolg zum Objekt, sekundär ist es eine Tätigkeitskontrolle. Die einzelnen Phasen der Kontrolltätigkeit sind folgende:

1. Übermittlung der Daten von der ausführenden Stelle,
2. Aufbereitung entsprechend der Planvergleichbarkeit,
3. Soll-Ist-Vergleich,
4. Analyse und Auswertung der Abweichungen mit Angabe der Ursachen,
5. Festlegen der Steuerungsmaßnahmen und deren Durchführung.

Mit der 5. Phase der Kontrolltätigkeit setzt die zukunftsgestaltende Planungsphase ein. „Begrifflich existiert die Kontrolle erst durch den geschlossenen Kreis: Planung, Anweisung, Ausführung und Rückinformation" [119, S. 254]. Die Kontrolle als Management-Funktion wird auch mit „Executive Control" oder „Management Control" bezeichnet. Rose [146, S. XI] charakterisiert sie als die Funktion, bedeutende Phasen der Geschäftsentwicklung zu erkennen, vorauszusagen und zu beeinflussen, um vorher gesetzte Ziele zu erreichen.

Die Revision als unregelmäßige oder periodische Auswahlprüfung gehört nicht zu den Management-Funktionen. Auch das unter dem Begriff „Internal Control" zu verstehende Kontrollsystem zählt nicht dazu. Internal Control umfaßt den Organisationsplan und sämtliche aufeinander abgestimmte Methoden und Maßnahmen in einem Unternehmen, die dazu dienen, sein Vermögen zu sichern, die Genauigkeit und Zuverlässigkeit der Abrechnungsdaten zu überprüfen ... [82, S. 73; 130, S. 9]. Internal Control soll also die Befolgung vorgeschriebener Verfahrensweisen sichern [82, S. 73 ff.].

Als letzte Management-Funktion ist die des Informierens anzusehen. Um die Unternehmensaufgaben zu bewältigen, müssen sowohl der Manager als auch der Mitarbeiter informiert sein und informiert werden.

„Rationales Handeln im Betriebe ist stets an eine Voraussetzung gebunden: an das Wissen um die Dinge, um alle Dinge, die auf die Vorgänge im Betriebe von Einfluß sein können" [119, S. 321]. Um führen zu können, muß ein Unternehmer informiert sein. Oder wie soll ein Mitarbeiter seine Arbeit sinngemäß verrichten, ohne den Zweck der Arbeit zu kennen? Da im Management alle in die Verantwortung für das Unternehmen miteinbezogen sind, müssen sie auch über Zielsetzung, Entscheidungen und Maßnahmen Kenntnis erhalten. Sicherlich ist der Grad des Informiertseins und -werdens entsprechend der Stellung abzuwägen; Information muß in engem Zusammenhang mit den Kompetenzen des einzelnen stehen. Teilweise praktizieren Großunternehmen der BRD dieses Informieren schon, wenn auch noch in einem geringen Umfang. Anzuregen wären hier — je nach Dringlichkeit — wöchentliche, dekadische oder monatliche „Meetings".

2.213 Management-Kontrollspanne

Bei der Erörterung der Management-Grundsätze ergibt sich die Frage [5, S. 80 ff.]: Wieviel Funktionsträger sollen einem Manager in einer Manager-Hierarchie unterstellt werden bzw. wieviel Manager-Instanzen können von der nächst höheren Controlinstanz übersehen und geführt werden? Eine Aussage hierzu soll die Management-Kontrollspanne geben, von Schwarz [164, S.87] Subordinationsquote genannt. Urwick, ein britischer Autor, tritt in seiner 1961 erschienenen Arbeit [183, S. 75] für die These ein, daß für alle Instanzenarten unterschiedlos eine einheitliche Subordinationsquote zu gelten habe, während er 1935 den Standpunkt [182, S. 348/349] vertrat, daß vier im oberen Teil des Management, acht bis zwölf im unteren Teil die „ideale" Zahl sei. Koontz und O'Donnel [94, S. 70] vertraten, daß aufgrund einer Untersuchung auf den höheren Management-Ebenen gewöhnlich vier bis acht Unterstellte bestanden und acht bis fünfzehn oder mehr auf den unteren Ebenen zu finden waren. Koontz und O'Donnel [94, S. 71] bringen in ihrer Arbeit noch weitere praktische Beispiele für ein Maß der Subordinationsquote: der Präsident der General Motors Corporation hatte 1957 zwei „executive vice presidents" und neun „staff executives", aber ein „vice president" hatte dreizehn leitende Angestellte und ein anderer acht. Ein Präsident einer großen Eisenbahngesellschaft, die als eine der bestgeführten Industrieunternehmen gilt, hatte 1958 zehn „top executives" und jeder von ihnen elf Untergebene. Über das Ergebnis einer Erhebung der American Management Association, die auf diesem Gebiet hervorragende Forschungsarbeit leistet, berichten Koontz und O'Donnel: „That the span of management of business enterprises seldom meets in practice the test of three to six subordinates is apperent form a survey of a hundred large companies made by the American Management Association in 1951" [94, S. 71]. Solche konkrete Forschungsergebnisse für europäische Verhältnisse liegen nicht vor.

Allgemein läßt sich sagen: Ist eine Spanne zu eng, so bedarf es vieler Manager, was sich finanziell nachteilig auswirkt und den Instanzenzug verlängert; ist die Spanne zu breit, „... verliert die Linienorganisation ihre Wirksamkeit, sie büßt ihre Beweglichkeit, ja, ihre Schlagfertigkeit ein" [84, S. 121]. Als Folge der immer stärkeren Spezialisierung des Management in der heutigen Zeit entstehen zusätzlich Arbeitsgebiete und Abteilungen; dadurch bilden sich zusätzliche Instanzen, die eine Verlängerung der Leitungswege nach sich ziehen. „Besondere Bedeutung hat das für die so wichtige zweite Instanz, nämlich die Leitungsebene unmittelbar unter der Spitze" [119, S. 149]. Das Streben einiger Großunternehmen in der BRD besteht zur Zeit darin, durch Einschieben einer Instanzenebene zwischen der obersten Führung und den Hauptabteilungen das Top Management zu entlasten. Der Weg zur Unternehmensspitze wird zwar länger, die Kontrollspanne jedoch nicht zu breit. Es gilt der Grundsatz: Ein Instanzenzug sollte so kurz wie möglich sein bei einer Kontrollspanne so breit wie nötig.

Aus den bisherigen Ausführungen zur Kontrollspanne ist zu ersehen, daß sich die Subordinationsquote nicht mit absoluten Zahlenangaben konkretisieren läßt. Nach den Erkundungen von Schwarz besteht „in der heutigen Literatur weitgehend Übereinstimmung darüber, daß einerseits die Sicherung eines optimalen Aufgabenvollzugs der Instanzeninhaber zwar eine Limitierung dieser Zahl erfordert, andererseits dabei aber nicht schematisch von einer starren, als allgemeingültig apostrophierten Ziffer ausgegangen werden darf" [164, S. 88]. Faktoren, die von dieser Grundlage ausgehen und das Ausmaß der Kontrollspanne bestimmen, sind folgende [59, S. 148 ff.]:

1. fachliche und menschliche Qualifikationen der Untergebenen,
2. Ausmaß der den Untergebenen überlassenen Selbständigkeit,
3. Wunsch der Funktionsträger nach direkter Unterstellung unter eine möglichst ranghohe Instanz,
4. Verhältnis von Kosten und Leistung der Instanz,
5. Eigenarten der Aufgaben der unterstellten Stellen,
6. Ablauforganisation in den untergeordneten Instanzen.

„Die auf diesen Faktoren aufbauenden Überlegungen zur Fixierung normaler Subordinationsquoten haben zusätzlich die Tatsache der Wechselwirkung zwischen der Größe der Kontrollspanne und der Anzahl der Rangstufen, d. h. die Herstellung eines möglichst günstigen Verhältnisses zwischen Breite und Tiefe des organisatorischen Unternehmensaufbaus zu berücksichtigen. Damit nimmt die Komplexität der Kontrollspannendeterminanten noch erheblich zu, da die mit tief- bzw. flachgegliederten Organisationsstrukturen verbundenen Vor- und Nachteile, z. B. in bezug auf die innerbetriebliche Kommunikation, die soziale Differenzierung innerhalb der Unternehmung die Delegationsbereitschaft der Instanzeninhaber und die Personalpolitik mit in die Betrachtungen einbezogen werden müssen" [164, S. 88]. Bislang ist die betriebswirtschaftliche Organisationslehre noch nicht in der Lage, befriedigende konkrete Angaben über eine Kontrollspanne zu machen [64, S. 118].

2.22 Die Existenz eines formalen geschlossenen Kommunikationssystem im Unternehmen

2.221 Strukturierung von Kommunikationssystemen — ein Überblick

Ein Unternehmen ist eine sinnvolle Zuordnung von Menschen und Maschinen — eine Organisation, die den Zweck hat, die unternehmensspezifischen Ziele zu verwirklichen und die daraus resultierenden Aufgaben zu erledigen. Formal gesehen, bilden die Menschen und Maschinen ein System von Sendern und Empfängern, die durch institutionelle Übertragungsmedien miteinander verbunden sind — ein Nachrichtensystem. Dieses Nachrichtensystem ist der Träger des betrieblichen Kommunikationssystems. Unternehmensführung und Belegschaft, Produktionsmittel und Organisationshilfsmittel als Träger der Unternehmensorganisation sowie deren Beziehungen untereinander sind die Systemelemente [11, S. 21]. Die Elemente eines Systems müssen miteinander ‚kommunizieren', sie müssen gesetzmäßige Beziehungen zueinander entwickeln — und diese Notwendigkeit der Kommunikation ist eine fundamentale, gleich wichtig für physikalische, biologische oder soziologische Systeme" [195, S. 13]. Das betriebliche Kommunikationssystem beschreibt neben einem zweckorientierten Gliederungssystem — ein Gefüge von Gleich-, Über- und Unterordnung [96, S. 76 ff./171 ff.] — die Schaffung eines Netzes von kommunikativen Beziehungen, die nach ihrer Verursachung zu unterscheiden sind in formale und informale Beziehungen. Dementsprechend umfaßt das betriebliche Kommunikationssystem zwei Arten von Systemen, die nicht isoliert nebeneinander stehen, sondern sich gegenseitig überlagern und formieren:

1. das formale Kommunikationssystem,
2. das informale Kommunikationssystem.

„Das formale betriebliche Kommunikationssystem bringt die auf eine optimale Aufgabenerfüllung hin geplante Struktur der innerbetrieblichen

Kommunikationsbeziehung zum Ausdruck. Seine Aufgabe ist es, einen am Unternehmungsziel orientierten Fluß der betrieblich relevanten Informationen zu ermöglichen. Das informale betriebliche Kommunikationssystem umfaßt dagegen alle diejenigen Kommunikationsbeziehungen, die durch die formale Organisation nicht vorgegeben sind, die vielmehr spontan entstehen und ihre Grundlage in den verschiedensten informalen Gruppierungsprozessen haben" [37, S. 79].

Das informale Kommunikationssystem erstreckt sich über die gesamte Unternehmensorganisation zwischen den menschlichen Aufgabenträgern. Die intrapersonellen Beziehungen [39, S. 37 ff.; 110, S. 41 ff.; 111, S. 4 ff.; 125, S. 123 ff.] beruhen auf persönlichen, privaten oder sozialen Gemeinsamkeiten der Funktionsträger. Das formal strukturierte Kommunikationsnetz erfährt durch Neuschaffungen von Kommunikationswegen Veränderungen, die in der Formalorganisation überhaupt keine Vorlage haben [10, S. 136 ff./145 ff.]. Bei der informalen Neuschaffung von Informationskanälen treten formal nicht vorgesehene Empfänger bzw. Sender neben oder an die Stelle der formal als Bestimmungort vorgegebenen Aufgabenträger. Diese Vorgänge sind aber nicht mit der Arbeitsweise und den Verrichtungsprinzipien eines Management-Informationssystems zu vereinbaren. Ein Management-Informationssystem verlangt klare und eindeutige Regelungen in seiner Durchführung. Das informale Kommunikationssystem bringt daher eher negative Auswirkungen mit sich, die durch die fest umrissene Vorgabe eines formalen Kommunikationssystems auf ein Minimum reduziert werden müssen.

Das formale betriebliche Kommunikationssystem dagegen bildet die Grundlage für das Funktionieren eines Management-Informationssystems und ist somit ein Merkmal des Informationssystems. Die Leistungsfähigkeit des formalen Kommunikationssystems hängt neben der Qualität seiner Elemente weiterhin ab von „einer zweckorientierten Zuordnung der Systemanteile im Hinblick auf das Systemganze, um durch das reibungslose Zusammenwirken der Systemelemente eine optimale Realisierung der Ziele der aufgaben- und arbeitsteiligen Leistungsgemeinschaft zu gewährleisten" [37, S. 78]. Die Möglichkeiten der Gestaltung des formalen betrieblichen Kommunikationssystems reichen von einem Extrem eines gebundenen (geschlossenen), generell geregelten Kommunikationssystem bis hin zu dem anderen Extrem eines völlig ungebundenen (offenen), nur fallweisen Regelungen unterworfenen Systems [64, S. 135]. In einem offenen Kommunikationssystem ist die Anzahl der grundsätzlich zulässigen Kommunikationswege gleich der Zahl der zwischen den Aufgabenträgern maximal möglichen kommunikativen Beziehungen; d. h. jeder Funktionsträger kann mit jedem anderen Aufgabenträger ohne Einschaltung von Zwischeninstanzen Informationen austauschen. Diese extreme Form eines formalen Kommunikationssystems ist bei einem Management-Informationssystem nur innerhalb horizontaler Management-Ebenen zulässig. Für den vertikalen Informationsfluß muß unbedingt ein geschlossenes Kommunikationssystem geschaffen werden, das die Informationskanäle in vorgezeichneten Bahnen bestimmt. Ein geschlossenes System ist dann gegeben, wenn die formalen Kommunikationswege mit den im Kompetenzsystem festgelegten Autoritätsbeziehungen übereinstimmen. Gegenstand genereller Regelungen innerhalb eines geschlossenen Kommunikationssystems sind die Kommunikationspartner, sowohl Menschen und Maschinen, die Kommunikationsrichtung und der Kommunikationsinhalt [3, S. 377]. Ein Management-Informationssystem basiert auf einer optimalen Gestaltung des formalen, innerbetrieblichen geschlossenen Kommunikationssystems; dazu sind für die unternehmensspezifische Aufgabenerfüllung die zweckmäßigen Beschränkungen der betrieblichen Informationsflüsse hinsichtlich Kommunikationspartner, -richtung und -inhalt festzulegen. Die Exaktheit und Zweckmäßigkeit solcher Regelungen hängt dabei von den jeweiligen betrieblich individuellen Gegebenheiten ab. Kramer führt dazu aus, „daß im Hinblick auf die organisatorische Regelung der betrieblichen Beziehungen die Strukturierung von geschlossenen Kommunikationssystemen angestrebt wird, um einen stabilen und streng auf die eigentliche Leistungserstellung ausgerichteten Informationsfluß zu gewährleisten" [97, S. 130].

Eine über die im voranstehenden Abschnitt getroffene Unterscheidung zwischen einem offenen und geschlossenen Kommunikationssystem hinausführende Gestaltung kommunikativer Netzwerke stammt aus der experimentellen Kleingruppenforschung. Die vorrangig untersuchten Netzwerkstrukturen, meist bestehend aus fünf Personen, zeigt Abb. 3.

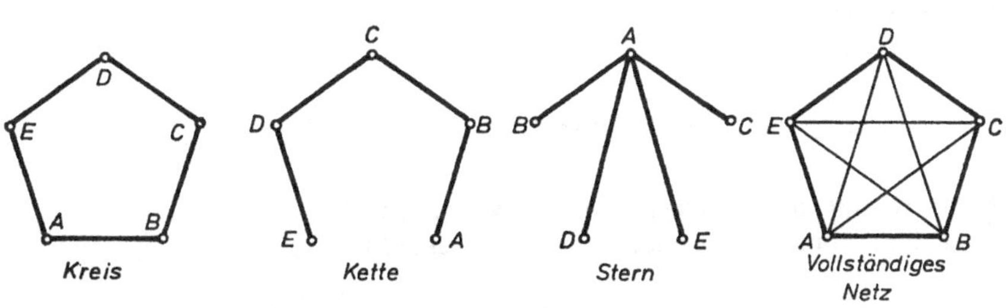

Abb. 3. Kommunikationsstrukturen der experimentellen Kleingruppenforschung[4]

Während das „Vollständige Netz" einem offenen Kommunikationssystem entspricht, stellt der „Stern" ein geschlossenes System dar. „Kreis" und „Kette" reduziert die Anzahl der Kommunikationswege so weit, daß

[4] nach E. Bössmann [21, S. 79].

sich jeder Aufgabenträger nur noch mit seinem Nachbar verständigen kann. Die „Stern"-Struktur ist, wie bereits erwähnt, am besten für die Durchführung eines Management-Informationssystems geeignet. Durch die zentrale Stellung einer Instanz wird eine eindeutige Entscheidungssituation geschaffen. Sie befindet sich aufgrund ihrer „alleinigen Beteiligung an sämtlichen stets direkten Bahnen des Netzes in einer hinsichtlich der zur gemeinschaftlichen Problemlösung erforderlichen Informationssammlung und -verarbeitung von vornherein privilegierten Position" [164, S. 176]. Um nicht im einzelnen auf die durchgeführten Gruppenexperimente zur Gewinnung von Aussagen über die verschiedenartige Gestaltung von Kommunikationsnetzen im Rahmen dieser Arbeit eingehen zu müssen, sei hier auf die Veröffentlichungen von Bavelas [206, S. 669 ff.], Guetzkow und Simon [234, S. 250 ff.], Leavitt [101, S. 228 ff.] und Bössmann [21, S. 91 ff.] hingewiesen. Für die Beurteilung der Strukturierung und Gestaltung eines Kommunikationssystems haben sich in der Literatur statische und dynamische Bestimmungsfaktoren herausgebildet, die auf die Effizienz der Netzwerke abzielen. Schwarz faßt die statischen Kriterien wie folgt zusammen [164, S. 177—181]:

1. Kommunikationsleistung und die daraus abgeleiteten Kriterien wie Schnelligkeit des Informationsflusses und die Kommunikationskapazität,
2. Kommunikationsflexibilität,
3. Stabilität des Kommunikationssystems,
4. Zufriedenheit der personalen Aufgabenträger.

Die dynamischen Kriterien befassen sich mit der Konkretisierung der Kommunikationsbeziehungen. Bartram nennt als Unterscheidungskriterien [10, S. 56—73]:

1. Grundlage der Kummunikationswege,
2. Richtung der Kommunikationswege,
3. Durchlässigkeit und
4. Verbindungsart der Kommunikationsbeziehungen.

2.222 Ablauforganisatorische relevante Phasen des formalen geschlossenen Kommunikationssystems

Entsprechend dem Ablauf des Management-Informationssystems gliedern sich die relevanten Phasen des zugehörigen Kommunikationssystems in:

1. Informationsbeschaffungskommunikationen,
2. Informationsübermittlungskommunikationen,
3. Informationsauswertungskommunikationen.

Die Informationsbeschaffungskommunikationen werden gebildet durch die Beziehungen der Aufgabenträger im Bereich der Datenverarbeitung. Da ein Management-Informationssystem nur mit Hilfe von elektronischen Datenverarbeitungsanlagen praktizierbar ist, unterliegt die betriebliche Verarbeitung der Daten der Computertechnik. Die Daten, die als Basisdaten für die Informationsgewinnung benötigt werden, sind auf externen Speichern aufbewahrt, wenn die Informationsverfügbarkeit und Informationsverwendbarkeit zeitlich auseinanderfallen [37, S. 131].

Das Kommunikationssystem der Informationsbeschaffung sieht nach Abb. 4 wie folgt aus:

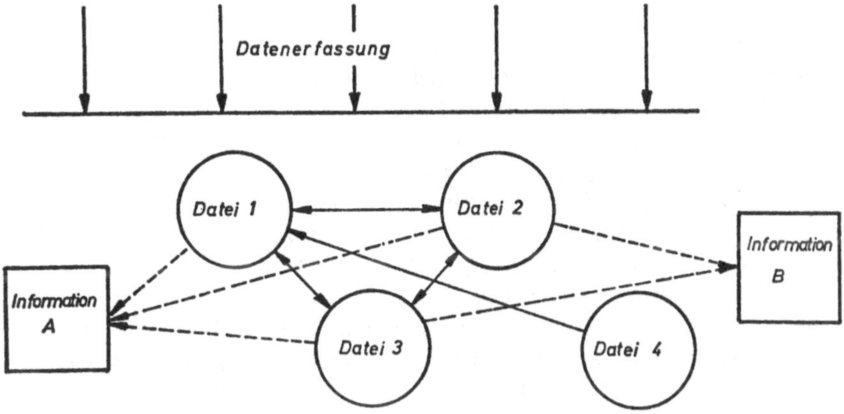

Abb. 4. Kommunikationsstruktur der Informationsbeschaffung

Die Informationsbeschaffungskommunikationen stellen ein „Unvollständiges Netz" dar, da die einzelnen Datenspeicher nur insoweit miteinander in Bezug stehen, als es problembedingt notwendig ist. Dies kann einmal erforderlich werden bei der Verarbeitung der Daten. Außerdem werden aus diesen Basisdaten die Informationen aufbereitet und formuliert, was eine zweite Art von Kommunikationsbeziehungen bedeutet. An diese schließen sich die Informationsverarbeitungskommunikationen an.

Der Vollständigkeit halber sei erwähnt, daß vor der eigentlichen Datenverarbeitung die Datenerfassung stattfindet. Die hierfür erforderlichen Kommunikationen werden von Menschen (z. B. Datatypistinnen) und den Datenerfassungsgeräten gebildet. Auch in diesem Fall handelt es sich um ein geschlossenes System, das als „Unvollständiges Netz" strukturiert ist.

Ist die Informationsbeschaffung als exogen gegeben, so bleiben für die Gestaltung des Management-Informationssystems die beiden Prozesse Informationsübermittlung und Informationsauswertung übrig. Grundsätzlich kann jeder dieser Teilprozesse zentral oder dezentral vorgenommen werden. Daraus lassen sich theoretisch insgesamt vier Gestaltungsmöglichkeiten [204, S. 19] ableiten, wie Tabelle 2 zeigt:

	Informationsübermittlung	Informationsauswertung
Möglichkeit 1	dezentral	dezentral
Möglichkeit 2	zentral	dezentral
Möglichkeit 3	dezentral	zentral
Möglichkeit 4	zentral	zentral

Tab. 2. Gestaltung des Management-Informationssystems[5]

Die Gestaltung nach Möglichkeit 1 scheidet aus, da für ein Unternehmen hierbei die Unsicherheiten und Risiken zu groß sind.

Die Gestaltung nach Möglichkeit 2 ist gekennzeichnet durch eine zentrale Informationsspeicherung und -verarbeitung und eine dezentrale Informationsauswertung. „Es liegt auf der Hand, daß ein solches System nur zu verwirklichen ist, wenn die Zugriffszeiten zu den zentral gespeicherten Informationen kurz sind. Die Systemplanung erfordert also den Einsatz von Computern. Hertz spricht daher von einem ‚computer-based information system'" [76, S. 24]. In einem Unternehmen müssen Sparten gebildet werden, deren Unterbereiche eigenverantwortlich arbeiten. Dieser Konzeption der sogenannten Gewinneinheiten liegt der Gedanke zugrunde: „Eine Verselbständigung der Unternehmensbereiche ist nur möglich, wenn die Leistungen der Bereiche beurteilt werden können" [204, S. 24].

Ein Product-Manager wird beispielsweise in diesem System ein alleinentscheidender Unternehmer. Die zentrale Informationsinstitution ist das Rechenzentrum mit seiner Datenbank. Die einzelnen Gewinneinheiten sind informationsübermittlungsseitig nur über die zentrale Informationsinstitution miteinander verbunden. Das entsprechende Kommunikationsnetz ist in Abbildung 5 dargestellt.

Bei den beiden letzten Möglichkeiten werden alle Informationsauswertungen zentral getroffen. Dies bezieht sich jedoch entsprechend dem Sinn und Zweck eines Management-Informationssystems darauf, daß die Unternehmenspolitik zentral entschieden wird, ansonsten aber alle daraus abgeleiteten Aufgaben delegiert werden. Informationsauswertungsseitig treten an die Stelle der Gewinneinheiten die Budgeteinheiten, die entsprechend der „Controlling"-Hierarchie einander zugeordnet sind. Aus diesem Budgetdenken werden Sollvorgaben für die einzelnen Unterneh-

[5] nach H. Albach [204, S. 9].

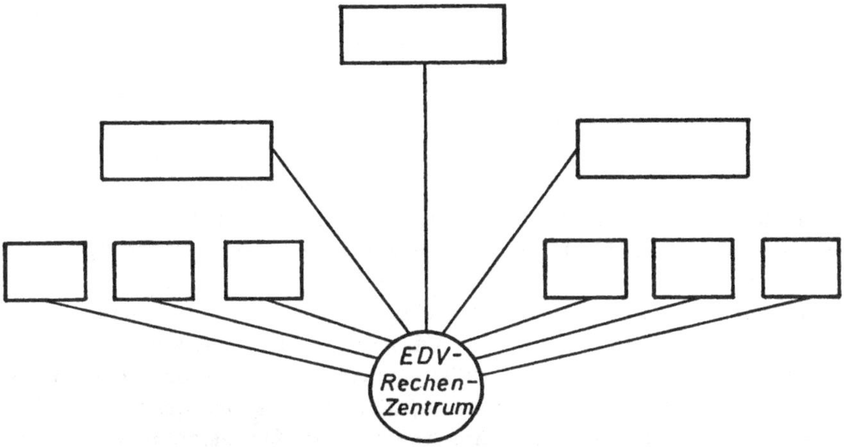

Abb. 5. Kommunikationsstruktur der Informationsübermittlung

mensbereiche abgeleitet. Erweitert man jedoch diesen Gedanken zu einem Soll-Ist-Vergleichsdenken, so impliziert diese eine Kontrolle der gesteckten Ziele. Daraus folgt, daß der Informationsauswertungsfluß an ein hierarchisches System gebunden sein muß, so daß die Kommunikationsstruktur wie folgt aussieht:

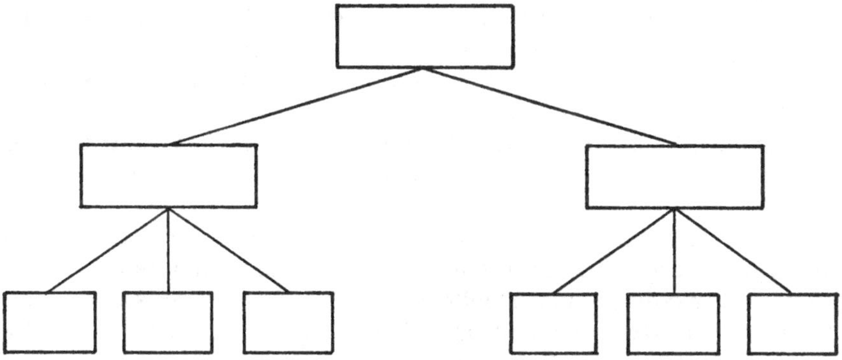

Abb. 6. Kommunikationsstruktur der Informationsauswertung

2.223 Interdependenzen zwischen dem betrieblichen Kommunikationssystem und einem Management-Informationssystem

Einem Management-Informationssystem muß ein Kommunikationssystem zugrunde liegen, das

1. den Informationsbeschaffungsprozeß so gestaltet, daß er einmal die anfallenden Betriebsdaten management-informations-gerecht als Informa-

tionsbasisdaten aufbaut und zum anderen die Übergänge von der Datenaufbereitung zur Informationsformulierung und -beförderung gewährleistet,

2. entsprechend den vertikalen Management-Ebenen den Informationsfluß eindeutig festlegt und
3. die Zuständigkeit in der Auswertungsabfolge bestimmt.

Ein solches Kommunikationssystem kann nur ein formales geschlossenes System sein, wie bereits in den vorangehenden Ausführungen angedeutet.

Um nun die Strukturierung und Gestaltung dieses gebundenen Kommunikationssystems festzulegen, müssen die Interdependenzen beider Systeme aufgezeigt werden. Dazu ist eine Gegenüberstellung der Arbeitsschritte eines Management und der Ablaufabfolge eines Management-Informationssystems notwendig. Eine Analyse des Management-Handlungsgefüges führt zu einem simultanen Phasengrundschema, das bei gegebener Zielsetzung die Folge Planung — Entscheidung — Ausführung — Kontrolle aufweist. Informationstheoretisch liefert die Ausführung die Daten, auf die der Informationsbeschaffungsprozeß aufbaut, während Planung, Kontrolle und Zielsetzung den Informationsverarbeitungsprozeß auslösen, der fest programmiert und vorgegeben ist. Die Entscheidung fällt beim nicht automatisierten System[6] ausschließlich in den Bereich des menschlichen Ermessens der Aufgabenträger der Unternehmensführung. Der Entscheidungsprozeß unterliegt somit keiner starren Systematik, wird aber durch die gezielte Informationsbreite verbessert, indem er nicht mehr unternehmerisch-intuitiv zu erfolgen hat.

Abbildung 7 zeigt die Verknüpfung des durch die Arbeitsschritte eines Management hervorgerufenen Kommunikationssystems mit der Ablauffolge eines Management-Informationssystems.

Aus der Darstellung wird ersichtlich, daß sich überall dort, wo aufgrund der Arbeitsschritte, in denen eine Informationsannahme bzw. -abgabe stattfindet und eine institutionelle Trennung vorliegt, eine Kommunikationsphase dazwischenschiebt. Die Kommunikationen bilden somit die Grundvoraussetzungen des geordneten Zusammenwirkens der einzelnen Ablaufabfolgen des Management-Informationssystems. „Ohne Kommunikation keine Ordnung, ohne Ordnung keine Ganzheit" [195, S. 13]. Dem Kommunikationssystem kommt somit eine doppelte Aufgabe zu, nämlich einmal Ordnungsfaktor für die Aufbauorganisation eines Management-Informationssystems zu sein, zum anderen ist es Zuordnungsfaktor der unternehmerischen Aufgabenbereiche.

[6] Über Grenzen und Möglichkeiten einer Automatisierbarkeit eines Management-Informationssystems wird im 3. Hauptteil der Arbeit gesprochen.

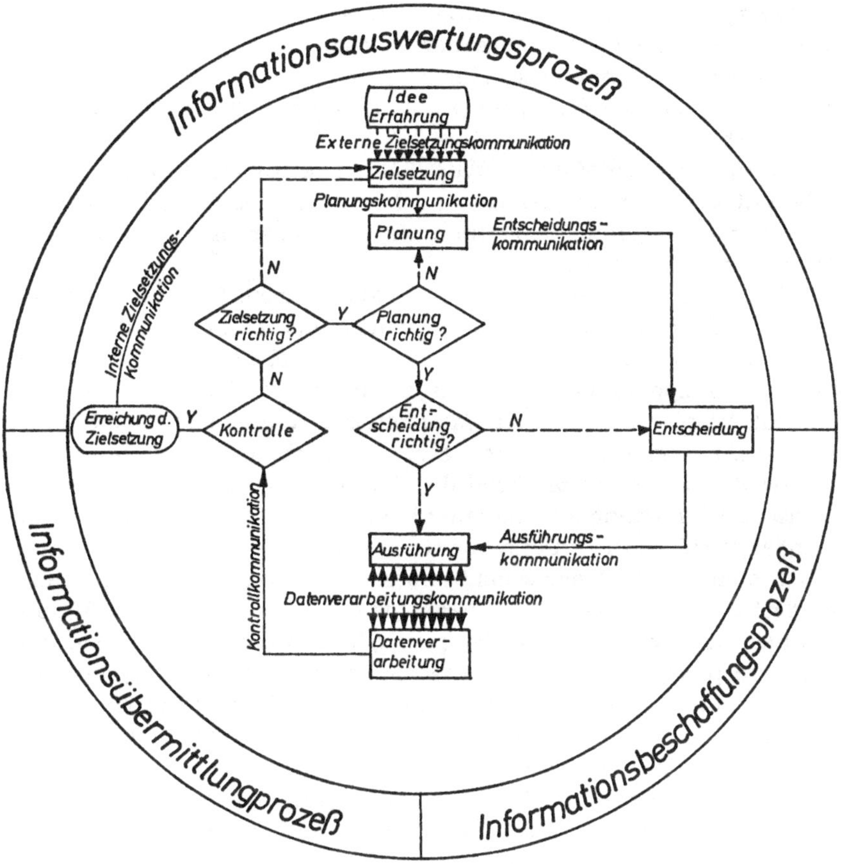

Abb. 7. Kommunikationen im Management-Informationssystem

2.23 Management-Informationen als Objekte des formalen geschlossenen Kommunikationssystems

2.231 Wesen der Management-Informationen

Das Wesen einer Management-Information läßt sich auch umschreiben mit der Frage: Welche Eigenschaften muß eine Information haben, um eine Management-Information zu sein?

Mit dem Versuch der Beantwortung dieser Frage wird deutlich, wie problematisch es ist, bestimmte Informationen in verschiedenen Unternehmen generell als Management-Informationen zu bezeichnen. Die Einstufung einer Information als Management-Information hängt ab von [252, S. 372; 185, S. 63]:

1. der Branche und Größe des Unternehmens,
2. der Organisationsstruktur des Management,
3. der Tiefe der Informationsstaffelung,
4. der Anpassung des Informationswesensaufbaues an die Unternehmenshierarchie,
5. den Ansichten der Manager über „Führen des Unternehmens".

Soweit kann nur aus der Gesamtschau heraus im Einzelfall beurteilt werden, welche Informationen in einem Unternehmen als Management-Information anzusehen sind.

Wie bereits ausgeführt, ist bei einem Management-Informationssystem zu unterscheiden zwischen der Erfassung und Zusammenführung der Daten und der Formulierung des Informationsgehaltes und dem Aufbau des Informationswesens, an das sich die Informationsauswertung anschließt. Werden auf diese Art Informationen konsequent für die Unternehmensführung gewonnen, so ergibt sich ein Informationsnetz, aus dessen Basisdaten entsprechend den Informationsbedarfsstellen die gewünschten Informationen erarbeitet werden können. Aus diesen Zusammenhängen läßt sich als Definition für Management-Information ableiten: „Eine qualifizierte Management-Information verlangt die vollständige Einbeziehung aller faßbaren Entscheidungsfunktionen" [185, S. 63] unter Berücksichtigung der klaren Abgrenzung hinsichtlich der Funktionen und der hierarchischen Stellung eines jeden Aufgabenträgers im System (erg. vom Verfasser). Die Informationen beziehen sich auf die Kommunikation zwischen dem einzelnen Manager und dem Rechenzentrum. Sie sind wegen der großen Verantwortlichkeit der Managertätigkeit um so komplexer, je exponierter der Funktionsträger in der Managementhierarchie steht, da sich die Verantwortung auf immer größere Bereiche des Unternehmens erstreckt.

Eine Managerinformation hat für den Empfänger weiterhin einen um so größeren Wert, je schneller sie von ihm verstanden werden kann. Das Verlangen nach hoher Qualität und die Tatsache der Komplexität erschweren das Erstellen von Management-Informationen. Da die Informationen effektiv erst dann zu Management-Informationen werden, wenn Manager sie zur Kenntnis genommen haben, kann das Informationssystem formal gesehen nur „potentielle Informationen" [252, S. 368] liefern. Ihre Auswertung durch den Aufgabenträger liegt außerhalb des Systems. Eine Management-Information ist in ihrer Grundkonzeption so ausgerichtet, daß sie den Anforderungen eines Führungsinstruments gerecht wird, indem sie nach folgenden Grundregeln aufgebaut ist [185, S. 58]:

1. Sachliche knappe verbale Mitteilung, die eine hohe Aktualität besitzt,
2. absolute Zahlenwerte werden durch Vergleichszahlen aussagefähig gestaltet,

3. Abweichungen in Zahlentableaus werden kenntlich gemacht,
4. Entscheidungskonsequenzen werden alternativ und verläßlich aufgezeigt,
5. jede Information wird aufgrund des systematischen Aufbaus der unteren bis zur oberen Entscheidungsebene nur einmal ermittelt und nach den Anforderungen der einzelnen Empfänger ausgewertet.

Bei dem Aufbau eines solchen Informatiossystems ist ausschließlich seine Zwecksetzung zu beachten: Führungsinstrument zu sein. Dazu ist eine „management-ganzheitliche Betrachtungsweise" notwendig, weil es nicht mehr rationell ist, nur Unternehmens-Teilbereiche informatorisch auf ihre Belange zu untersuchen und verbundene Bereiche oder übergeordnete Auswertungen höhergelegener Management-Ebenen nicht zu berücksichtigen.

Besonders hervorzuheben ist die zunehmende Versachlichung der Informationen. In der herkömmlichen Form der Unternehmensführung waren die Informationen meist nach den ausführenden Menschen ausgerichtet. Dies trifft bei einem Management-Informationssystem nicht mehr zu. Die Aufgabenträger müssen in der Lage sein, mit den sachlichen Ergebnissen der Informationsabläufe umzugehen und sich den ständigen neuen Informationsbedürfnissen anzupassen.

2.232 Quellen der Management-Informationen

Eine Management-Informationsquelle liegt vor, wenn Tatbestände für das Management zu zweckorientiertem Wissen werden, d. h. wenn sie entsprechend der Zweckrichtung für die Erfüllung der Management-Aufgaben in irgendeiner Weise relevant werden. In diesem Zusammenhang ist festzustellen, daß das Hinzutreten einer Zweckrichtung nur durch den Menschen erfolgen kann, was zunächst bedeuten würde, daß bei enger Auslegung nur der Mensch selbst Informationsquelle sein kann. Aber auch Verarbeitungsprozesse und Wirtschaftsgüter können als Informationsquellen angesehen werden, da letztlich der Mensch Träger des gesamten betrieblichen Ablaufs ist.

Grundsätzlich können die Management-Informationsquellen eingeteilt werden [97, S. 71]:

1. nach ihrer Entstehung in ursprüngliche und abgeleitete Informationsquellen,
2. nach ihrer Herkunft in externe und betriebsinterne Quellen.

Im Hinblick auf die Problemstellung dieser Arbeit ist es vorteilhaft, der Einteilung der Management-Informationsquellen nach externen und internen den Vorzug zu geben.

Interne Management-Informationen sind solche, bei denen die Verbindung der Tatbestände mit der Management-Zweckorientierung hinsichtlich der Erfüllung der Unternehmensziele innerhalb der Wirtschaftseinheit Unternehmen erfolgt; erhalten dagegen Tatbestände ihre Management-Informationseigenschaft außerhalb des Unternehmens, so entstehen hierbei externe Informationsquellen [126, S. 42].

Interne Management-Informationsquellen sind:

1. die materiellen Betriebsprozesse Beschaffung, Erzeugung, Absatz, Lagerung, Finanzierung und formale Prozesse der Planung, Entscheidung, Durchführung und Kontrolle [63, S. 315],
2. das institutionelle betriebliche Rechnungswesen.

Die Betriebsprozesse stellen die ursprünglichen Management-Informationsquellen dar, während das institutionelle Rechnungswesen eine abgeleitete Informationsquelle ist. Zu dem Zeitpunkt, zu dem Tatbestände die Management-Zweckorientierung erstmalig erhalten, liegt eine ursprüngliche Informationsquelle vor, wobei es unwichtig ist, ob dieses gerichtete Wissen jemals einer Verwendung zugeführt wird oder nicht. Eine abgeleitete Informationsquelle liegt dann vor, „wenn ursprüngliche Informationen aufgenommen, gespeichert, kombiniert und verarbeitet werden, um dann als weitgehend neue Information wieder zur Verfügung zu stehen. Entscheidend für das Vorliegen einer solchen abgeleiteten Informationsquelle ist, daß kein direkt erkennbarer Zusammenhang mehr zwischen ursprünglichen und abgeleiteten Informationen besteht" [97, S. 74].

Ein Unternehmen stellt in seiner Gesamtheit der Betriebsprozesse ein überaus komplexes Gebilde dar. Bei der Betrachtung der betrieblichen Prozesse als Informationsquellen ist festzustellen, daß Menschen und Maschinen Träger der Vorgänge sind; dabei gilt für alle Stellen im Unternehmen, die den Prozessen zugrunde liegenden Aktionen in Gang zu setzen und zu halten. Die einzelnen Betriebsprozesse werden dann zu Management-Informationsquellen, wenn das von ihnen hervorgehende Wissen Informationen für das Führen eines Untnernehmens liefert. Das Wissen bezieht sich auf den Ablauf und das Ergebnis des jeweiligen Prozesses. Mannigfaltige Einflüsse werden dabei wirksam, so daß vom Management Maßnahmen ergriffen werden müssen, um sie hinsichtlich der Zielsetzung „in den Griff" zu bekommen.

Ob die getroffenen Entscheidungen den erhofften Erfolg herbeiführen, ist aus dem betrieblichen Rechnungswesen zu erkennen.

Das Rechnungswesen ist der „Spiegel" [257, S. 467] für alle Managementaktionen und -entscheidungen. Bildlich gesehen, stellt ein Unternehmen ein fahrendes Schiff dar, das Rechnungswesen den Kompaß. Die Informationen aus dem Rechnungswesen gelten als Gradmesser für das

Wirtschaften des Betriebes. „Wirtschaften ist Wählen, Wählen aber ist Werten und ist daher ein Vergleichen, Vergleichen aber ist Rechnen" [119, S. 427]. Rechnen verlangt das Quantifizieren von Tatbeständen — eine Bedingung, die das Rechnungswesen voll und ganz erfüllt, da es das „Zahlenwerk" eines Unternehmens darstellt. Deshalb ist das Rechnungswesen als Institution eine Quelle für Management-Informationen. Es steuert die Management-Entscheidungen und -Handlungen und kontrolliert „die Wirtschaftlichkeit der Maßnahmen und des Vollzuges" [119, S. 428/429]. Als Management-Informationsquelle birgt es in seinem Wesen ein Dreifaches, das für ein dynamisches Management unumgänglich ist:

„1. die Vorschau — und zwar betrieblich und marktwirtschaftlich, um sich der Zukunft anzupassen und sich auf sie vorzubereiten;
2. die betriebliche Gestaltung: Gleichlaufplanung und Harmonisierung und Durchorganisation des Betriebes;
3. schärfste Betriebskontrolle: des Erreichten am Geplanten, des Ist am Soll" [119, S. 430].

In Deutschland ist das Rechnungswesen meist sehr gut organisiert im Vergleich zu anderen Nationen. So müßte es gerade in unserem Land möglich sein, aus dem Rechnungswesen das „Management-Auditing" [185, S. 58] zu entwickeln. Die Techniken des Management-Accounting ermöglichen es, Daten aus dem Rechnungswesen als Informationen für Entscheidungen zu nutzen.

Die externen Management-Informationsquellen bedürfen aufgrund der Vielzahl einer Systematisierung, um einen genügenden Überblick zu bekommen. Die Einteilung ergibt sich aus der Beantwortung des Fragenkomplexes: Welchem Zweck dienen die Management-Informationsquellen, sind sie selbst unmittelbar am Wirtschaftsprozeß beteiligt oder liefern sie mittelbar zum Wirtschaftsprozeß sach- bzw. interessenorientierte Management-Informationen?

Als erste Gruppe der externen Management-Informationsquellen sind die Entscheidungseinheiten des makroökonomischen Wirtschaftsprozesses zu nennen:

1. die Konkurrenzunternehmen (Geschäftsberichte, Kataloge, Werbematerial, Marktbeobachtungen),
2. die privaten Haushalte,
3. der Staat als Teilnehmer am Wirtschaftsprozeß.

Weiterhin sind die Publikationsorgane aufzuführen:

1. Auskunfteien,
2. Banken, Sparkassen,
3. Fachpresse, -zeitschriften, -vorträge,

4. spezielle Wirtschaftsnachrichtendienste,
5. Messen und Ausstellungen.

Die Interessenverbände, die als Institutionen die Meinung der Unternehmen gegenüber der Öffentlichkeit und dem Staat vertreten:

1. Fachverbände,
2. Sozialverbände, Gewerkschaften, Arbeitgeberverbände, Verbraucherverbände,
3. Industrie- und Handelskammern, Handwerkskammern.

Als vierte Gruppe liefern die wirtschaftswissenschaftlichen Institute Management-Informationen:

1. Konjunkturforschungsinstitute,
2. Markt- und Meinungsforschungsinstitute,
3. Dokumentationsstellen.

Als letzte Gruppe sind die Institutionen des Staates aufzuzählen, die als Ordnungsträger mit Weisungsbefugnis und als Knotenpunkt wichtiger Wirtschaftvorgänge gelten:

1. Bundesbank,
2. Informationsquellen für den Außenhandel,
3. Öffentliche Hand: Ministerien, Behörden, Landesämter,
4. Deutsches Patentamt, öffentliche Bibliotheken,
5. Statistisches Bundesamt und angeschlossene Ämter.

Bei den externen Management-Informationsquellen besteht eine der größten Schwierigkeiten darin, sie managementgerecht zu erfassen und die Informationen auszuwerten. Während die internen Management-Informationsquellen geprägt sind von der Lieferung homogener Daten, stellt sich bei den externen Informationsquellen das Problem, trotz Zufall und Unregelmäßigkeit der Informationslieferung sowie Heterogenität der Informationszusammensetzung ein managementorientiertes Informationssystem aufzubauen. Dazu sind folgende Aufgaben zu erfüllen [119, S. 372]:

1. Management-Informationsquellen sind aufzuspüren.
2. Alle brauchbaren Informationen sind zu katalogisieren.
3. Sie sind so aufzubereiten, daß sie der Arbeitsweise eines Management-Informationssystems entsprechen.

2.233 Arten der Management-Informationen

Ebenso wie die Management-Informationsquellen können die Management-Informationen nach verschiedenen Kriterien eingeteilt werden:

1. nach ihrem Ursprung: ursprüngliche — abgeleitete,
2. nach ihrer Herkunft: interne — externe,
3. nach ihrem Charakter: statistische — prognostische,

4. nach ihrem Bedarf bei Entscheidungen: lang-, mittel- und kurzfristige,
5. nach ihrer Bestimmung im Management-Informationssystem: zweckorientierte — funktionale.

Die Aufzählung erhebt keinen Anspruch auf Vollständigkeit, jedoch sind dies die wichtigsten Unterscheidungsmerkmale. Für die Erörterung der Informationsarten wird der Gegenüberstellung zweckorientiert — funktional der Vorzug gegeben, da dabei einmal die Arten der Management-Informationen nach dem Aufbau und der Arbeitsweise eines Management-Informationssystems gezeigt werden, und zum anderen lassen sich alle anderen Unterscheidungskriterien dieser gewählten unterordnen.

Die zweckorientierten Management-Informationen umfassen entsprechend den Arbeitsschritten des Management folgende Informationen [197, S. 99/101; 10, S. 82 ff.]:

1. Zielsetzungsinformationen,
2. Planungsinformationen,
3. Entscheidungsinformationen,
4. Durchführungsinformationen,
5. Kontrollinformationen.

Die Zielsetzungsinformationen nehmen eine Sonderstellung ein. Unternehmenszielsetzungen können lang-, mittel- und kurzfristiger Art sein. Da kurzfristige Zielsetzungen im allgemeinen für die bevorstehende Planungsperiode von meist mindestens einem Jahr bestehen, werden die Zielsetzungsinformationen frühestens nach jeweils einer Planungsperiode erforderlich; sie müssen nicht direkt aufbereitet und bereitgestellt werden, sondern sie resultieren aus den Ergebnissen und Erfahrungen der vorangegangenen Periode. Auch für die späterfristigen Zielsetzungen besteht der Informationsinhalt aus Erkenntnissen und Schlußfolgerungen der zeitlich vorher liegenden Wirtschaftsperioden sowie aus Beurteilungen der allgemeinen Wirtschaftslage und der zu erwartenden Konjunkturentwicklung im Einklang mit der Unternehmenspolitik.

Dagegen müssen die weiterhin erwähnten zweckorientierten Management-Informationen gleichsam während des ganzen Wirtschaftsjahres laufend für die Unternehmensführung bereitstehen. Planung ist, gemeinhin gesehen, ein „systematisches Durchdenken und Festlegen von Zielen, Verhaltensweisen und Maßnahmen für die Zukunft" [77, S. 7]. Diese Definition gilt in ihrer grundsätzlichen Aussage auch für die Arbeitsphase des Management, das „Festlegen von Zielen" bedarf jedoch einer näheren Erläuterung. Gemeint ist hier nicht das Setzen von Unternehmenszielen, sondern das Vorgeben von betriebsinternen Zielen bei Verfahren und Arbeitsabläufen zur Erreichung der Unternehmensziele. Planungsinformationen sind also Informationen, die dem analytischen Systemdenken und dem Festlegen von betriebsinternen Zielen, Verhaltensweisen und zukünftigen Maßnahmen dienen. Schwarz unterscheidet zwischen vergangenheits- und zukunftsorientierten Planungsinformationen. „Vergangenheitsorientierte Planungsinformationen entspringen in Form periodischer Berichte oder zeitlich ungebundener Mitteilungen der Kontrollphase. Sie entstehen aus Soll-/Ist-Vergleichen und können daher mit gewisser Berechtigung als sicher bezeichnet werden. Demgegenüber sind zukunftsorientierte Planungsinformationen notwendig ungewiß" [164, S. 166]. Die Ungewißheit resultiert aus „der persönlichen seelischen Veranlagung, dem individuellen Temperament, der jeweiligen Gemütslage oder Natur, dem psychischen ‚Grundtyp' der betreffenden Person" [201, S. 29], des Controllers. Das Controlling umfaßt neben internen auch die externen Informationen, bereitet sie mit Vergleichen und Abweichungsanalysen zu Planungsinformationen auf. Informationen als Planungsgrundlage können sein [119, S. 113] Betriebs- und Marktanalysen, Prognosen über zukünftige Entwicklungen, Standards und Grundsatzentscheidungen. Auch die Kontrolle liefert Planungsinformationen und wird zur Grundlage der (Neu-)Planung [118, S. 32] und das Controlling somit zum „Steuer" des Unternehmens. Die von ihm ausgehenden Informationsarten „tragen das Wesensmerkmal der Vergangenheitsorientierung" [10, S. 84], sind aber auch in ihrer Aussagefunktion gerichtet in die Zukunft. Durch den Einsatz der elektronischen Datenverarbeitungsanlagen und damit ermöglichten Anwendung von Management-Verfahrenspraktiken werden die Unsicherheitsfaktoren so weit abgebaut, daß sichere Planungsinformationen gewonnen werden können.

Der Planung folgt als nächste Management-Aktionsphase die Entscheidung. Sie kann „als der erstrebte Abschluß von Wahlhandlungen zwischen Zielen und/oder Mitteln ... angesehen werden" [91, S. 11; 70, S. 10; 119, S. 60; 149, S. 7]. Die Zwangsläufigkeit einer vorangehenden Planung zu einer Entscheidung ist in einem Management-Informationssystem Voraussetzung. Hieraus resultieren die Phasen des Entscheidungsprozesses [10, S. 86]. Diese sind Anregung, Orientierung und Entscheidungsakt. Dementsprechend lassen sich die Entscheidungsinformationen in Anregungs-, Orientierungs- und Entschlußinformationen einteilen [164, S. 166]. Von diesen Informationen stellen nur die Orientierungsinformationen Management-Informationen im engeren Sinn dar. Anregungs- und Entschlußinformationen müssen nicht von einem Management-Informationssystem geliefert werden. Anregungen können von jedem Aufgabenträger in einem Unternehmen vorgebracht werden [165, S. 108 ff.]; die Orientierungsinformationen dagegen beinhalten die vom System erarbeiteten Entscheidungsalternativen und -kriterien, die einerseits an den Unternehmenszielen ausgerichtet sind und andererseits die Entscheidungskonsequenzen aufzeigen, so daß sie den Entscheidungsakt beeinflussen. Die den eigentlichen Entscheidungs-, d. h. Wahl- und Willensakt einleitenden Entschlußinformationen, die das Werten der einzelnen Alternativen und Kriterien ermöglichen, liegen im Bereich des menschlichen Ermessens hinsichtlich ihrer Wichtigkeit, ihrer Akzeption und Beurteilung. An dieser Stelle wird die technische Perfektion eines Management-Informationssystems ersetzt durch den Eingriff des schaffenden Menschen, der nur allein der Initiator allen Wirtschaftens sein kann.

Die zur Realisierung von Entscheidungen notwendigen Durchführungsinformationen können wiederum nicht generell als Management-Informationen bezeichnet werden. Nur die vom System hervorgebrachten Ausführungsinformationen tragen den Charakter von Management-Informationen; Durchführungsinformationen dieser Art lassen sich fast ausschließlich nur für den Produktionsbereich eines Unternehmens ermitteln, die in Form von Lagerhaltungsangaben und Fertigungssteuerungsmitteilungen wie Teileverwendung, Arbeitszeitvorgaben, Kapazitätsbelegung und Fertigungsfluß an die zuständigen Aufgabenträger ausgegeben werden.

Die als Management beschriebenen Arbeitsschritte schließen mit der Kontrolle. Kontrollinformationen, die Management-Informationen darstellen, sind Entscheidungskontrollinformationen, die das betriebliche Ergebnis und den Erfolg zum Objekt haben. Die Abgrenzung zu den Ausführungskontrollinformationen besteht in der andersartigen Zielsetzung [119, S. 267]; nicht die Ausführung, sondern die Konsequenzen und Auswirkungen und damit letztlich die Richtigkeit einer Entscheidung sind für das Management von vornehmlicher Wichtigkeit. Kontrolle geschieht immer auf der Basis von Vergleichen [119, S. 254] und der anschließenden Untersuchung der Vergleichsergebnisse. Die Informationen aus diesen Analysen und diesem Werten sind Kontrollinformationen, die Management-Charakter haben. Sie erfahren ihre Eigenart aus der Gegenüberstellung von Plangrößen und tatsächlichen Größen, die eine Informationsquelle für weitere Entscheidungen bildet [23, S. 549]. Dieser enge Zusammenhang [82, S. 10] zwischen Kontrolle und Entscheidung ist das hervorzuhebende Merkmal eines Management; Informationen aufgrund der Planabweichungen und die Maßnahmen zur Beseitigung der Abweichung offenbaren die Beziehungen zu den Grundstufen „planning" — „organizing" — „controlling", die Davis als die „organic management functions" [41, S. 22] bezeichnet. Die zentrale Bedeutung, die dem Begriff „Control" in diesem Kommunikationsgeflecht zukommt, wird in den Fragestellungen der Regeltechnik, Informationstheorie und Kybernetik aufgegriffen und im Rückkopplungsprinzip, im sog. „feed back" wiedergegeben.

Die Relevanz von Kontrollinformationen wird erhöht durch die Tatsache, daß vorwiegend die durch sie gesteuerten Handlungen durch den Rückgriff auf schon gesammelte Erfahrungen — durch einen Lerneffekt —

dahingehend positiv beeinflußt werden, daß sich Systeme aufgrund der Lernprozesse schneller und wirkungsvoller an wechselnde Situationen anpassen [227, S. 318/319]. Um diesen Vorteil voll auszunutzen, sind die Kontrollinformationen zu standardisieren, was außerdem die Voraussetzung für den Einsatz von elektronischen Datenverarbeitungsanlagen ist.

Die weitere Unterscheidung der Arten von Management-Informationen in funktionale berücksichtigt die Wesensmerkmale des Aufbaues eines Management-Informationssystems. Die Informationsarten sind in ihrer Dosierung und Differenzierung abgestimmt auf die Funktionen und die verantwortliche Stellung des Aufgabenträgers in der Management-Hierarchie; sie sind „maßgeschneidert", da sie entsprechend der Unternehmensbereiche und -stellen den notwendig verlangten Informationsinhalt liefern.

Das Bedürfnis nach umfassenderen Einzelinformationen ist auf den unteren Management-Ebenen stärker und nimmt zur Führungsspitze hin ab zugunsten konzertrierter Informationen. Funktionale Management-Informationen unterliegen einem systematischen Aufbau von der unteren bis zur obersten Führungsebene, so daß jede Information nur einmal zu erarbeiten und funktionsgerecht nach den verschiedenen Gesichtspunkten der Management-Instanzen auszuwerten ist. „Gleiche Basisinformationen werden durch fortschreitende Verdichtungen und Umwandlungen immer wieder verwertet, Verfälschungen werden so vermieden, Auswertungen — für Kostenrechnung, Erfolgsrechnung, Absatzstatistik oder für Stellen wie Verkaufsleitung, Produktionsleitung, Unternehmensleitung — können ohne Doppelarbeiten gewonnen werden" [185, S. 58]. Als praktisches Beispiel zu diesen Ausführungen sei die Beobachtung der Debitoren bzw. des Umsatzes genannt:

Die höchste Management-Ebene erhält als verdichtete Information die Umsatzentwicklung insgesamt und unterschieden nach Warengruppen.

Die jeweils zuständigen Aufgabenträger des mittleren Management (Finanz- und Verkaufsmanager) benötigen detailliertere Informationen, z. B.:

1. Verhältnis des Einzelkundenumsatzes zum Gesamtumsatz,
2. kummulierter Durchschnittsumsatz pro Kunde und Warengruppe,
3. Durchschnittsumsatz und Umsatz nach Warengruppen pro Bezirk,
4. Umsätze der Kunden, die Kreditlimits überschreiten,
5. Durchschnittsaußenstände der Kunden,
6. Erlösschmälerungen pro Kunde und pro Artikel (evtl. Warengruppen), aufgeteilt nach Skonti und sonstigen Nachlässen.

Die Aufgabenträger der unteren Management-Ebene müssen folgende Informationen erhalten:

1. auftragsgemäße Belieferung der Kunden,
2. Kundenstammentwicklung,
3. besondere Kundendaten zwecks Werbemaßnahmen,
4. Wochenumsätze der Kunden,
5. Reklamationen,
6. Zahlungseingangsüberwachung.

Als weitere funktionale Management-Informationen, die im Unternehmen gewonnen werden, seien hier, ohne die Verdichtung der Information aufzuzeigen, aufgeführt [185, S. 56 ff.]:

Beschaffungsbereich (nur Materialwirtschaft)

Übersicht über die Lieferantenschaft und deren Sortiment,
Ergebnisse der Bestands- und Bestellrechnungen,
Zahlungs- und Lieferungsbedingungen der Lieferanten;

Produktionsbereich

Vorschläge zur Fertigungssteuerung,
Bestandsentwicklung bei verschiedenen Produktionsprogrammen mit Angabe von Überständen,
Auswirkungen bei Programmänderungen auf Termine,
Ausschußquoten,
Berechnung der Kapazitätsauslastung,
Materialverbrauch und -verschreibung,
Auftrags-Kosten-Gewinn-Analyse pro Auftrag,
geplante Instandhaltungs- und Wartungsmaßnahmen;

Vertriebsbereich

Bewertungsfaktoren über Schätzung der Erfolge und Erfolgskontrolle,
Werbungsergebnisse,
Marktforschungsergebnisse,
Umsatzangaben,
Marktübersicht über potentielle und echte Kunden,
Verteilung der Konkurrenz;

Finanz- und Rechnungswesen

Gewinnentwicklung bei unterschiedlichen Absatzmaßnahmen oder internen Eingriffen,
Liquiditätsmitteilungen,
Betriebsabrechnungen und deren Auswertungen,
kurzfristige Erfolgsrechnungen,
Terminlisten für zu leistende Zahlungen;

Personalbereich

Personalstruktur nach Alter oder Gehaltsstufen,
Ausbildungsstand,
Personalausweitung oder -abbau,
tariflicher Urlaubsanspruch bzw. Angaben über Resturlaub,
Berichte über Förderungswürdigkeit einschließlich Nachwuchsplanung.

Die externen Management-Informationen stellen im eigentlichen Sinn keine funktionalen Informationen dar, da sie in der Beschaffenheit einem systematischen Aufbau und einer Stellenbezogenheit entbehren. Arten der externen Informationen wie Struktur der Haushalte, Verbrauchergewohnheiten, verfügbares Einkommen, Einkommensverwendung, Nachfragesituationen, Geschmacks- und Moderichtungen, wirtschaftliche Situation der Kundenbranchen, Entwicklung in den weiteren nachgeschalteten Branchen, Veränderungen am Arbeits-, Rohstoff-, Geld- und Kapitalmarkt, Konjunkturmaßnahmen und dergleichen mehr sind zwar Management-Informationen, sie können jedoch ohne entsprechende Systematisierung und Standardisierung in einem Management-Informationssystem die funktionalen Bedingungen des Systems nicht erfüllen. Hier zeigt sich eine große Schwierigkeit in der Realisierung eines umfassenden Informationssystems. Anzuregen ist hier, daß Informationen der externen Management-Informationsquellen so aufbereitet veröffentlicht würden, daß sie management-gerecht mit elektronischen Datenverarbeitungsanlagen zu erfassen und zu verarbeiten wären.

Von der Güte der funktionalen Management-Informationen hängt mit der Erfolg des Informationssystems ab. Sie müssen deshalb folgende Merkmale aufweisen [185, S. 65 ff.]:

1. Einmalgewinnung und Vielfachauswertung nach Bedarf der Management-Instanzen.
2. Überlagerung des strukturellen Organisationsgebildes durch direkte funktionale Beziehungen, so daß sich eine Unabhängigkeit der Stellen ergibt und das Informationswesen nicht von einzelnen Bedarfsstellen beherrscht wird.
3. Innerhalb des Informationswesens und gegenüber anderen Aufgaben des Unternehmens müssen die Informationen eindeutig Rechte und Pflichten definieren.
4. Form und Inhalt müssen der ständigen Fortentwicklung eines Unternehmens laufend angepaßt werden.
5. Orientierung an den Tagesanforderungen erleichtert die Entscheidungen.
6. Berücksichtigung der Verantwortung zwischen Bedarfsstelle und Controller, um den „Management"-Gedanken zu fördern.

2.24 Eine computer-orientierte Organisation der betrieblichen Datenverarbeitung

2.241 Voraussetzung und Notwendigkeit des Einsatzes elektronischer Datenverarbeitungsanlagen

Das moderne Management orientiert sich am Technischen Fortschritt, der die treibende Kraft der Wirtschaft ist. Der Technische Fortschritt setzt neue Maßstäbe, bringt neue Strukturen, erzwingt eine Ausweitung des betriebswirtschaftlichen Wirkungsfeldes — er stellt aber auch damit höchste Anforderungen und größte Anstrengungen an die Unternehmensführung. Das Auswirken des Technischen Fortschritts vollzieht sich in zwei Dimensionen: zunehmender Vielfalt und steigender Veränderungsgeschwindigkeit. So existierten Produkte, die heute als tägliche Gebrauchsmittel gelten, vor zehn Jahren noch nicht; der Lebenszyklus der Markenartikel wird teilweise heute schon auf ein Jahr begrenzt. Die Anstrengungen der Unternehmensführung müssen sich auf den Verkauf, auf die Produktion, auf Forschung und Entwicklung, auf die Werbung, auf die Versorgung mit Rohstoffen, auf die sozialen Wandlungen, auf Rentabilität und Liquidität, auf Wachstum, auf rasche Entscheidungen — auf alle Unternehmensbereiche und -belange konzentrieren.

Dazu muß ein Management einerseits die Einstellung haben, diese Dynamik des Technischen Fortschritts zu bejahen, die eigene Struktur mit der sich verändernden Umwelt in Harmonie zu bringen und alle verfügbaren Kräfte für optimale Ergebnisse zu mobilisieren; andererseits muß gewährleistet sein, daß das Management rechtzeitig informiert wird, daß der Entscheidungsprozeß durchsichtig gemacht wird und daß die Möglichkeit des Mitvollzuges gegeben ist.

Mit diesen Ausführungen wird aber die ganze Problematik der Durchführung der Management-Tätigkeit offenkundig, denn:

1. Wie kann der Schnelligkeit der wirtschaftlichen Veränderung begegnet werden und
2. wie kann die Fülle des innerbetrieblichen Datenaufkommens, das einmal aufgrund der geschäftlichen Verflechtungen zwangsläufig anfällt und zum anderen zwecks ausführlicher Information unumgänglich ist, verarbeitet und ausgewertet werden?

Es gibt keinen allgemein gültigen Maßstab zur Messung der wirtschaftlichen Veränderungsgeschwindgkeit; wohl sind sich heute schon Manager darüber im klaren, daß eine kurzfristige Erfolgsrechnung oder Verkaufsstatistiken nicht erst in der zweiten Dekade des Folgemonats vorliegen dürfen, sondern schon ein bis zwei Tage nach der Abrechnungsperiode. Auch Bestandsveränderungen, mengenmäßige Absatzquoten der

Artikel und Stand des Auftragsvolumens müssen einer kurzfristigen Überwachung unterliegen.

Das Datenaufkommen hat gerade in den letzten Jahren erheblich zugenommen. „Nach neuen Erhebungen wächst die Datenflut in den Unternehmungen in Mitteleuropa jedes Jahr um 10% gegenüber dem Vorjahr. Die steigende Belegflut bringt automatisch eine wachsende Datenflut mit sich, die nicht mehr rationell bewältigt werden kann" [246, S. 180]. Die Fülle der Daten zieht noch weitere Probleme nach sich: die Personalabhängigkeit, wie bereits erwähnt, das Belegaufkommen, die Aufbewahrung der Unterlagen und die richtige Auswertung der Daten, Engpässe in der Bearbeitung.

Die Lösung dieser Probleme ist der Einsatz elektronischer Datenverarbeitungsanlagen (EDV-Anlagen) als Organisationshilfsmittel, die aufgrund ihrer Rechen- bzw. Verarbeitungsgeschwindigkeiten in der Größenordnung von Nanosekunden riesige Datenmengen schnell und sicher verarbeiten. Die schnelle Entwicklung des Einsatzes von EDV-Anlagen „... zeigt sich auch in der Zahl der aufgestellten Anlagen. Während im Jahre 1960 etwa 150 Anlagen in der Bundesrepublik eingesetzt waren, sind es im Jahre 1964 bereits 1270 und bereits 1966 über 2000 Anlagen" [85, S. 27]. „Die Computer-Industrie rechnet weltweit mit jährlichen Zuwachsraten von über 20%. In der Bundesrepublik dürften 1973 rund 8000 informationsverarbeitende Systeme installiert sein, 1985 wahrscheinlich 25000" [277, S. 58]. Der Einsatz von EDV-Anlagen ist Voraussetzung und dringende Notwendigkeit für die Bewältigung der betrieblichen Datenmengen in einer dem Technischen Fortschritt angepaßten Schnelligkeit. „Wissenschaft und Technik haben in den letzten Jahrzehnten auch dem Gebiet der Büroorganisation in verstärktem Maße ihre Aufmerksamkeit zugewendet, so daß es heute an Grundlagen und Hilfsmitteln für eine Rationalisierung der Verwaltungsarbeit und damit für allgemeine Leistungssteigerung im Büro nicht mehr fehlt" [68, S. 19]. Eine solche Rationalisierung muß im wesentlichen die Form der Automatisierung der Massen- und Routinearbeiten mit EDV-Anlagen zur Grundlage haben. Die Bewältigung der betrieblichen Datenmengen besteht hauptsächlich darin, „die für die Verarbeitung und Auswertung notwendigen Informationen ... zu sammeln, sie zu verarbeiten und die Ergebnisse der Verarbeitung auszuwerten" [56, S. 11].

Die Automatisierung betrieblicher Datenverarbeitung verlangt eine computer-orientierte Ablauforganisation der betrieblichen Datenverarbeitung. Kennzeichen dieser Organisation sind die systembedingte Eingliederung des Menschen in den computer-gestützten Verarbeitungsprozeß und die Andersartigkeit der eigentlichen Bearbeitung der Daten, die auf die Ausnutzung der Vorteile der EDV-Anlagen ausgerichtet sein muß. Während in herkömmlichen Ablauforganisationen dem Menschen eine gewisse Freiheit in seinem Aktionsradius gewährt werden konnte, verlangt ein computer-orientierter Arbeitsablauf die Einhaltung fest vorgegebener Gesetzmäßigkeiten bei der Aufbereitung der Eingabedaten, Beachtung der starren Arbeitsfolge, Kenntnis der Systematik und Bindung der Zuständigkeit für die einzelnen Arbeitsgänge an die Arbeitsplätze. Die Organisation der betrieblichen Datenverarbeitung ist geprägt von einer Zwangsläufigkeit hohen Ausmaßes. Die Andersartigkeit der Bearbeitung bezieht sich auf die Regelung des materiellen Arbeitsablaufs [68, S. 20]: der nahezu vollkommene Fortfall menschlicher Routinearbeit, die geschlossene Ausführung der Datenverarbeitungsaufgabe eines vollständigen Funktionskreises in einem einzigen Maschinendurchgang. „Während der eigentlichen Datenverarbeitungsvorgänge, die von der Maschine selbsttätig und selbstkontrollierend abgewickelt werden, beschränkt sich die menschliche Tätigkeit auf die Überwachung" [68, S. 20], die Aufbereitung der Daten, die Informationsauswertung und Entscheidungsfindung und -bildung.

Obwohl die schnelle wirtschaftliche Veränderungsgeschwindigkeit und die Fülle der betrieblichen Daten den Einsatz elektronischer Datenverarbeitungsanlagen notwendig machen, sollen die Nachteile eines elektronischen Arbeitsablaufes nicht verschwiegen werden:

1. Automatisierung des Arbeitsablaufs, bei dem eine nicht vorhersagbare Situation zeitliche Schwierigkeiten und zusätzliche Kosten hervorrufen kann.
2. Starrheit der Organisation [56, S. 61], die dem eigentlichen Wesen einer Organisation, nämlich sich organisch zu entwickeln, widerspricht.
3. Anstieg der fixen Kosten im Verwaltungsbereich [68, S. 65]; diesen fixen Kosten steht nur ein sehr geringer Anteil an variablen Kosten gegenüber. Elektronische Datenverarbeitungssysteme sind also durch einen „nahezu horizontalen Gesamtkostenverlauf" [128, S. 165] charakterisiert.
4. Hohe Bereitschaftskosten für laufende Schulung des Personals und für die Organisation.
5. Die Störanfälligkeit eines EDV-Systems, technisch bedingt oder auf menschliches Versagen zurückzuführen [128, S. 111]. EDV-Anlagen sind komplizierte Hochleistungsaggregate; mit dem plötzlichen Versagen eines Bauteils, z. B. Unterbrechung eines Heizfadens, oder dem allmählichen Nachlassen der vollen Betriebsbereitschaft eines Widerstandes muß gerechnet werden. De Beauclair [216, S. 38] dagegen kommt „zu der Feststellung, daß moderne elektronische Digitalrechner so zuverlässig sind, wie es vernünftigerweise auch für die heikelsten Verwendungsfälle gefordert werden kann".

6. Aufgrund des Technischen Fortschritts kann ein Anlagenwechsel notwendig werden, was zu neuen Umstellungskosten führt. Der Technische Fortschritt bringt Differenziertheit und eine Vielfalt der produzierten Güter mit sich; der Strukturwandel der EDV der letzten zehn Jahre beweist dies.

Demgegenüber müssen folgende Vorteile herausgestellt werden:

1. Verbesserung des Informationsgrades. Die heutigen Märkte sind dynamische Märkte; es herrscht eine produktive Unruhe, die stets nach dem Mehr und Besseren sucht. Aus diesem Grunde muß eine Unternehmensführung dynamisch sein, d. h. sie muß in der Entwicklung und in der Zeit und nicht punktuell denken. Um jedoch diesen Problemen entsprechen zu können, müssen die Informationen umfassend und ohne Zeitverzögerung der Unternehmensführung zugänglich sein. Die EDV ist daher eine der Voraussetzungen für Sofortzeitverarbeitung, bei der die Datenverarbeitung zum selben Zeitpunkt erfolgt, in dem der auslösende Originalvorgang abläuft. „Durch eine beschleunigte Erstellung der Unterlagen können wirklichkeitsnahe Entscheidungen getroffen werden. Berichte, Kostenaufstellungen und Statistiken liegen kurz nach Ablauf der Bezugsperiode vor" [56, S. 60].
2. Straffung der Organisation; dadurch gewinnt die Organisation an Übersichtlichkeit und teilweise eine Vereinfachung. Weiterhin führt sie zur zentralisierten Führung und Steuerung sowie Kontrolle der Geschäftsvorfälle. Doppelarbeit wird somit vermieden.
3. Ermöglichung systemkonformer Verfahren der Planung und Disposition.
4. Verarbeitung der Daten sicherer und schneller, was die Termintreue wesentlich verbessert.
5. Vorhandensein von Reservekapazitäten für stoßartige Beanspruchung (z. B. Abschlußarbeiten am Monatsende).
6. Verminderung der Personalabhängigkeit und Personaleinsparung; allerdings können keine allgemein gültigen konkreten Angaben (Prozent) gemacht werden, da die Personaleinsparung in jedem praktischen Fall verschieden ist.

Vollberg führt dazu aus: „Diese Liste läßt sich je nach der Begeisterungsfähigkeit der befragten Manager erweitern" [190, S. 49]. Eine dynamische Unternehmensführung muß sich jedoch auf die wechselnden Gegebenheiten und neuen Entwicklungen einstellen, d. h. im Prozeß denken. Sie muß die modernen Methoden der Betriebsführung beherrschen. Entscheidend ist die Unternehmenspolitik. Aus der Gegenüberstellung der Vor- und Nachteile, aus der zunehmenden Vielfalt und der steigenden wirtschaftlichen Veränderungsgeschwindigkeit sowie der Fülle der betrieblichen Daten läßt sich ableiten, daß der Einsatz der elektronischen

Datenverarbeitungsanlagen als Organisationshilfsmittel Voraussetzung und Notwendigkeit für den neuen Führungsstil des Management sind.

2.242 Aktionsphasen des Datenverarbeitungsprozesses

Datenverarbeitung ist die Durchführung der planmäßig aufeinanderfolgenden Umformung von Daten, die in Form von Ziffern, Buchstaben und bestimmten Sonderzeichen quantifizierte Ergebnisse und Ablauferscheinungen darstellen. Futh schreibt hierzu: „Eine solche Datenverarbeitung umfaßt eine meist große Anzahl gleichförmiger Vorgänge wie Lesen, Rechnen, Buchen, Vervielfältigen, Übertragen, Ändern und Schreiben" [56, S. 11].

Der innerbetriebliche Datenverarbeitungsprozeß umfaßt sämtliche Vorgänge der Handhabung betriebsbezogener Daten; der Datenverarbeitungsprozeß hat also nicht nur die Arbeiten des betrieblichen Rechnungswesens zum Gegenstand, sondern umschließt auch alle anderen Tätigkeiten des Umgangs mit Daten im Unternehmen, die zur Aufrechterhaltung der Betriebsbereitschaft notwendig sind. Diese sogenannten „Verwaltungstätigkeiten" sind die der Materialwirtschaft, der Arbeitsvorbereitung, der Fertigung, der Instandhaltung der Betriebsanlagen, des Vertriebs, des Personalwesens und der Forschung und Entwicklung. Kennzeichnend für den Datenverarbeitungsprozeß ist die Arbeitsteilung in vier Aktionsphasen:

1. materielle und systemkonforme Aufbereitung der Daten,
2. systemspezifische Erfassung der Daten,
3. integrierte Bearbeitung der Daten,
4. zielkonforme Auswertung der Daten.

Die materielle und systemkonforme Aufbereitung der Daten stellt die erste Stufe des Datenverarbeitungsprozesses dar und besteht aus Prüfen, Sammeln, Ordnen und Vorbereiten der Geschäftsvorfälle und der sonstigen betriebsnotwendigen Informationen, die sowohl außerhalb als auch innerhalb des Unternehmens anfallen. Die Erledigung dieser Tätigkeiten erfolgt dezentral von Mitarbeitern in den entsprechenden Arbeitsfachbereichen eines Unternehmens, die den Meistern und Gruppenleitern unterstellt sind. Bei besonders wichtigen Vorfällen bzw. bei Ausnahmefällen werden auch die Meister und Gruppenleiter für diese Arbeiten herangezogen. Die Prüfung der Daten bezieht sich auf ihre materielle Richtigkeit, Ordnungsmäßigkeit und Vollständigkeit. Danach müssen die Daten entsprechend ihrer formalen weiteren Handhabung gesammelt, geordnet und für die elektronische Verarbeitung vorbereitet werden. Diese erste Phase des Datenverarbeitungsprozesses umfaßt somit die materiellen Ausführungs- und die systemkonformen Vorbereitungsarbeiten.

Nach dem Durchlaufen der ersten Phase müssen die Daten systemspezifisch, d. h. entsprechend ihrer nachfolgenden Verarbeitung mit der EDV-Anlage erfaßt werden. Meistens geschieht dies in den Unternehmen zentral in einer sogenannten „Datenerfassungsstelle" bzw. durch Direkteingabe über Spezialeingabegeräte in das EDV-System.

Als Datenträger können Lochkarten, Lochstreifen, Magnetkarten, Markierungsblätter, Direktlesebelege oder Magnetbänder verwendet werden. Die Vor- und Nachteile der einzelnen Datenträger sowie die unterschiedlichen Erfassungsmethoden, die allgemein bekannt sein dürften, sollen hier nicht erörtert werden. Als Direkteingabe sind die Möglichkeiten der optischen und sprachlichen Eingabe anzuführen; letztere ist noch im Entwicklungsstadium. Auch muß im Zusammenhang mit der systemspezifischen Erfassung der Daten die elektronische Datenfernverarbeitung erwähnt werden. Die Eingabemedien unterscheiden sich zwar bis auf Geringfügigkeiten in ihrer technischen Ausstattung nicht von denen der lokalen Datenverarbeitung, sie schränken jedoch manuelle Arbeitsgänge und lange Versandwege ein, überbrücken die Zeitspanne vom Entstehen bis zur Verarbeitung der Daten und erhöhen damit ihren Ausagewert und ihre Aktualität. Die Datenfernverarbeitung wickelt die Bereitstellung der Daten in Minuten oder sogar in Sekunden ab.

Die integrierte Bearbeitung der Daten als dritte Phase des Datenverarbeitungsprozesses bezieht sich auf die eigentliche Verarbeitung in der EDV-Anlage. „Eine integrierte Datenverarbeitung liegt ... vor, wenn alle Ursprungsdaten nur einmal in die Anlage eingelesen und für alle benötigten Auswertungen benutzt und gespeichert werden. Es sollen nur die notwendigen Ergebnisse wieder ausgegeben werden" [85, S. 28]. Mit einem Verarbeitungsgang werden alle formalen Vorarbeiten von Daten vollzogen, um sie als Informationen in der vierten Phase auszuwerten. Die integrierte Bearbeitung erfordert eine funktionsgerechte Auslegung der Konfiguration der EDV-Anlage. Sie bestimmt die Größe des Kernspeichers, der Zentraleinheit, den Umfang des zu verwendenden Betriebssystems, die Wahl der externen Speicher und die Leistungsfähigkeit der Kanäle, der Steuereinheiten und der peripheren Ein-/Ausgabegeräte. Allgemein gültige konkrete Angaben hierzu können nicht gemacht werden, da Management-Informationssysteme ja je nach ihrem Umfang und ihrer Intensität einen unterschiedlichen Integrationsgrad haben werden.

Die letzte Aktionsphase, die den Datenverarbeitungsprozeß abschließt, ist die zielkonforme Auswertung der Daten. Zielkonform heißt hier, daß die in der dritten Phase erstellten und gespeicherten Daten zu zweckgerichteten und funktionalen Informationen entsprechend der Zielsetzung des Management-Informationssystems ausgewertet werden. Dies setzt voraus, daß die gespeicherten Datenbestände in ihrer Organisation flexibel und die einzelnen Datenfelder schnell erreichbar sind, d. h. sie müssen dem direkten Zugriff unterliegen. Mit der Gewinnung dieser Informationen können die entsprechenden Funktionsstellen des Management in kürzester Zeit mit den gewünschten Unterlagen für Führungsaufgaben versorgt werden.

2.243 Aufbau und Arbeitsweise elektronischer Datenverarbeitungsanlagen

Der Systemaufbau einer elektronischen Datenverarbeitungsanlage wird geprägt von der Struktur: Eingabe, Verarbeitung, Speicherung/Ausgabe der Daten. Diesen Aufgaben entsprechend besteht ein EDV-System aus folgenden vier Standardeinrichtungen:

Zentraleinheit,
Kanäle,
Steuereinheiten,
Ein-/Ausgabeeinheiten.

Um einen Überblick über die wesentlichen Zusammenhänge des logischen Aufbaus und der Arbeitsweise zu bekommen, zeigt die Abbildung 8 den Grundaufbau einer EDV-Konfiguration.

Aufgrund dieser Darstellung sollen Aufbau und Arbeitsweise erörtert werden. Während die Ein-/Ausgabeeinheiten die Nahtstellen der Anlage mit dem Benutzer bilden, dienen Zentraleinheit, Kanäle und Steuereinheiten dazu, die aufgenommenen Daten festzuhalten, sie zu verarbeiten sowie den Ablauf der Anlage zu steuern. Die Zentraleinheit setzt sich aus dem Hauptspeicher und der zentralen Recheneinheit, die wiederum aus Arithmetik-/Logikeinheit und System-Steuerungswerk gebildet wird, zusammen. Der Hauptspeicher ist der Teil eines Systems, der die zu verarbeitenden Daten und das auszuführende Programm enthält. Alle Daten werden in den Hauptspeicher eingegeben oder aus ihm ausgegeben. Der Hauptspeicher ist ein Kernspeicher; die kleinste adressierbare Stelle in ihm ist das Byte. Das System-Steuerungswerk stellt sämtliche Verbindungen zum Hauptspeicher her. Es hat die Funktionen, die einzelnen Programminstruktionen zu interpretieren und die Ausführung der einzelnen Instruktionen zu steuern und zu überwachen. Die Arithmetik-/Logikeinheit dient zur Durchführung der arithmetischen Grundoperationen Addition, Substraktion, Multiplikation und Division sowie der des Vergleichens.

Die Kanäle bilden das Bindeglied zwischen den gerätespezifischen Steuereinheiten und dem Hauptspeicher; sie stellen in ihrer Konzeption selbständige Einheiten mit besonderen Funktionen und Vorrichtungen für die Ein- und Ausgabe von Daten dar und werden vom System-Steuerungswerk mit überwacht. Es gibt zwei Arten von Datenkanälen: den Multiplex-

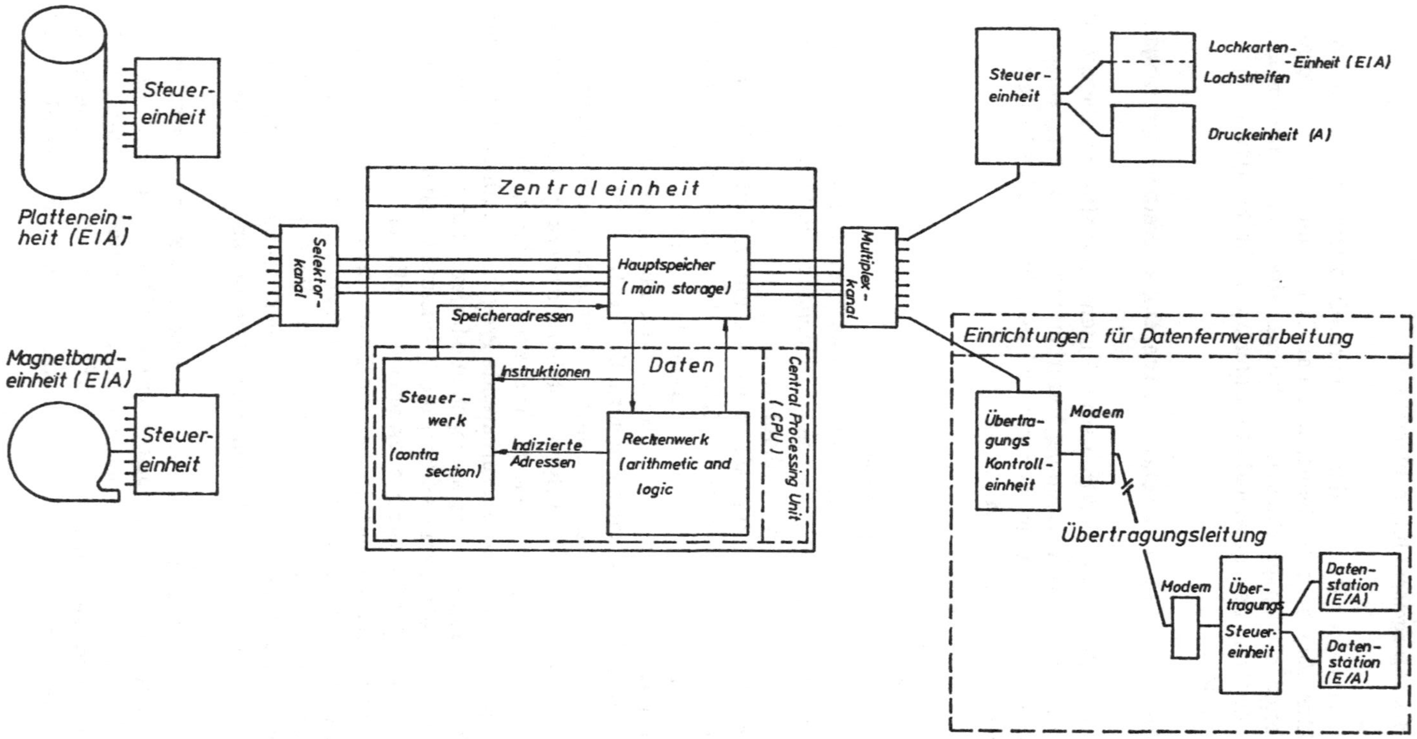

Abb. 8. Logischer Grundaufbau elektronischer Datenverarbeitungsanlagen

kanal für langsame und schnelle Geräte wie Karten-, Drucker- und Datenfernverarbeitungseinheiten und den Selektorkanal für den sehr viel schnelleren Datenverkehr mit Band- und Platteneinheiten. An den Multiplex- und an den Selektorkanal können maximal acht Steuereinheiten angeschlossen werden. Weiterhin hat jede Steuereinheit Anschlußmöglichkeiten für bis zu acht Zugriffsmechanismen. Die Aufgaben der Steuereinheiten sind, den Informationsfluß zu kontrollieren und zu steuern. Für jede Gerätegruppe, wie Band-, Platten-, Karten-, Streifen- und Druckereinheiten sowie Datenfernerfassungssysteme existieren spezielle Steuereinheiten mit unterschiedlichen Eigenschaften entsprechend ihrer zugeordneten Aufgabe. Als periphere Speichermedien, Ein- und Ausgabeeinheiten sind folgende zu nennen:

1. Externe Speichermedien
   Die externen Speicher können als der „verlängerte Arm" [246, S. 203] des Hauptspeichers angesehen werden; zu unterscheiden sind Magnetbänder, Magnettrommeln, Magnetplatten und Magnetkarten. „Die Möglichkeit, große Datenmengen in Magnetspeichern ... wirtschaftlich aufbewahren zu können, läßt die Lochkarte und den Lochstreifen als Speicherelement bei der elektronischen Datenverarbeitung an Bedeutung zurücktreten" [56, S. 85]. Haupsächlich werden somit in der Praxis Magnetbänder und -platten verwendet.
2. Eingabegeräte
   Lochkartenleser, Lochstreifenleser, Direktbelegleser, Markierungsblattleser, Magnetbänder, Magnetplatten, Konsolschreibmaschine, optische Eingabeeinheiten und Spracheingabegeräte.
3. Ausgabegeräte
   Lochkartenstanzer, Lochstreifenstanzer, Schnelldrucker, Konsolschreibmaschine, Magnetbänder, Magnetplatten, Sprachausgabe [173, S. 82/84 ff.] und optische Anzeigegeräte.
4. Die elektronische Datenfernerfassung, -speicherung oder -ausgabe stellen nur eine weitere Komponente zur Abrundung der elektronischen Datenverarbeitung dar. Die Datenstationen sind die bekannten Einheiten der lokalen EDV mit technischen Zusatzeinrichtungen. Außerdem werden zur Übertragung der Daten Steuerungs- und Kontrolleinheiten sowie die spezifischen Datenübertragungseinrichtungen benötigt.

Das wesentlichste Unterscheidungsmerkmal hinsichtlich der Arbeitsweise eines elektronischen Datenverarbeitungssystems ist die Abhängigkeit der peripheren Einheiten von der Recheneinheit. So sind grundsätzlich zwei Arbeitsweisen zu nennen: das On Line- und das Off Line-Verfahren. Futh erläutert beide Methoden wie folgt: „Um die Zentraleinheit von den zeitraubenden Ein-/Ausgabe- und Umwandlungsoperationen zu entlasten, läßt man diese Arbeiten von Maschinen ausführen, die getrennt

(Off Line) von der Großanlage arbeiten. ... Andere Hersteller verwenden innerhalb der Großanlage Ein- und Ausgabegeräte, die einmal direkt von der Zentraleinheit angesprochen und gesteuert werden können (On Line), zum anderen unabhängig (Off Line) die gesamten Umwandlungen durchführen, ohne daß die Recheneinheit ihre Arbeit unterbrechen muß" [56, S. 69/70]. Der Vorteil der Off Line-Verarbeitung liegt darin, daß infolge der Möglichkeit, mit hohen Geschwindigkeiten zwischen den externen Magnetspeichern und dem Hauptspeicher Daten zu übertragen, echte Systemzeit eingespart werden kann.

2.3 Organisation eines Management-Informationssystems

Im dritten Hauptabschnitt des ersten Hauptteiles dieser Arbeit sollen jetzt die Grundkonzeption und die Funktionsweise eines Management-Informationssystems gezeigt werden.

Die Grundkonzeption und Funktionsweise eines Management-Informationssystems werden geprägt von der Dreiteilung des Durchführungsprozesses: Informationsbeschaffung, Informationsübermittlung sowie Informationsauswertung. Die anzustrebende Grundkonzeption muß jedoch ein in sich geschlossenes Ganzes ein. Das Management-Informationssystem muß dynamisch in Form eines geschlossenen Regelkreises die strukturelle Dreiteilung so nahtlos ineinander übergreifen lassen, daß ein kontinuierlicher Funktionskreislauf stattfinden kann. Der Informationsbeschaffungsprozeß[7] bildet die Eingangsstufe und beinhaltet die Vorarbeiten und die computer-bezogene Auswertung von Daten. So müssen alle dazu notwendigen Daten in das Computersystem eingegeben, gespeichert und zum jederzeitigen Zugriff bereitgehalten werden. Bei Daten, die aufgrund eines Geschäftsvorfalles angefallen sind und zwangsläufig für einen nächstfolgenden Vorgang in umgeformter Weise wieder weiterverwendet werden, dürfte die Erfassung nicht allzu problematisch sein. Schwierig wird es jedoch bei externen Sonderinformationen, da deren Existenz schon bei der Systemplanung mit berücksichtigt werden müssen, obwohl deren Ausdrucksformen und Erscheinungszeitpunkte doch sehr der Willkür unterliegen. In solchen und ähnlichen Fällen müßte mit Parametern gearbeitet werden. Die Auswertung der Daten wird anschließend im Computersystem vollzogen und ist somit ein Problem der Datenorganisation und der Programmierung. Die Informationsübermittlung kann einerseits mit Hilfe der EDV-Anlage und deren Ausgabemedien (z. B.

[7] Die theoretischen Grundlagen der Informationsverarbeitung erörtert ausführlich A. Schulz [162].

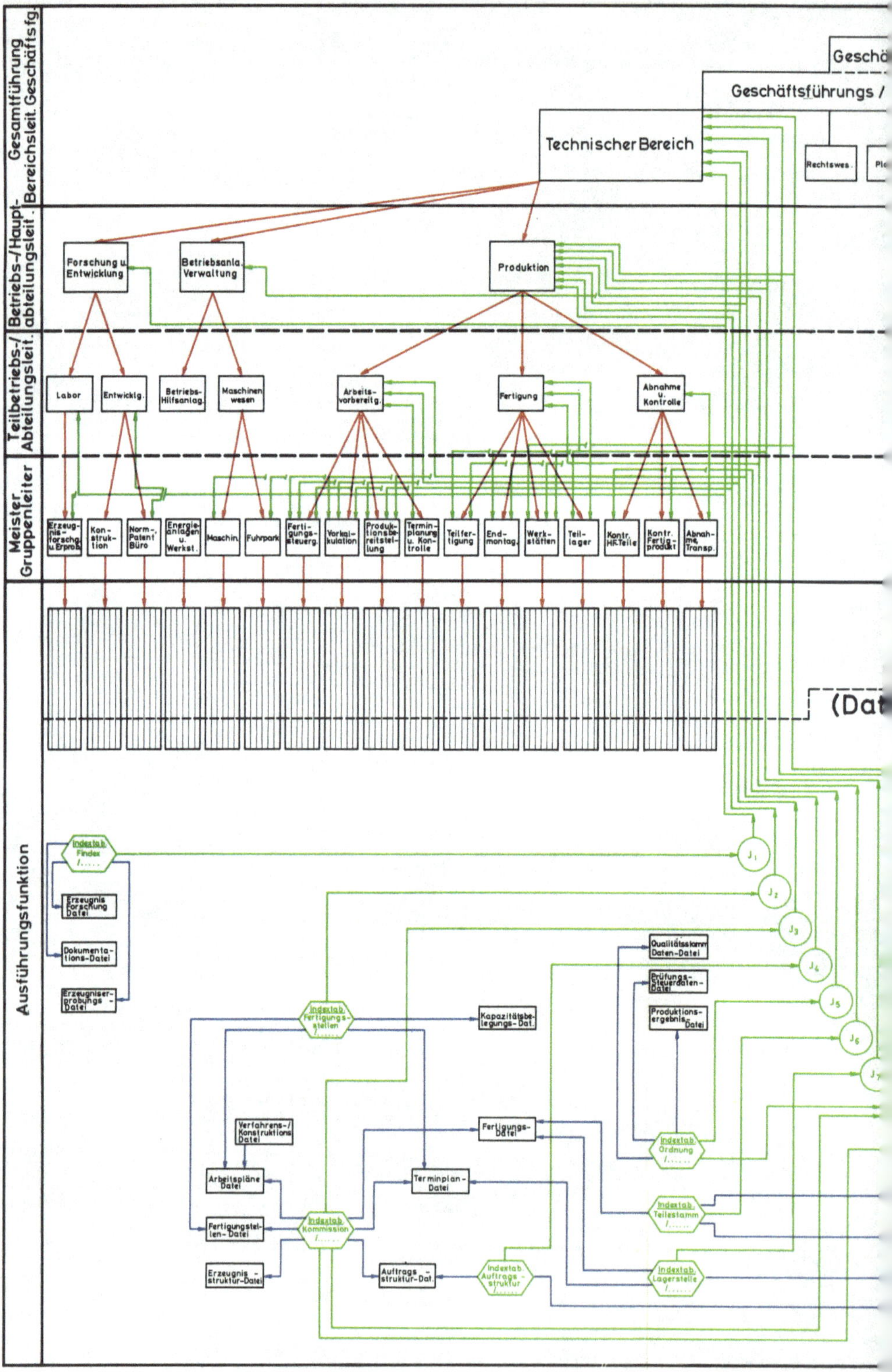

Gesamtführung Bereichsleit. Geschäftsfg.
Betriebs-/Haupt-abteilungsleit.
Teilbetriebs-/Abteilungsleit.
Meister Gruppenleiter
Ausführungsfunktion
Geschäftsführungs /
Technischer Bereich
Rechtswes.
Forschung u. Entwicklung
Betriebsanla. Verwaltung
Produktion
Labor
Entwicklg.
Betriebs-Hilfsanlag.
Maschinen wesen
Arbeits-vorbereitg.
Fertigung
Abnahme u. Kontrolle
Erzeugnis-forschg. u. Erprob.
Kon-struk-tion
Norm-, Patent Büro
Energie-anlagen u. Werkst.
Maschin.
Fuhrpark
Ferti-gungs-steuerg.
Vorkal-kulation
Produk-tionsbe-reitstel-lung
Termin-planung u. Kon-trolle
Teilfer-tigung
End-montag.
Werk-stätten
Teil-lager
Kontr. HF-Teile
Kontr. Fertig-produkt
Abnah-me, Transp.
J1
J2
J3
J4
J5
J6
J7
Indextab. Findex
Erzeugnis Forschung Datei
Dokumenta-tions-Datei
Erzeugniser-probungs-Datei
Indextab. Fertigungs-stellen
Kapazitätsbe-legungs-Dat.
Qualitätsstamm Daten-Datei
Prüfungs-Steuerdaten-Datei
Produktions-ergebnis-Datei
Verfahrens-/Konstruktions Datei
Arbeitspläne Datei
Fertigungs-Datei
Indextab. Ordnung
Terminplan-Datei
Indextab. Teilestamm
Indextab. Kommission
Fertigungstel-len-Datei
Erzeugnis-struktur-Datei
Auftrags-struktur-Dat.
Indextab. Auftrags-struktur
Indextab. Lagerstelle

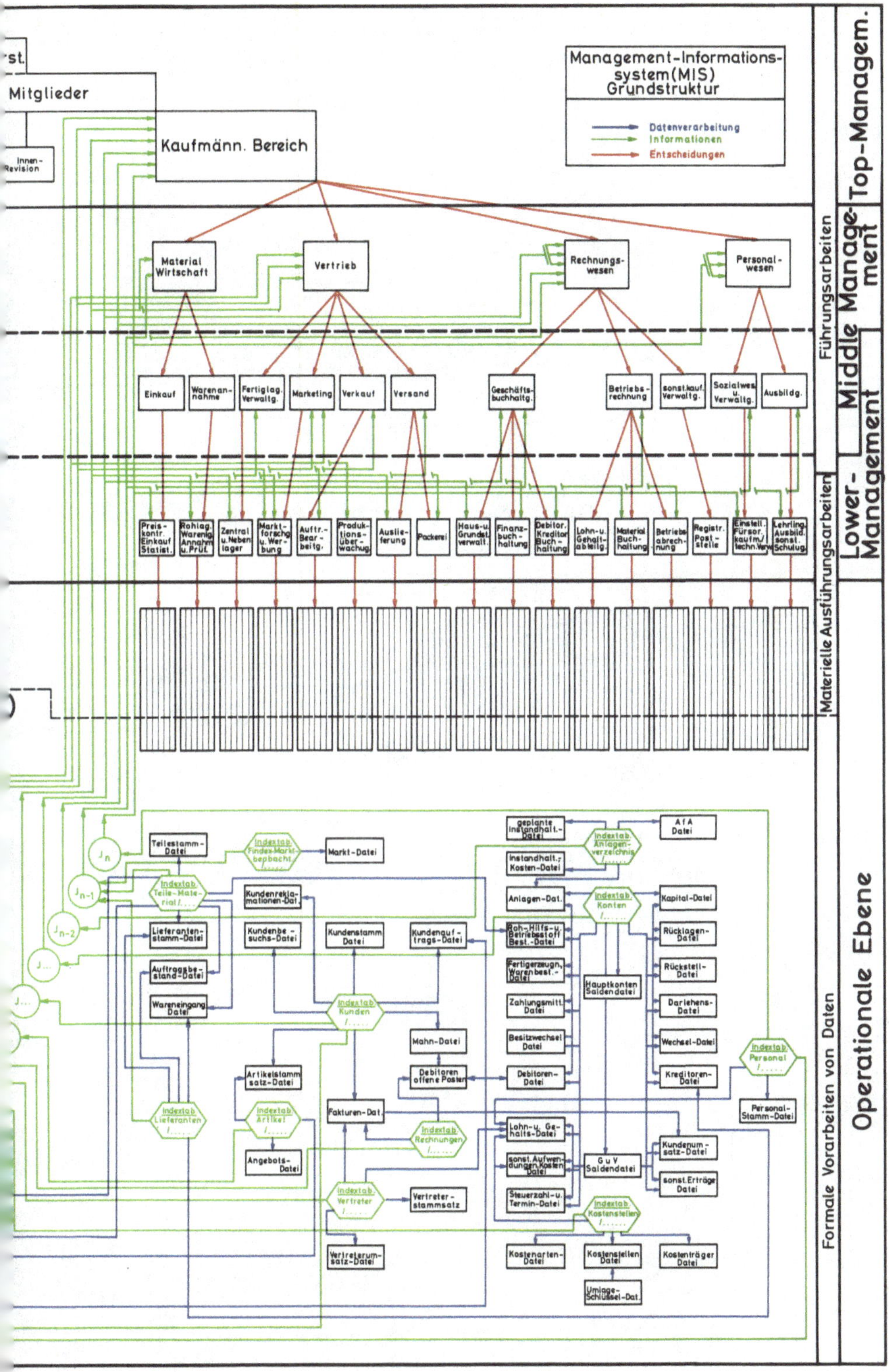
Management-Informations-system (MIS) Grundstruktur
Datenverarbeitung
Informationen
Entscheidungen
Mitglieder
Innen-Revision
Kaufmänn. Bereich
Material Wirtschaft
Vertrieb
Rechnungs-wesen
Personal-wesen
Einkauf
Warenan-nahme
Fertiglag. Verwaltg.
Marketing
Verkauf
Versand
Geschäfts-buchhaltg.
Betriebs-rechnung
sonst.kauf. Verwaltg.
Sozialwes. u. Verwaltg.
Ausbildg.
Preis-kontr. Einkauf Statist.
Rohlag. Warenig. Annahm u. Prüf.
Zentral u. Neben lager
Markt-forschg u. Wer-bung
Auftr.-Bear-beitg.
Produk-tions-über-wachug.
Auslie-ferung
Packerei
Haus-u. Grundst. verwalt.
Finanz-buch-haltung
Debitor. Kreditor Buch-haltung
Lohn-u. Gehalt-abteilg.
Material Buch-haltung
Betriebs abrech-nung
Registr. Post-stelle
Einstell. Fürsor. kaufm./ techn.Verw.
Lehrling. Ausbild. sonst. Schulug.
Teilestamm-Datei
Indextab. Teile-Mate-rial/....
Lieferanten-stamm-Datei
Auftragsbe-stand-Datei
Wareneingang Datei
Indextab. Lieferanten /.....
Indextab. Findex-Markt-beobacht.
Markt-Datei
Kundenrekla-mationen-Dat.
Kundenbe-suchs-Datei
Kundenstamm Datei
Kundenauf-trags-Datei
Indextab. Kunden /.....
Mahn-Datei
Artikelstamm satz-Datei
Indextab. Artikel /.....
Angebots-Datei
Debitoren offene Posten
Fakturen-Dat.
Indextab. Rechnungen /.....
Indextab. Vertreter /.....
Vertreter-stammsatz
Vertreterum-satz-Datei
geplante Instandhalt.-Datei
Indextab. Anlagen-verzeichnis /.....
AfA Datei
Instandhalt.-Kosten-Datei
Anlagen-Dat.
Indextab. Konten /.....
Kapital-Datei
Roh-Hilfs-u. Betriebsstoff Best.-Datei
Rücklagen-Datei
Fertigerzeugn. Warenbest.-Datei
Hauptkonten Saldendatei
Rückstell-Datei
Zahlungsmitt. Datei
Darlehens-Datei
Besitzwechsel Datei
Wechsel-Datei
Debitoren-Datei
Kreditoren-Datei
Indextab. Personal /.....
Personal-Stamm-Datei
Lohn-u. Ge-halts-Datei
sonst. Aufwen-dungen Kosten Datei
G u V Saldendatei
Kundenum-satz-Datei
Steuerzahl-u. Termin-Datei
sonst. Erträge Datei
Indextab. Kostenstellen /.....
Kostenarten-Datei
Kostenstellen Datei
Kostenträger Datei
Umlage-Schlüssel-Dat.
Führungsarbeiten
Materielle Ausführungsarbeiten
Formale Vorarbeiten von Daten
Top-Managem.
Middle Manage-ment
Lower-Management
Operationale Ebene

Sprachausgabe, optische Anzeige), andererseits durch Zustellung an die Funktionsstellen erfolgen. Die Übermittlung muß eine differenzierte und dosierte sein. Die Informationsauswertung hinsichtlich der Zielsetzungen umfaßt die Kontrolle, die Plankontrolle und die Entscheidung, die vom Menschen[8] durchgeführt werden. Die aufgrund einer eventuellen Entscheidung anfallenden Aktionen liefern dann wiederum die Daten für die Eingangsstufe. Um die Funktionsweise sowie die Organisation anschaulich zu machen, hat der Verfasser ein praxisnahes Management-Informationssystem in der nebenstehenden Falttafel Abb. 9 graphisch dargestellt.

Um wirtschaftlich und schnell umfassende Informationen für das Management zu liefern, bedarf es des Einsatzes einer EDV-Anlage, deren externe Magnetspeicherkapazität eine sogenannte Datenbank bilden. Sie ermöglicht das neue Ordnungsschema für die Speicherung und Organisation der Vielzahl von Daten. Die Existenz einer Datenbank ist somit die Grundvoraussetzung für die Durchführung eines Management-Informationssystems. Mit dem Aufbau einer Datenbank wird der Problemkreis der Informations- bzw. Datenbeschaffung erfaßt. Die Einrichtung einer Datenbank ist vom pragmatischen Standpunkt aus gesehen die Zusammenfassung von Datenbeständen (Dateien), die auf externen Speichermedien der elektronischen Datenverarbeitung gespeichert werden. Futh und Lang definieren den Begriff Datenbank: „Einmal versteht man darunter den oder die Speicher, die die Grunddaten für die Informationsauswertung aufnehmen. Zum zweiten bezeichnet man mit Datenbank das organisatorische System, das die Grundlage des neuen Berichts- und Informationswesens bildet, wobei von der eigentlichen Speicherorganisation die organisatorischen Voraussetzungen und Vorbereitungen bei der Einführung des Systems zu trennen sind" [57, S. 75].

Für die Speicherung und Datenorganisation sind drei Grundprinzipien zu beachten:

1. Die Daten des Informationsbeschaffungsprozesses sind in unverdichteter Form zu speichern. Diese Daten werden als Grunddaten bezeichnet.
2. Die einzelnen Grunddaten sollen physisch innerhalb der Speicherkapazität nur an einem Ort verfügbar sein. Durch die Auswertung der zu einer Information gehörenden Grunddaten bzw. durch Kombinationen der an verschiedenen Stellen gespeicherten Daten werden die auszugebenden vollständigen Informationen gebildet.
3. Für die Informationsgewinnung aus der Speicherkapazität soll eine sehr große Flexibilität ermöglicht werden. Die Datenorganisation muß

[8] Die Problematik der Automatisierbarkeit wird in einem gesonderten Abschnitt behandelt.

Funktionsablauf nach Datenbank / Funktionsablauf nach Unternehmensgesch.	Stammdaten	Verkettungsdaten	Bewegungsdaten
Arbeitsinhaltsdaten Teile-Nummern	Teile-Bezeichnung Lagerort Losgröße Eigen-/Fremdfertigung	Stücklisten Teileverwendungsliste	Teileauftragsdaten Montageauftragsdaten Bestelldaten
Arbeitsortsdaten Kostenstellen Maschinengruppen	Maschinenleistungsang. Fließbandleistungsang. Substitutionsmöglichk. Anlagenverzeichnis	Komissionsdaten Örtliche Arbeitsmöglichk. Örtliche Lagermöglichk. Fertigungsstellenangaben	Dispositionsdaten Terminzuordnungsdaten BAB-Daten
Informationszuordnungsdaten Pers.-Nummer Kunden-Nummer Vertreter-Nummer	Kund.-/Lieferantenang. Personaldaten Vertreterdaten	Liefermöglichkeiten Mahnwesenangaben Rechn.-/Zahlungsangaben	Lagerabgänge Fakturierungsdaten Zahlungsdaten Versanddaten Bestelldaten

Tab. 3. Datenkonstellation einer Datenbank

deshalb die Eigenschaft besitzen, daß mit einer übersichtlichen Anzahl von Informationsgewinnungsprogrammen eine Vielzahl an Aussagen erreicht werden kann.

Die Datenkonstellation der Datenbank muß die in Tabelle 3 dargestellte Grundzusammensetzung aufweisen; die eingetragenen Daten sind als Beispiele anzusehen.

Die Daten, orientiert nach dem Funktionsablauf des Unternehmensgeschehens, sind klassifizierende und identifizierende Ordnungsbegriffe und geben folgenden Zusammenhang wieder: Die Arbeitsinhaltsdaten beziehen sich auf die Fertigung, die Informationszuordnungsdaten auf den Verwaltungsbereich und die Arbeitsortdaten lokalisieren den Ort der Ausführung. Die Arbeitsinhaltsdaten beschreiben das Erzeugnis, das Material, die Zubehörteile sowie die Herstellungsdauer und die einzelnen Arbeitsgänge. Sie müssen nach Teile-Nummern sortiert sein. Die Arbeitsortdaten beinhalten, wie bereits erwähnt, den Ausführungsbereich im Unternehmen. Sie können z. B. nach Kostenstellen, Maschinengruppen oder Anlagen sortiert sein. Die Informationszuordnungsdaten halten fest, wer wann was erhält oder zu liefern hat; Sortierung kann z. B. nach Kunden-, Lieferanten- und Personal-Nummern erfolgen. Die wichtigste Voraussetzung für das Funktionieren der Datenbank ist die eindeutige Festlegung der Hauptsortierbegriffe.

Die Ordnungsbegriffe, orientiert nach dem Funktionsablauf des Unternehmensgeschehens, müssen mit dem Funktionsablauf einer Datenbank im Einklang stehen. Folgende Einteilung muß vorgenommen werden:

1. Stammdaten
   Sie beschreiben in einem Stammsatz genormte, typisierte oder standardisierte Einzelheiten zu dem zugehörigen Ordnungsbegriff. Diese Ausführungen werden meistens in verschlüsselter Form wiedergegeben. Stammdaten müssen stets auf dem neuesten Stand gehalten werden.
2. Verkettungsdaten
   Sie gewährleisten den Zugriff zu bestimmten Datenfeldern in der Datenbank, um durch bestimmte Datenkombinationen die Führungsinformationen zu bilden, ohne daß Stamm- und Bewegungsdaten umgeformt werden müssen.
3. Bewegungsdaten
   Sie beinhalten die laufenden Geschäftsvorfälle als Istdaten, weiterhin die Plandaten und Parameterangaben. Durch die Zuordnung einer Kennziffer oder sonstiger Markierung kann jeder Bewegungsvorgang auf seine Vollständigkeit überprüft, lokalisiert und kontiert werden.

Eine Beschreibung der technischen Realisierbarkeit des Funktionsablaufs einer Datenbank würde sich zu sehr in Einzelheiten verlieren und den gesteckten Rahmen der Arbeit übersteigen[9].

Durch systematische Auswertungsprogramme, die über die Informationszuordnungsstamm- bzw. Verkettungsdaten im Computersystem die Informationen gewinnen, sowie durch die funktionale Management-Organisation wird die Informationsübermittlung so gestaltet, daß von der unteren bis zur obersten Führungsebene jede Information nur einmal konzipiert und nach den Anforderungen der Management-Stelle aufbereitet werden muß. Damit wird erreicht, daß fest vorgegeben vertikale Informationsströme I_1, I_2, ... I_n das Management unterstützen. „Gleiche Basisinformationen werden durch fortschreitende Verdichtungen und Umwandlungen immer wieder verwertet, Verfälschungen werden so vermieden, Auswertungen — für Kostenrechnung, Erfolgsrechnung, Absatzstatistik oder für Stellen wie Verkaufsleitung, Produktionsleitung ... — können ohne Doppelerarbeiten gewonnen werden“ [185, S. 58].

Abbildung 10 zeigt den Informationsstrom I_9 der Abbildung 9 in ausführlicher Darstellung, wie aus den Datenbeständen die Informationen gewonnen und entsprechend ihrer Funktion den Management-Ebenen zugeordnet werden.

[9] Einen Ansatz zur technischen Realisierbarkeit beschreiben T. Lutz / H. Klimesch [253, S. 457—464].

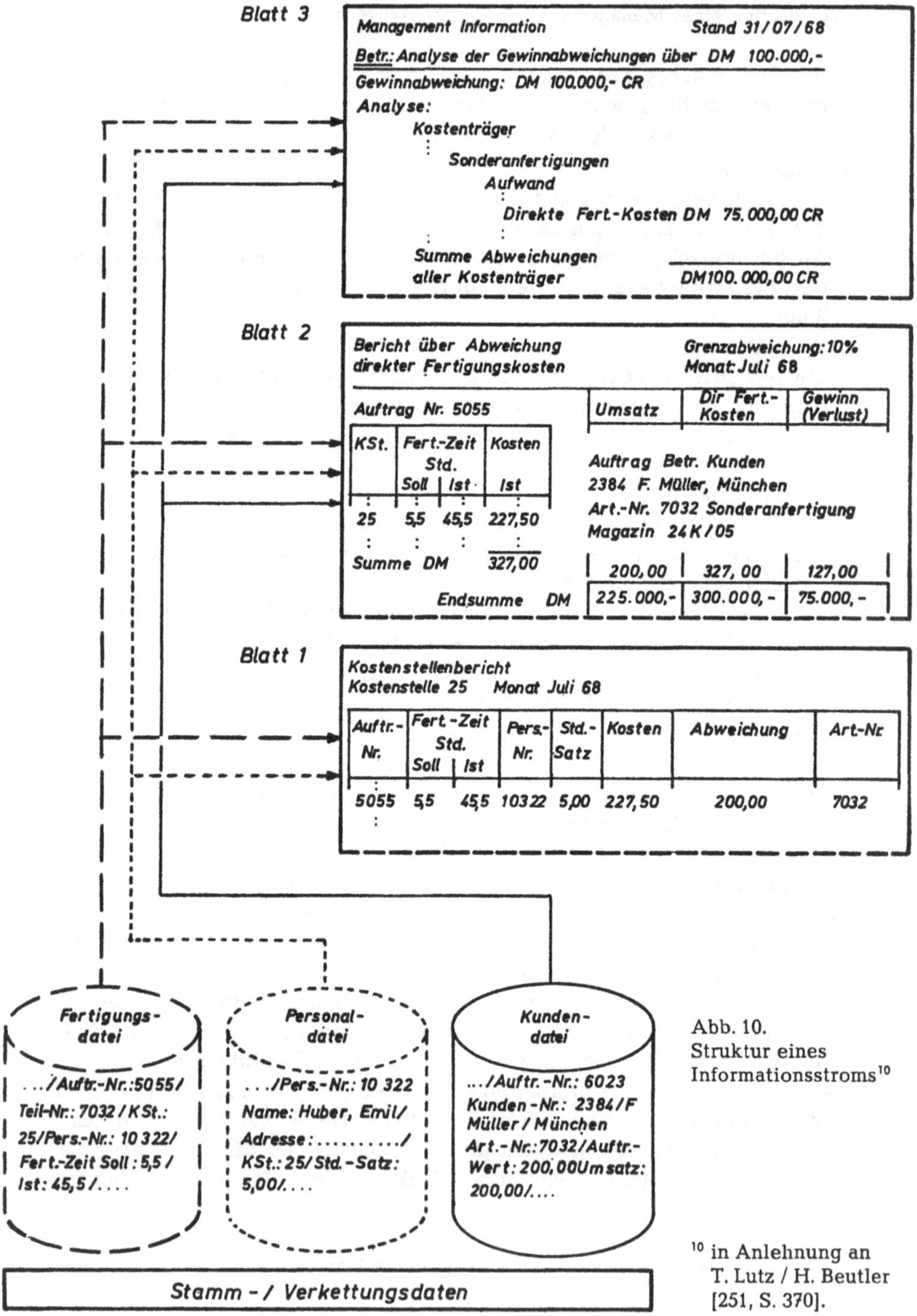

Abb. 10.
Struktur eines Informationsstroms[10]

[10] in Anlehnung an T. Lutz / H. Beutler [251, S. 370].

Über die Stamm-/Verkettungsbegriffe werden die einzelnen Daten aus folgenden Datenbeständen herausgenommen: Fertigungsdatei, Kundendatei und Personaldatei. Für das Lower Management wird eine „Kostenstellenanalyse" erstellt, die den Kostenstellenleitern zugeführt wird. Aus den Fertigungsdaten werden Kostenstellennummer, Auftragsnummer, Fertigungsdauer (Soll- und Ist-Angabe) sowie Teilenummer herausgezogen. Aus der Personaldatei wird die Personalnummer und der entsprechende Stundensatz hinzugefügt. Durch Bewertung können je Kostenstelle die angefallenenKosten und die Abweichungen festgestellt werden. Die Auftragsanalyse wird für das Middle Management, z. B. für den Produktionsleiter, aus diesen Grunddaten entwickelt; hinzugefügt werden hier aus der Kundendatei Kundennummer mit Anschrift und der Auftragswert. Daraus resultieren durch entsprechende Kombination der Daten die Fertigungskosten pro Auftrag und der Gewinn bzw. Verlust pro Auftrag. Die Zusammenziehung der Ergebnisse aus Auftrags- und Kostenstellenanalyse ergibt die Information für das Top Management: die Gewinnanalyse. Auch hier zeigt sich wieder, daß die Information aus den gleichen Grunddaten resultiert.

An die Übermittlung schließt sich die Informationsauswertung an. Die Ergebnisse werden entsprechend der Management-Ebenen nach differenzierten Gesichtspunkten kontrolliert. Ergeben sich Konsequenzen, muß neu geplant und darüber entschieden werden. Mit diesen Aktivitäten schließt sich der Management-Informationssystem-Zyklus. Die Struktur dieses Verlaufs soll in der Abbildung 11 (Seite 74) dargelegt werden.

Informationen helfen, Kontrolle, Planung, Entscheidung und Koordination vorzubereiten, zu ermöglichen und abzusichern [167, S. 100—106]. Hierin liegt die Bedeutung der betrieblichen Informationssysteme für den neuen Führungsstil [281, S. 363] und umgekehrt auch der Einfluß dieses Führungsstils auf die Gestaltung des jeweiligen Informationssystems. Will [281, S. 363 ff.] unterscheidet grundsätzlich zwischen direktiver und schöpferischer Auswertung der Informationen, wobei unter direktiv „als weniger spontane Beziehung zwischen Unternehmensführung und Informationssystem" verstanden werden soll.

Die schöpferische Auswertung besteht darin, daß die direktiven Methoden „. . . ergänzt, geweitet und schöpferisch im Hinblick auf Zielformulierung und auf die Bestimmung der geeigneten Zielerreichungsalternativen verfeinert" werden. Dies kann ohne besonderes Informationssystem geschehen oder aber mit Hilfe von besonderen Daten- und Modellbänken unterstützt werden. Will schränkt diese Definitionen jedoch dahingehend ein, daß direktiv nicht schlechthin als unschöpferisch aufgefaßt werden darf.

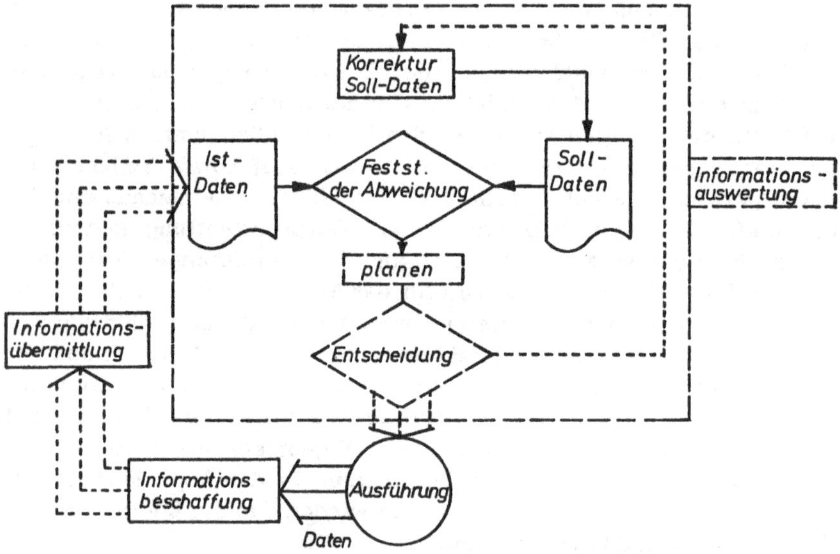

Abb. 11. Management-Informationssystem-Zyklus

Als direktive Informationsauswertungen der Unternehmensführung sind in der Literatur folgende Praktiken aufgeführt, die zwar der wirtschaftlichen Praxis bekannt sind, jedoch oft mißverstanden und überschätzt werden[11]: management by exception, management by objectives, management by results, management by system, management by communication, management by delegation, management by participation und management by motivation.

Die schöpferische Informationsauswertung umfaßt die Praktiken des management by intuition, des management by crisis und des management by perception.

Die direktiven Praktiken sind ziel-orientiert und beruhen „auf geplanter nachträglicher (ex post) Analyse von Abweichungen zwischen Soll- und Istgrößen" [281, S. 364], die meistens nach Übertreten fest vorgegebener Toleranzgrenzen informatorische Bedeutung erlangen. Der Schwerpunkt liegt auf dem Kontrollieren, so daß diese Auswertung sich hauptsächlich auf Informationen des Rechnungswesens stützt. Die schöpferischen Praktiken umfassen „... nicht nur ein Überwachen des gegebenen Realsystems, sondern auch das Sondieren seiner Umgebung, um

[11] Interessenten werden auf die reichhaltige Literatur verwiesen, z. B. P. F. Drucker [46], D. D. McConkey [112], G. S. Odiorne [138], R. F. Valentine [184], E. C. Schleh [152], F. W. Taylor [178], T. Hanold [66], R. Mellerowicz [119, S. 494], L. R. Bittel [16].

deren Einflüsse auf Verhalten und Zustand des Systems ex ante, ex nunc und ex post" [281, S. 368]. Es soll hier jedoch einmal betont werden, daß diese Praktiken keine Neuerkenntnisse der heutigen „entscheidungsorientierten" Betriebswirtschaftslehre sind, sondern mit zunehmender Verbreitung der elektronischen Datenverarbeitung als „Problemlösungen" schlagwortartig den Unternehmen angeboten und in die Literatur aufgenommen wurden.

3. Das MIS — sein Einsatz „als Mittel" der Unternehmensführung

Der zweite Hauptteil der Arbeit befaßt sich mit dem Einsatz des Management-Informationssystems. Es soll gezeigt werden, wie sich seine zukünftige Anwendung „als Mittel" zur Führung des Unternehmens vollziehen soll. Dazu bedarf es jedoch bestimmter Voraussetzungen, die in der Hinwendung von konventioneller Unternehmensführung zum modernen Management liegen; sie sind zunächst näher zu erläutern.

3.1 Die Hinwendung von konventioneller Unternehmensführung zum modernen Management als Voraussetzung der Anwendung

Der Wandel der bisherigen Führung eines Unternehmens zur Management-Führung wird durch die Strukturwandlungen der kommenden Jahre, durch den daraus resultierenden neuen Führungsstil und durch die Auffassung vom Management als „executive leadership" notwendig.

3.11 Unternehmensführung — Perspektiven der 70er Jahre

3.111 Der Wandel der Umweltstrukturen und ihre Einflüsse auf das Unternehmensführungsverhalten

Jedes Unternehmen ist in seinen Aktionsmöglichkeiten von seiner Umwelt abhängig, die als eine Hierarchie von Systemen höherer Ordnung zu sehen ist. Die übergeordneten Systeme unterliegen jedoch kontinuierlichen Strukturveränderungen, die sich auch auf ein Unternehmen auswirken. Diese Strukturwandlungen sind Ausdruck der raschen technischen Fortentwicklung und sind etwas Positives. Auch sogenannte Strukturkrisen, die regelmäßige Substitutionskrisen sind und die die veränderten Wünsche der Nachfrager zum Ausdruck bringen, müssen von einer Unternehmensführung positiv beurteilt werden.

„Unsere Auffassung von Krisen und unsere Auffassung von Kritik sind noch zu sehr von der alten Verhaltensform geprägt. Krisen in der modernen Sichtart sind nicht mehr etwas, das man nur fürchten muß und vor dem man möglichst die Augen schließen soll, sondern können geradezu Anfänge von Heilungsprozessen sein" [244, S. 20]. Eine der wichtigsten Erscheinungen der letzten zwanzig Jahre, die zunehmenden Daten- und Informationsdichte, gibt uns die Möglichkeit, Krisen und Wandlungen bis zu einem gewissen Ausmaß vorauszusehen. „Bezeichnend dafür ist die Bildung von auf Krisenmanagement gerichtete Gruppen in der ganzen Welt, eine der hoffnungsvollsten, aber der Öffentlichkeit kaum bekannten Entwicklungen unserer Tage" [244, S. 25]. Zu nennen sind hier [244, S. 26 ff.]:

1. das „World Forum", von Aurelio Peccei, Vizedirektor von Olivetti, gegründet, dem Manager aus Ost und West angehören;
2. die „Round-Table 2000", eine Adhoc-Gruppe im Europarat;
3. die „Pughwash-Konferenz", der ebenfalls Wissenschaftler aus Ost und West angehören;
4. die „National Goals Commission", vor kurzem von Präsident Nixon ins Leben gerufen;
5. die „Emergency Group", die bis jetzt zwar noch nicht verwirklicht ist, aber von John Platt, University of Michigan, vorgeschlagen worden ist.

Welche äußeren Umwelten umgeben ein Unternehmen, und welche Strukturwandlungen und -krisen sind zu erwarten? Es sind hier aufzuführen: die soziale Umwelt, die wirtschaftspolitische Umwelt und die wirtschaftliche Umwelt.

Wagenführ [277, S. 49—54] beschreibt in einem Beitrag die Strukturwandlungen bzw. -krisen der sozialen Umwelt, deren Zusammenfassung folgendes Bild ergibt: In wenigen Jahrfünften sind wir in eine ausgesprochene Wohlstandsgesellschaft hineingewachsen. Unsere moderne Gesellschaft in den hochzivilisierten Industrieländern, zu der wir auch gehören, ist eine Leistungsgesellschaft par excellence; der Wille zur Leistung und zur Auszeichnung hat sie emporgebracht (David McClelland), der zur Zeit zur Hypertrophie ausgeartet ist.

Der Zenit dieses exaltierten Leistungsstrebens scheint bereits überschritten zu sein. In den vom Wohlstand gesegneten Ländern werden typische soziale und psychische Probleme auftauchen, die, direkt oder indirekt, große ökonomische Wirkungen nach sich ziehen. Diese pluralistische Gesellschaft wird zerklüftet durch Konfessionen, Parteien und Interessenverbände, Lobbyismus gehört zum Alltag. Diese Gesellschaft wird eine offene, im Fluß befindliche (Dahrendorf) sein, die sich in 20 bis 30 Jahren zu einer typischen Freizeitgesellschaft entwickeln wird. Die wöchentliche Arbeitszeit beträgt drei bis vier Tage, der Jahresurlaub etwa zwölf Wochen. Diese Gesellschaft wird aber auch eine rationale Bildungsgesellschaft sein, eine Verwissenschaftlichung ohnegleichen des gesamten Lebens wird einsetzen. „Bildung und Freizeit werden zu strukturierenden, d. h. umbildenden Gesellschaftsfaktoren". Der gesellschaftliche Aufbau der Bevölkerung wird sein: eine 5%ige Führungselite, eine 20%ige Schicht von Spezialausgebildeten, 70% der Bevölkerung, das sogenannte Salariat, ist joborientiert, ausführend und automatisierte Arbeit leistend, 5% leben asozial. Im ganzen ist die Gesellschaft „mobil", d. h. man wird öfters den Wohnort wechseln, es gibt ein öfteres Auf und Ab, die vertikale und horizontale Mobilität nimmt zu. Das herkömmliche hierarchische System der Über- und Unterordnung im Betrieb ist der modernen Informationsverarbeitung abträglich, eines der ersten Forschungsergebnisse der in der Jetztzeit betriebenen Sozialkybernetik. Wagenführ kommt dann zu dem Ergebnis, daß Manager in den kommenden Jahren „in den Kategorien Kreativität, Produktivität und Rentabilität denken müssen".

Die wirtschaftspolitische Umwelt eines Unternehmens in der westlichen Welt wird von zwei Grundregulativa bestimmt [84, S. 32]: dem Grundsatz des Privateigentums und dem Prinzip der Freiheit des Unternehmens. Auf diesem Fundament erwächst als Emanation die freie Marktwirtschaft, die in der Bundesrepublik als gelenkte Marktwirtschaft praktiziert wird. Ludwig Erhard [221, S. 12—24] führt als Merkmale der deutschen Wirtschaftspolitik der kommenden Jahre auf:

1. Auseinandersetzungen über die artmäßigen staatlichen wirtschaftspolitischen Lenkungsmaßnahmen hinsichtlich der Ordnung im Wirtschaftsablauf.
2. Mit dem Entideologisierungsprozeß der Regierungsparteien werden die menschlichen Bindungen zu bestimmten sozialen, wirtschaftlichen und gesellschaftlichen Organisationen zwangsläufig lockerer.
3. Die Frage des Gelingens, ob eine freiheitliche Ordnung mit gleichzeitig sozialer Aufgeschlossenheit so festgefügt zu einem Ganzen zu vereinen ist, daß auf dem Boden der Wirklichkeit dem Fortschritt und der daraus fließenden Wohlfahrt Raum gegeben werden kann.
4. Die Auseinandersetzung zwischen Kollektivismus und Individualismus.
5. Die Grenzen des wirtschaftspolitischen Engagement einer Regierung, die dem Geiste einer Marktwirtschaft noch gerecht werden.
6. Die Integration der nationalen Volkswirtschaften in Europa, die daraus resultierenden Diskussionen über die „Europäische Währungsunion" und die damit zusammenhängenden Bemühungen des Weltwährungsfonds, der BIZ in Basel und des sog. Zehner-Clubs.
7. Die Bildung neuer Mittelschichten mit neuer Bewußtseinslage: das Verlangen nach mehr Selbständigkeit und Freizügigkeit, was zu einem freiheitlicheren und selbstbewußteren Leben führen könnte.
8. Die Abwendung von der dirigierten Marktwirtschaft zu einer auf menschliche Freiheit und Würde angelegte Marktwirtschaft. „Der intellektuelle Betrug, vom rein technischen her alles als Marktwirtschaft gelten zu lassen, was aus der Gesinnung heraus ihrem innersten Wesen widerspricht, muß offengelegt werden."

Erhard beendet seinen Beitrag mit dem Satz: „Die 70er Jahre werden uns ... kein völlig neues Panorama offenbaren." Eine Unternehmensführung darf in der Zukunft die Probleme aber nicht den Politikern überlassen, sondern muß aktiv durch ihre Interessensvertreter am wirtschaftspolitischen Gestaltungsprozeß teilnehmen. Der Auffassung beispielsweise, daß gesellschaftspolitische Fragen wie die der Mitbestimmung oder Vermögensbildung und breiterer Vermögensstreuung dem Aufgabenbereich der Tarifpartner überlassen werden soll, muß widersprochen werden.

Die wirtschaftliche Umwelt eines Unternehmens wird durch folgende Veränderungen in der Zukunft geprägt sein [237, S. 128; 277, S. 54]:

1. das Anwachsen des Informationsbedürfnisses,
2. die Veränderungen der Märkte,
3. die Veränderungen der Produktionsstrukturen,
4. das Hervortreten der Dienstleistungen,
5. das Aufkommen von Neuprodukten,
6. das Hervortreten der Wachstumsbranchen,
7. die Bildung neuer Unternehmensgrößen.

Das Anwachsen des Informationsbedürfnisses beruht auf den immer komplexer werdenden Wirtschaftsverflechtungen und damit verbundenen stets schwerer kalkulierbaren Entscheidungen. Die wachsenden Anforderungen an die Informationsbeschaffung und -verarbeitung werden progressiv sein. Diese Entwicklung muß auch im Zusammenhang mit dem fortschreitenden Bildungsstreben des gesellschaftlichen Wandels gesehen werden. Auch die zentrale Überwachung, Analyse und Steuerung von Prozessen, die sich an einer Vielzahl von Orten abspielen, wird durch das Anwachsen des Informationsumfangs und dessen Verarbeitung mit Hilfe von EDV-Anlagen ermöglicht werden.

Die Schaffung der Europäischen Wirtschaftsgemeinschaft sowie der Zusammenschluß der heute in der Welt existierenden Wirtschaftsblöcke werden zu einer Internationalisierung der Märkte führen. Die Entscheidungen der Unternehmensführungen werden sich nicht mehr in engen geographischen Rahmen abwickeln, sondern eine Vielzahl neuer Faktoren müssen berücksichtigt und gegeneinander abgewogen werden. Die konjunkturpolitischen und traditionellen „Schutzmauern", die die einheimische Industrie protektionieren, werden mehr und mehr fallen." Einzelmärkte werden zu Großräumen freien Warenverkehrs zusammengefaßt und bieten dem Konkurrenzkampf weiten Raum" [144, S. 43]. Auch die Industrieunternehmen „draußengebliebener Länder" innerhalb der Wirtschaftsblöcke behaupten ihren Platz, um am Handel, industriellen Aufschwung und Wohlstand teilzunehmen. Besteht die EWG zur Zeit nur aus sechs Mitgliedstaaten, so werden es einmal zehn sein, was noch besser wäre.

Auch die Produktionsstrukturen werden einer Veränderung unterliegen. In vielen Industriezweigen kann man eine starke Verkürzung der Produktionstiefe feststellen, die aus der Überlegung „make or buy" herkommt [237, S. 128]. Dazu wird sich die ganze Problematik der Automation auswirken; sie verlangt einen genaueren Planungsmechanismus. Die Zwischenergebnisse des Arbeitsprozesses werden Eingabedaten zur Prozeßsteuerung sein, die von Computersystemen ausgeführt werden wird. Die Produktion unterliegt dann dem Prinzip der automatisierten Massenproduktion, die Märkte rücken näher zusammen.

Mit der Umstrukturierung des Produktionsgefüges werden Experten benötigt. Das Spezialistentum tritt dann immer stärker hervor, so daß sich eigenständige Unternehmen herauskristallisieren, die diese Dienstleistungen und Beratungen durchführen werden. Sicherlich werden auch noch die Spezialisten in den Betrieben vonnöten sein; Wirtschaftlichkeitsüberlegungen werden die Entscheidung bringen, ob eigene Stäbe oder externe Dienstleistungsteams die anstehenden Probleme lösen sollen.

Weiterhin wird die wirtschaftliche Umwelt eines Unternehmens von dem Aufkommen neuer Produkte gekennzeichnet sein. „Nach amerikanischen Vorausschätzungen werden bereits 1975 etwa 40% der industriellen Erzeugung auf Produkte fallen, die es gegenwärtig noch nicht gibt" [277, S. 54]. Wagenführ führt als Ansätze dieser Entwicklung noch folgende Beispiele an [277, S. 55 ff.]: die Raumfahrtmetalle als Mehrzweckmetalle, insbesondere Beryllium, das vor 30 Jahren so gut wie noch gar keine wirtschaftliche Bedeutung hatte; ein Produkt „Patinack 37", entwickelt von der Hüttenwerk Oberhausen AG, das ein Forschungsergebnis hinsichtlich wetterfesten Stahls darstellt, oder Produkte der Bauwirtschaft wie Faserverbundstrukturen und Spannbeton.

Im Sog des Aufkommens neuer Produkte werden auch sogenannte Wachstumsbranchen hervortreten. „Nach einer jungen Studie des McGraw Hill Economics Department, einer riesigen Denkorganisation für die kommenden 15 Jahre, werden in den USA die Umsätze einer Reihe von Wachstumsbranchen um mehr als 100% zunehmen" [277, S. 54/55]. Der Umsatz der chemischen Industrie wird sich in Amerika um mindestens 225% vergrößern, Gummi- und Plastikindustrie werden eine Steigerung von über 200%, Elektrizitätsgewinnung von 175%, Instrumenten- und Apparateindustrie von 165% und Elektroindustrie von 135% erfahren [277, S. 55]. Auch die Computerindustrie, die erst am Anfang ihrer Entwicklung steht, zählt mit zu den Wachstumsbranchen.

Auch das Problem, die richtige Unternehmensgröße zu finden, prägt die zukünftige wirtschaftliche Umwelt. Das Zusammenrücken der Märkte verlangt neue Unternehmensgrößen, verlangt größere Produktionseinheiten. Wir leben im Zeitalter der Unternehmens-Konzentrationen, -Kooperationen, -Integrationen und -Fusionen. Die Unternehmensgrößen müssen marktkonform sein. Man hat jetzt erkannt, daß diese bisherige Betriebsstruktur unter gar keinen Umständen mehr in die europäische Konzeption paßt, und bemüht sich nunmehr, auf der ganzen Breite der von der französischen Regierung ins Leben gerufenen Propaganda dahin zu wirken, daß sich die Betriebe zu größeren und größten Einheiten zusammenschließen. Um den Platz im Markt zu behalten, auszubauen und zu gewinnen, werden viele Unternehmen in der Bundesrepublik mit der bisherigen Struktur im Gemeinsamen Markt künftig nicht mehr auskommen — in einer Wettbewerbswirtschaft, die etwa zweihundert Millionen Konsumenten umfaßt. Die europäischen Unternehmer müssen im „EWG-Maßstab" denken; Japan gibt uns dazu die Konstanten auf, diesen Maßstab festzulegen. Die Zukunft der Mittel- und Kleinbetriebe dagegen wird darin bestehen, für die Großunternehmen Zulieferer zu sein.

Diese Entwicklung der Strukturwandlungen bzw. -krisen der Umwelt eines Unternehmens bleibt nicht ohne Einflüsse auf die Unternehmensführung, d. h. eine Unternehmensführung kann nicht nur ihr Verhalten im Betrieb überdenken, sondern sie muß auch nachhaltig an den Geschehnissen, die sich außerhalb ereignen, teilhaben und an ihnen ihr Führungsverhalten orientieren. Das Führungsverhalten muß ein verhaltensbewußtes sein. Der Zwang zur Voraussicht, zur Entscheidung, zur Verantwortung — das Prinzip der Aktion anstelle des bisherigen Prinzips des Fatalismus [84, S. 261 — werden dieses bewußte Führungsverhalten kennzeichnen. Balke beschreibt das neue, sich ändernde Führungsverhalten durch folgende Merkmale [205, S. 331]:

1. Vorrang der unternehmerischen actio vor dem Anpassungsbedürfnis.
2. Stärkere Nutzung wissenschaftlicher Erkenntnisse und Methoden in der Unternehmensführung.
3. Kooperatives Führungsverhalten aller Leitenden, das qualifizierten Nachwuchskräften Entfaltungsmöglichkeiten gibt.

3.112 Interdisziplinäre Einflüsse der betriebswirtschaftlichen Nachbardisziplinen auf die Unternehmensführung und Führungstechniken

Die Betrachtung des Management-Informationssystems als Dienstleistungssystem, das das Verhalten der Unternehmensführung beeinflußt bzw. prägt, muß unmittelbar die Umweltsbezogenheit eines Unternehmens berücksichtigen. Die deskriptive Analyse der komplexen Kommunikations-, Kooperations- und Führungsbeziehungen, die die Funktionsträger der Unternehmensführung miteinander und mit der Umwelt verbinden, muß in einem Management-Informationssystem verankert sein. Hierfür ist eine systematische Kompetenz-, Verantwortungs- und Zielforschung[1] Voraussetzung, die ausgehen muß „von generellen Gesetzeshypothesen, die zum Ausdruck bringen, daß unter bestimmten Bedingungen — sogenannte Antezedenzbedingungen —bestimmte Wirkungen oder Konsequenzen zu erwarten sind" [239, S. 210]. Wissenschaftstheoretisch wird diese Erklärungsform als Explanation bezeichnet [175, S. 374 ff.]. Daneben müssen die Ergebnisse durch exakte Ausdrucksweise eindeutig festgelegt sein; diese Form der Erläuterung wird Explikation genannt [239, S. 211]. Explanatorische und explikative Formulierungen der Umwelteinflüsse sind für die Durchführung eines Management-Informationssystems das oberste Gebot, der rote Faden.

Die Handhabung der Umwelteinflüsse verlangt bei der Lösung der Aufgabenstellung systematisch die Erkenntnisse der betriebswirtschaftlichen Nachbardisziplinen sowohl im Objekt als auch in den Methoden und Praktiken. „Die betriebswirtschaftliche Forschung weist bislang noch wenige Modelle auf, die in umfassender Weise die Interaktionen zwischen der Betriebswirtschaft und ihrer Umwelt mit den verschiedenen ökonomischen, technischen, sozialen und politischen Aspekten einbeziehen" [239, S. 217]. Das Management-Informationssystem, ein partialorientiertes Instrumentarium, macht sich den Einfluß des dynamisch vorwärtsdrängenden technologischen Prozesses sowie die Entwicklung und die Erkenntnisse derjenigen Nachbarwissenschaften, die sich betriebswirtschaftlichen Belangen annehmen, zunutze. Psychologie, Soziologie, Futurologie, Mathematik, Ingenieurwissenschaften und Informatik bezeugen die Notwendigkeit einer interdisziplinären Zusammenarbeit. Die informations- und entscheidungsorientierte Betriebswirtschaftslehre, im angelsächsischen Sprachraum mit „Management Science", „Administrative Behavior", „Business Economics" oder auch „Business Administration" bezeichnet, bildet die wissenschaftliche Grundlage für das Management-Informationssystem.

Die interdisziplinären Einflüsse der betriebswirtschaftlichen Nachbarwissenschaften lassen sich in Abbildung 12 in vereinfachter Form darstellen.

Das obere doppelt umrandete Rechteck zeigt die Funktionen eines Management-Informationssystems, die die von den Nachbarwissenschaften beeinflußten Objekte eines Unternehmens zum Gegenstand haben, während das untere doppelt umrandete Rechteck die Durchführung eines Ma-

[1] vgl. speziell zur Zielforschung: E. Heinen [72], U. Schmidt-Sudhoff [156], J. Bidlingmaier [14].

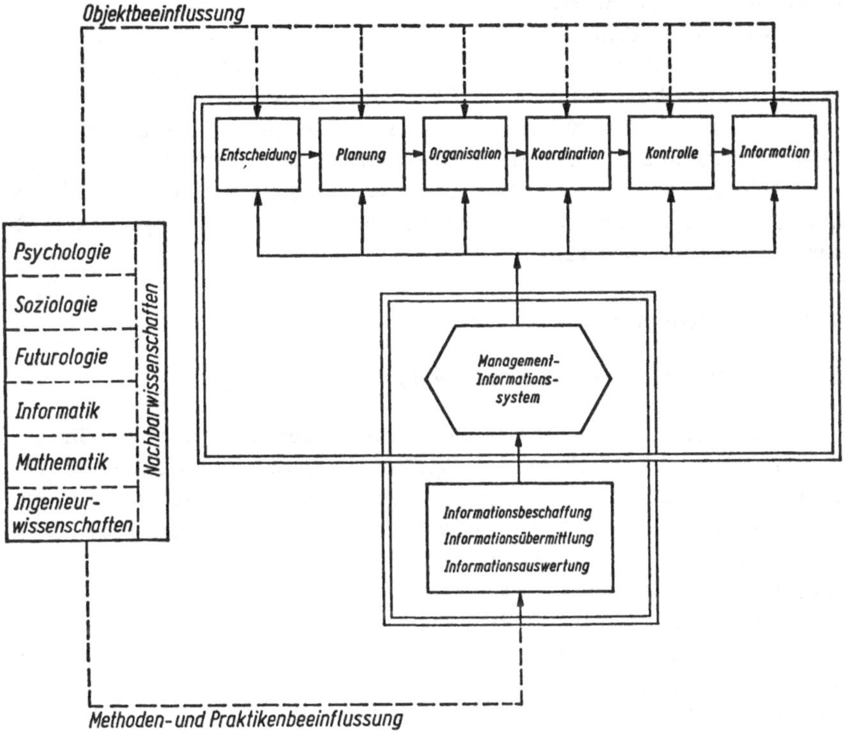

Abb. 12. Interdisziplinäre Einflüsse auf ein Management-Informationssystem

nagement-Informationsystems charakterisiert, auf die die Methoden und Praktiken der Nachbarwissenschaften Einfluß nehmen. „Begriffe wie Lineares Programmieren, Nicht-lineares Programmieren, Dynamisches Programmieren, Simulation, Monte-Carlo-Methode oder Netzplantechnik kennzeichnen den Stand konkret-rechnerischer Verfahren zur Optimierung komplex strukturierter Entscheidungsprobleme“ [239, S. 219]. Eine praktikable Anwendung der Verfahren der Mathematischen Entscheidungsforschung wird dort begrenzt, wo Informations- und Entscheidungsprozesse der Rechenhaftigkeit und Kalkülisierung nicht mehr zugänglich sind. Für eine Anzahl von Entscheidungen, die eine Unternehmensführung zu fällen hat und die im Wesen Innovationsentscheidungen[2] sind, ist dies zutreffend. Ihnen haftet das Problem an, daß sie nicht konkret-rechnerisch bzw. quantifizierbar auszudrücken sind und somit nicht mit

[2] Entscheidungen über unternehmerische Informationssysteme sind ein Beispiel derartiger komplex strukturierter Entscheidungsprobleme. Vgl. hierzu z. B. D. Börner [20], H. Meffert [115].

elektronischen Datenverarbeitungsanlagen erstellt werden können. Jedoch werden auf diesem Sektor der Datenverarbeitung in jüngster Zeit mit Hilfe der Psychologie Anstrengungen unternommen, das Entscheidungs- und Problemlösungsverhalten des rationalen Menschen zu erforschen. Erste Bemühungen, diese Ansätze für betriebswirtschaftliche Proleme zu nutzen, sind unter der Bezeichnung „Heuristisches Programmieren" bekannt geworden. Dieser Lösungsversuch ist jedoch im Hinblick auf die Realisierbarkeit eines Management-Informationssystems noch sehr vorsichtig zu beurteilen.

3.12 Der Management-Führungsstil

3.121 Das grundlegend Neue des Management-Führungsstils

Die Erkenntnisse der Umweltsintegration der Unternehmensführung und die sich in Zukunft ergebenden weiteren Strukturwandlungen bewirken die Abkehr von den bisher praktizierten Führungsstilen: von den traditionalen Führungsstilen[3] — Formen der patriarchalischen und absolutistischen Unternehmensführung [64, S. 51 ff.] — sowie von dem autoritären Führungsstil, von dem demokratischen Führungsstil, dem bürokratischen Führungsstil und dem kooperativen Führungsstil [43, S. 18—36] in seiner ursprünglichen Form. Sie stehen mit ihren „Ideologien" den heutigen Entwicklungen der Gesellschaft, der Politik und der Wirtschaft entgegen und lassen sich mit den Erfordernissen der Wirklichkeit nicht mehr vereinbaren. Zur Führung „von innen" kommt die Führung „von außen", d. h. war die Führung eines Unternehmens bislang vornehmlich auf maximale Gewinnerzielung abgestellt, die mit einer Vorgesetzten-Untergebenen-Hierarchie erwirtschaftet wurde, so bilden jetzt Standard-Gewinnerzielung und die Achtung und Wertschätzung des Menschen — seine Freiheit, seine Persönlichkeit, seine Gesundheit und seine Würde — die Eckpfeiler des neuen Führungsstils. „Dieser neue Typ des Mitarbeiters steht in ausgesprochenem Gegensatz zum Untergebenen alter Prägung, der sich als Betriebsuntertan fühlt und verhält. Dem Mitarbeiter gegenüber versagen daher die alten autoritären Führungsformen" [80, S. 5]. Der Standardgewinn ist ein geplanter Gewinn unter Berücksichtigung der Veränderungen der wirtschaftlichen, der technischen und sozialen Gegebenheiten. Der Mensch soll im Management selbständig denken, handeln und entscheiden, muß jedoch dabei geführt werden. Aus diesen Grundsätzen erwächst der neue, der Management-Führungsstil: die kooperative Führung im Mitarbeiterverhältnis.

[3] Der Terminus „traditionale Führungsstile", der von Max Weber geprägt wurde, ist auch bei E. Witte [282, Sp. 595 ff.] zu finden.

Kooperative Führung ist dadurch gekennzeichnet, daß an die Stelle der Befehlsautorität die Maxime tritt: „Nicht einseitig befehlen, sondern besprechen, zum Mitdenken anregen, zu eigenverantwortlichem Denken erziehen, Initiative fördern, den einzelnen durch Mitarbeit aus einer Isolierung lösen und in das Ganze des Betriebsgeschehens binden, sich überzeugen lassen und überzeugen" [64, S. 51].Für die Kooperation in der Führung sprechen die sachlichen Gesichtspunkte. Da im Management die Spezialisierung der Führungskräfte vorherrschend ist, muß das Zusammenfunktionieren zu einem einheitlich geschlossenen Ganzen gewährleistet sein. Degelmann führt dazu aus: „Kooperativer Führungsstil heißt offensichtlich: Erziehen der Mitarbeiter zur Kooperation, aber gleichzeitig auch Kooperation der Führungskräfte untereinander" [43, S. 34]. Die Führung im Mitarbeiterverhältnis charakterisiert Höhn durch folgende Gebote:

„1. Die betrieblichen Entscheidungen werden nicht mehr lediglich von einem einzelnen oder einigen Männern an der Spitze des Unternehmens getroffen, sondern jeweils von den Mitarbeitern auf den Ebenen, zu denen sie ihrem Wesen nach gehören.

2. Die Mitarbeiter werden nicht mehr durch einzelne Aufträge vom Vorgesetzten geführt. Sie haben vielmehr einen festen Aufgabenbereich mit bestimmten Kompetenzen, in dem sie selbständig handeln und entscheiden.

3. Die Verantwortung ist nicht mehr auf die oberste Spitze allein konzentriert. Ein Teil dieser Verantwortung wird vielmehr zusammen mit den Aufgaben und den dazugehörigen Kompetenzen auf die Ebene übertragen, die sich ihrem Wesen nach damit zu beschäftigen hat.

4. Das Unternehmen wird nicht mehr, wie dies typisch für eine der absolutistischen Denkweise entsprechende Form der Organisation ist, von oben nach unten aufgebaut, indem die vorgesetzte Instanz nur das abgibt, was ihr zuviel wird, sondern von unten nach oben, wobei die vorgesetzte Instanz der untergeordneten nur diejenigen Entscheidungen abnimmt, die ihrem Wesen nach nicht mehr auf die untere Ebene gehören" [80, S. 6].

Diese Gebote, die unter der Bezeichnung „Harzburger Modell" in der Bundesrepublik weit bekannt geworden sind, bedeuten einen großen Schritt nach vorn, die Führung im Mitarbeiterverhältnis zu konkretisieren. Das Harzburger Modell stellt mehr oder weniger für den Praktiker eine wertvolle Hilfe dar. Die Konzeption der kooperativen Führung im Mitarbeiterverhältnis, des Management-Führungsstils, bedarf jedoch noch weiterer betriebswirtschaftlicher Grundlagen, um eine Geschlossenheit in der Darstellung der neuen Führungslehre zu erreichen.

Der neue Führungsstil verlangt von der Unternehmensführung, daß sie in all ihren Funktionen zielkonform, systemkonform, dispositionsgerecht, kontrollgerecht und organisationsgerecht vorgeht. Zielkonform bedeutet, daß alle Aktivitäten des Management auf die Unternehmensziele ausgerichtet sind. Dazu ist notwendig, daß die kurz- und langfristigen Zielsetzungen sorgfältig formuliert und den Führungsgremien mitgeteilt werden. Langfristige Zielsetzungen umfassen eine Zeitspanne von mindestens zehn Jahren; die von den langfristigen abzuleitenden kurzfristigen Zielsetzungen sind für ein bis zwei Jahre aufzustellen. Schriftlich festgelegte Unternehmensziele bilden eine wichtige Grundlage, ein Dokument. Unabhängig vom Wirtschaftszweig sollen zweckmäßigerweise in konzentrierter Form beispielsweise nachstehende Zielvorstellungen aus den Aufzeichnungen hervorgehen: Unternehmensgröße und -vergrößerung, geplantes Wachstum und Planbilanzen, Entwicklung der Sortimentstiefe und -breite, Diversifikationspläne, Forschungs- und Entwicklungstendenzen, Beurteilung der Unternehmenssituation im Verhältnis zu Konkurrenzunternehmen, soziale Maßnahmen in der Zukunft.

Systemkonform vorangehen heißt, daß ein Management alle wirtschaftspolitischen Maßnahmen mit der jeweiligen Konjunkturlage abstimmt unter Berücksichtigung einer Mindestwachstumsrate wie zum Beispiel entsprechend dem Branchentrend.

Dispositionsgerecht besagt, daß innerhalb der Management-Organisation alle Aufgaben termingerecht erledigt werden müssen. Durch die Übertragung von Aufgabenbereichen und dazugehörigen Kompetenzen auf die Management-Ebenen sind alle aufeinander angewiesen, so daß Terminuntreue schwerwiegende Folgen nach sich ziehen könnte. Deswegen muß die Führung auch kontrollgerecht vorgehen, d. h. jeder Aufgabenbereich ist auf die Erfüllung seiner Pflichten zu kontrollieren, ohne dabei Mißtrauen erwecken zu wollen. Aus der Kontrolle heraus entstehen dann neue Impulse zur Führung. Dieses Kontrollieren setzt aber klare Abgrenzungen von Aufgaben und Kompetenzen voraus — das Management muß somit organisationsgerecht vorgehen. Nur so ist eine exakte Kontrolle gewährleistet; Kontrolle bzw. Plankontrolle ist unerläßlich.

Aus dem Arbeitnehmer der vergangenen Zeit wird ein Mitarbeiter. Das hat für die Führungsorganisation zur Folge, daß das starre Stab-Linien-System aufgegeben werden muß. Die alte Führungshierarchie der Befehlsobrigkeit wird aufgelöst und durch die Entscheidungsobrigkeit ersetzt, die einem Informations- und Kontrollsystem unterworfen ist. Die Befehlshierarchie wird somit abgelöst durch die Informations- und Kontrollhierarchie. So ergibt sich für den Aufbau der Unternehmensführung, bedingt durch die zentrale Verarbeitung der Daten, daß alle Management-Aufgabenbereiche, die als sogenannte Management-Instanzen selbständige, eigenverantwortliche Einheiten bilden, durch das Management-Informationssystem — den Informationsströmen — verbunden sind. Über die Management-Instanzen, die entsprechend ihren Wesen in Management-Ebenen zusammengefaßt werden, erstreckt sich das Netz von Controller, das Controllingsystem. Der einzelne Mitarbeiter wird damit zum Mitbestimmer. Mitbestimmung heißt aber nicht Mitentscheidung, sondern Mitberatung und Mitsprache. In der Bundesrepublik haben wir eine Unternehmerwirtschaft; kollektive Entscheidungen sind falsch und nicht ziel- und systemkonform. Qualifizierte Mitbestimmung bedeutet Mitgestaltung durch Gewinnvorgabe, qualifizierte Entscheidung heißt: einer muß entscheiden. Dies trägt dazu bei, die Fähigkeiten eines jeden Mitarbeiters zu fordern und zu fördern.

Ohne EDV ist der neue Führungsstil nicht möglich. Um einen planmäßigen Dauervollzug von Handlungen aufrechtzuerhalten, ist es für die Unternehmensführung äußerst wichtig, die Beziehungen zwischen Ursache und Wirkung zu erkennen. Da sich das Unternehmensgeschehen überwiegend in Daten bzw. Informationen widerspiegelt, bietet die EDV als einzige Apparatur die Möglichkeit, in Zukunft diese Anforderungen entsprechend der Zielsetzungen integrierend zu bewältigen. Durch diese Mittelwahl kann der Mensch dem Handlungsziel erst richtig zugeordnet und seine Fähigkeiten zur Entfaltung gebracht werden. Durch die Zwangsläufigkeit des Arbeitsablaufs werden die Qualitäten eines Mitarbeiters nicht geschmälert oder gar verdrängt. Der neue Führungsstil ist gebunden an die elektronische Datenverarbeitung. Durch den Einsatz von EDV eröffnen sich Möglichkeiten, den arbeitenden Menschen so in den Wirtschaftsprozeß einzugliedern, daß es seiner Würde entspricht.

Die kooperative Führung im Mitarbeiterverhältnis muß eine Leistungseinheit bilden. Höhn führt dazu aus: „Jedes Unternehmen steht heute — darüber muß sich die Unternehmensführung klar sein — nicht lediglich in Konkurrenz mit der Güte seiner Produkte. Ein hier vorhandener Vorsprung ist bald aufgeholt. Es konkurriert mit der Leistungskraft seiner Organisation, der erfolgreichen Führung seiner Mitarbeiter auf allen Stufen und der dadurch bewirkten Mobilisierung der Intelligenz. Dazu weist die Führung im Mitarbeiterverhältnis den Weg" [80, S. 7/8]. Dazu gehört Vertrauen in die eigene Leistungsfähigkeit sowie Vertrauen in die Leistungsfähigkeit anderer.

Um leistungsfähig zu bleiben, erfordert der neue Führungsstil von den Managern eine kontinuierliche fachliche Weiterbildung. In den USA gehören Aus- und Weiterbildung des Management schon zur Selbstverständlichkeit, in der Bundesrepublik sind die ersten Bildungsstätten in Heidelberg und Bad Harzburg gegründet worden. Auch die Erhaltung der

Gesundheit ist Voraussetzung für die Leistungskraft. Die Leistungseinheit drückt sich in einem Zweifachen aus:

1. in der Führungspolitik, die „Ideenschöpfen, Zielsetzen, grundlegendes Entscheiden und Tragen der Verantwortung für die gesetzten Ziele und für die zur Zielerreichung getroffenen Entscheidungen“ umfaßt, und
2. in der Führungstechnik, die „das In-die-Tat-Umsetzen der Ideen, das Aufstellen der Pläne für die Durchführung, das Organisieren und schließlich das Durchführen der getroffenen Entscheidungen“ [149, S. 19] beinhaltet.

Friedrich von Schiller (1759—1805) schildert eindrucksvoll die meisterhafte Beherrschung der Fähigkeit, die kooperative Führung im Mitarbeiterverhältnis als Leistungseinheit zu vollziehen:

„Und eine Lust ist's, wie er alles weckt
Und stärkt und neu belebt um sich herum,
Wie jede Kraft sich ausspricht, jede Gabe
Gleich deutlicher sich wird in seiner Nähe!
Jedwedem zieht er seine Kraft hervor,
Die eigentümliche, und zieht sie groß,
Läßt jeden ganz das bleiben, was er ist;
Er wacht nur drüber, daß er's immer sei
Am rechten Ort; so weiß er aller Menschen
Vermögen zu dem seinigen zu machen.“
(Die Pikkolomini, Erster Aufzug, Vierter Auftritt)

Harmonie in der Führunng und Abgestimmtheit der Aufgabenbereiche und der Kompetenzen, Benutzung der modernen Führungsmethoden sowie zentrale Datenverarbeitung mit dem Computer ergeben die neue Führung, die kooperative Führung im Mitarbeiterverhältnis, den Management-Führungsstil.

Das Führungsverhalten und die Führungshandlungen bauen auf folgenden Motivationen auf [209, S. 116 ff.]:

1. Das enge Bereichsdenken wird durch ein Systemdenken abgelöst.
2. Der einzelne Manager wird trotz seiner Erfahrung sich eines permanenten Lernens unterziehen müssen, das zur Beherrschung der jeweils modernen Methoden der Unternehmensführung führt.
3. Das Leistungs- und Verantwortungsbewußtsein löst das Autoritätsbewußtsein ab.
4. Die Einzelleistung entwickelt sich über das Teamwork in Richtung auf eine Unternehmenstätigkeit auf allen Ebenen.
5. Die wachsende Spezialisierung der Unternehmensführung verlangt die koordinierende Tätigkeit von Verbindungsspezialisten.

3.122 Die Durchführung des neuen Führungsstils

3.122.1 *Zentralisation in der Führung — Dezentralisation in der Ausführung*

Der neue Führungsstil ist nach dem Prinzip durchzuführen: Zentralisation in der Führung, Dezentralisation in der Ausführung. „Zentralisation ist die systematische und konsequente Konzentrierung von Entscheidungsbefugnissen an einigen, wenigen Punkten der Organisation" [5, S. 167]. Zentralisation birgt in sich, daß die für eine Aufgabe maßgebenden Entscheidungen nicht von dem getroffen werden, der sie auszuführen hat, sondern von einer höheren Instanz. Allen weist folgende Kennzeichen der Zentralisation auf [5, S. 168—172]:

1. Zentralisation erleichtert die persönliche Leitung,
2. Zentralisation ermöglicht Integration,
3. Zentralisation ermöglicht einheitliches Vorgehen,
4. Zentralisation hilft Notlagen meistern.

„Dezentralisation ist systematisches Übertragen aller Entscheidungsbefugnisse, die nicht ausschließlich von zentralen Stellen wahrgenommen werden können, auf die niedrigsten Betriebsstufen" [5, S. 172]. Dezentralisation bringt folgende Vorteile mit sich [5, S. 172—180]:

1. Dezentralisation hilft, die oberste Führung zu entlasten,
2. Dezentralisation erleichtert vielseitiges Produktionsprogramm,
3. Dezentralisation fördert Produktion und Absatz,
4. Dezentralisation bildet Nachwuchskräfte heran,
5. Dezentralisation verbessert das Impulsgeben.

Für die Durchführung des Management-Führungsstils ist es wichtig, daß ein ausgewogenes Maß an Zentralisation der Dezentralisation die Waage hält. Die zentrale Führung, das Top Management, muß sich die Entscheidungen, die Zielsetzungen, das Organisieren, das Koordinieren, die Kontrolle und das Informieren in der den Rahmen gebenden Unternehmenspolitik vorbehalten. Damit wird gewährleistet, daß die dezentralisierten Management-Aufgabenbereiche mit der notwendigen Einheitlichkeit und Gleichordnung auf die gemeinsame Zielsetzung hinarbeiten. Die einzelnen Aufgabenbereiche, die mit absteigender Management-Hierarchie immer mehr zunehmen, stellen aus der Sicht der Unternehmensspitze Ausführungsinstanzen dar; aber jeder Aufgabenbereich bzw. jede -sparte bildet wiederum eine Einheit für sich, die für ein ganz spezifisches Arbeitsgebiet hinsichtlich der Zielsetzung zuständig ist. Diese Stelle, an deren Spitze ein Manager steht, muß innerhalb seines gesteckten Rahmens Führungsaufgaben übernehmen und seiner übergeordneten Stelle in der Kontrollhierarchie Rechenschaft ablegen. Starke Männer in der Unternehmensspitze werden auch in der Zukunft einem Management das Gepräge geben und so aus einem Management ein gutes Management machen.

3.122.2 Unternehmer führen Unternehmer

Die Dezentralisierung und die Aufgliederung in Unternehmensbereiche gehen Hand in Hand; jede Einheit wird zu einem selbständigen Betrieb im Rahmen der Führung des Gesamtunternehmens. Unternehmer führen somit Unternehmer. Jede dezentrale Managementgruppe als Team und zugehörige Stabsabteilungen bilden eine Gewinneinheit, d. h. für ihren Gewinn oder Verlust sind sie selbst verantwortlich. „Diese föderative Dezentralisierung, d. h. die Organisation als selbständige Produktionseinheit, ist der Schlüssel der Dezentralisation überhaupt" [5, S. 181]. Damit wird erreicht, daß die Bürde der Verantwortung für den Unternehmenserfolg nicht nur von der Spitze des Top Management zu tragen ist, sondern von einer Vielzahl von Managern in Schlüsselstellungen. „Eine Verselbständigung der Unternehmensbereiche ist nur möglich, wenn die Leistungen der Bereiche beurteilt werden können. Maßstab für Erfolg oder Mißerfolg eines Unternehmens ist sein Gewinn. Folglich ist dieses Kriterium auch maßgebend für die Beurteilung selbständiger Entscheidungsbereiche innerhalb des Unternehmens" [204, S. 24]. Diese Konzeption bringt die Manager, die die Gewinne erwirtschaften, näher an die Quelle, an der die Gewinne tatsächlich erzielt werden, denn er überblickt sofort, wann die Gewinnvorgabe nicht erreicht wird, und er kann ursprungsnahe Abhilfe schaffen. Auch fördert die Auffächerung der Unternehmensführung in Gewinneinheiten den psychologischen Anreiz, da der Erfolg mit der Person des einzelnen identifiziert wird. Ein Manager wird bestrebt sein, „in Kosten" zu denken und nach Verbesserungsvorschlägen zu suchen sowie Initiative zu entwickeln. Dabei werden ihm mit Hilfe des Management-Informationssystems funktionsgerechte Entscheidungs- und Kontrollinformationen zugeleitet. Innerhalb der dezentralisierten Gewinneinheiten werden sich sogenannte Gewinnzentren bilden. Solche Gewinnzentren sind z. B. einzelne Produktgruppen. Project-Manager und Product-Manager werden Unternehmer im engsten Sinne. Die Project-Manager übernehmen die Projektierung, d. h. sie werden aufgrund ihrer Begabung Ideen verwirklichen, Angebote ausarbeiten und Entscheidungen treffen. Die Aufgaben des Project-Managers bestehen in dem Aufstellen von Zeitplänen, in dem Erkennen von technischen Änderungen und notwendigen Zielsetzungsänderungen, in der Planung von Neuem, in dem Informieren und Dokumentieren. Ein Product-Manager verfolgt die Entwicklung der eigenen Produkte in der Zeit und in den Umsätzen und überwacht die Erscheinung von Neuprodukten. Die Wichtigkeit dieser Funktionen für ein Unternehmen wurde bereits dargelegt.

3.122.3 Delegation von Verantwortung

Die bisherigen Ausführungen zum neuen Führungsstil ließen sicherlich schon erkennen, welche große Bedeutung das Delegieren von Verantwortung haben muß. Deshalb wird es in diesem Abschnitt nochmals deutlich hervorgehoben. Die Delegation von Verantwortung ist der Kern für die Durchführung der kooperativen Führung im Mitarbeiterverhältnis. Delegation erfolgt auf der Grundlage der Information, der Organisation, der Koordination und der Kontrolle, denn durch diese Funktionen wird Delegieren ermöglicht. Delegation verlangt auf seiten des Mitarbeiters wie des übergeordneten Managers bestimmte geistige Voraussetzungen:

„1. Der Vorgesetzte muß sich innerlich von dem alten Vorgesetztenleitbild freigemacht haben, nach dem er als Vorgesetzter grundsätzlich mehr weiß und kann als seine Mitarbeiter. Er muß den aufrichtigen Willen haben, die Initiative seiner Mitarbeiter im Mitdenken und Mithandeln dem Unternehmen nutzbar zu machen. Er muß also die innere Bereitschaft besitzen, mit echten Mitarbeitern im Sinne der neuen Führung zusammenzuarbeiten.

2. Die Mitarbeiter ihrerseits müssen bereit sein, Verantwortung zu übernehmen. Sie müssen den Willen und die Fähigkeit aufweisen, eigene Initiative zu entfalten und Selbständigkeit im Denken und Handeln zu entwickeln" [80, S. 7].

Von dem Verantwortungsbewußtsein aller Manager hängt wesentlich der Erfolg oder Mißerfolg des Unternehmens ab. Bei jeder Entscheidung stellt sich die Frage der Verantwortung.

Höhn [80, S. 9—36; 5, S. 123 ff.] hat die Bedeutung der Delegation von Verantwortung als Führungsprinzip erschöpfend dargestellt, so daß seinen Ausführungen keine neuen grundlegenden Gedanken hinzuzufügen sind. Die wesentlichen Erkenntnisse sollen jedoch in diese Arbeit mit aufgenommen werden, um die Geschlossenheit der Abhandlung zu wahren.

Ein Manager trägt in seinem Aufgabenbereich die volle Verantwortung für seine Entscheidungen. Der übergeordnete Manager darf in den Aufgabenbereich seines Mitarbeiters prinzipiell nicht eingreifen, es sei denn, wenn akute Gefahr für das Unternehmen an irgendeiner Stelle besteht. Dagegen obliegt ihm die Führung des seinen Mitarbeitern delegierten Bereiches; das Merkmal dieser Führung liegt in der Kontrolle. Für erfolgreiches Delegieren müssen an jeder Stelle im Unternehmen drei Faktoren übereinstimmen: die Aufgaben der Position, die Befugnisse und die Verantwortung, die sich aus Aufgabenstellung und Kompetenzen ergibt. Die Verantwortung ist eine Zweifache: die Handlungsverantwortung und die Führungsverantwortung. Der Mitarbeiter trägt die Handlungsverantwortung, d. h. er hat selbst für das einzustehen, was er in seinem Delegationsbereich entscheidet. Der übergeordnete Manager trägt die Führungsverantwortung, d. h. er hat dafür einzustehen, daß er seine Pflichten als Controller gegenüber seinen Mitarbeitern erfüllt. „Die eindeutige Trennung von Handlungsverantwortung und Führungsverantwortung ist eine wichtige Voraussetzung dafür, daß geklärt werden kann, wer für einen Fehler einzustehen hat“. Das Delegieren von Verantwortung stellt keine „weiche Welle“ des neuen Führungsstils dar, sondern ein Grundprinzip, in dem die Leistung entscheidet. „Wer als selbständige Persönlichkeit im Unternehmen gewertet und behandelt werden will, muß auch bereit sein, für seine Fehler einzustehen und die unvermeidlichen Konsequenzen auf sich zu nehmen“. Aus der Delegation von Verantwortung erwachsen für Mitarbeiter wie für Vorgesetzte folgende neue Führungsaufgaben:

1. Das genaue Festlegen der Pflichten, die ein Mitarbeiter gegenüber seinem übergeordneten Manager wahrzunehmen hat.
2. Die Aufzählung der Pflichten, die ein Manager gegenüber seinen Mitarbeitern zu erfüllen hat.
3. Festlegen der Grundsätze, nach denen ein Mitarbeitergespräch bzw. eine -besprechung geführt werden muß.
4. Vorname der Dienstaufsicht und Erfolgskontrolle.
5. Das Informieren, d. h. die Grundsätze, nach denen Informationen von unten nach oben bzw. Informationen von oben nach unten weitergegeben werden müssen. Auch muß feststehen, wann benachbarte Delegationsbereiche zu informieren sind (Querinformation).
6. Das Abgrenzen von Linie und Stab (und zwischen Aufgabenbereichsmanager und Project-Manager, d. Verf.).
7. Die Regelung der Stellvertretung.
8. Die Festlegung des Beschwerdeweges (z. B. open-door-policy, d. Verf.).

Das Delegieren von Verantwortung ist im kooperativen Führen im Mitarbeiterverhältnis ein Grundprinzip.

3.13 Das Management als „executive leadership“

3.131 Der gesellschaftliche Auftrag an das Management

Der einzelne Mensch ist ein soziales Wesen. Würde er in allen Lebensbereichen nach Autarkie streben, könnte er sein Dasein nur notdürftig meistern. Der einzelne kann einen gehobenen Lebensstandard jedoch nur dadurch behaupten, daß er in der Gemeinschaft mit anderen Menschen lebt, bestimmte Aufgaben übernimmt und seine Erzeugnisse gegen für ihn notwendige Güter und Dienste austauscht.

Die Unternehmen als Wirtschaftseinheiten der Gesamtwirtschaft sind hierfür die Organisation der Gesellschaft, in denen solche gemeinsamen Anstrengungen koordiniert werden. Das Unternehmen erlangt so seine Daseinsberechtigung in der Bereitstellung von Waren und Diensten zur Befriedigung und Versorgung des Menschen.

Das Management — die Führungsgremien eines Unternehmens — als „ein spezifisches Organ der Unternehmung" [46, S. 16], ein „Wirtschaftsorgan, ja das spezifische Wirtschaftsorgan der industriellen Gesellschaft" [46, S. 17], soll solchen gemeinsamen Bemühungen zum Erfolg verhelfen und die Produktionsfaktoren menschliche Arbeitsleistung, Betriebsmittel und Werkstoffe zu einem leistungsfähigen Prozeß verschmelzen. Damit wird dem Management innerhalb der Gesellschaft ein Auftrag zuteil, den es zu ihrer Erhaltung und Stärkung unabdingbar erfüllen muß: bei allen seinen Tätigkeiten — unter gleichzeitiger Berücksichtigung der Auswirkungen seiner Entschlüsse auf die Gesellschaft sowohl innerhalb als auch außerhalb des Unternehmens — stets die wirtschaftliche Leistung an erste Stelle zu setzen, denn „was das Wesen, die Lebensgrundlage des Unternehmens ausmacht, ist seine wirtschaftliche Leistung" [46, S. 16].

Diese wirtschaftliche Leistung eines modernen Management besteht in einem Dreifachen [134, S. 1 ff.]:

1. seine dynamischen, auf Neuerungen bedachten Kräfte zur Erhaltung und Sicherung des Unternehmens voll einzusetzen,
2. Errungenschaften des sozialen Fortschritts durch eigene Beiträge zu unterstützen,
3. die wachsende Herausforderung der Umwelt anzunehmen.

Das Management geht über die bloße Anpassung hinaus und hilft mit, die Umwelteinflüsse aktiv zu gestalten. Läßt die Nachfrage nach, sucht es nach neuen Märkten oder neuen Produkten. Es fördert Forschung und Entwicklung und schult die Mitarbeiter. Die Fortschritte des Management gipfeln im Überzeugen, methodischen Planen und tatkräftigen Ausbilden. Die selbstbewußte Einstellung eines Management läßt eine tiefe Verpflichtung gegenüber der Umwelt erkennen. Alle äußeren Einwirkungen und Wandlungen lassen sich nicht voraussehen oder erahnen; das Management ist jedoch bemüht, sich allen Zwangslagen und plötzlich auftretenden Situationen gegenüber aufgeschlossen zu zeigen und sie zu meistern. Mit der bloßen Anpassung ist es nicht zufrieden, sondern es wird auch den Wechsel fördern, um damit zu leben.

Das Management leistet auch einen großen sozialen Beitrag an die Gesellschaft. Die Wünsche der Nachfrager werden befriedigt, Arbeitslose erhalten Arbeit und Unterstützung, Arbeitende erwirtschaften für Rentner und Pensionäre die finanzielle Versorgung, Zulieferer finden Absatzmärkte für ihre Produkte und den Regierungen erschließen sich Steuerquellen. Sicherlich sind diese Verdienste nicht allein einem Management zuzuschreiben; auch Wissenschaftler, Kapitalgeber und die Arbeitnehmer tragen ihren Teil dazu bei. In einer Unternehmerwirtschaft erweckt jedoch das Management die Kräfte, die zum Fortschritt führen.

Durch die wachsende Herausforderung der mannigfaltigen Umweltsveränderungen wird das Management noch stärker zum Dienst an der Gemeinschaft aufgerufen. Atom- und Sonnenenergie, Automation, chemische Materialien und elektronische Computer haben die zweite industrielle Revolution eingeleitet. Der Einfluß der Weltpolitik schlägt sich in Exportländern nieder, der Wettbewerb im In-und Ausland wird immer schneller, und die internationale Finanzwirtschaft schränkt den Aktionsradius der Hausbanken ein. Mit diesen Schwierigkeiten kann nur noch ein Management mit seinen Spezialisten fertig werden; andererseits können die sich daraus ergebenden neuen Möglichkeiten des Wirtschaftens nur von einem Management genutzt werden.

3.132 Die Management-Zielprojektionen

Aus dem gesellschaftlichen Auftrag heraus erwachsen die Management-Zielprojektionen. Zielprojektionen sind Erwartungen. Somit beinhalten Management-Zielprojektionen die Erwartungen, die man in ein Management setzt. Diese können nach subjektiven Gesichtspunkten recht unterschiedlich sein; andererseits läßt sich aus all den Problemen des gesellschaftlichen Auftrags, aus den Strukturwandlungen und aus den Prinzipien des Management eine Grundtendenz ableiten, die Allgemeingültigkeit hat: das Fortbestehen des Unternehmens und der Unternehmerwirtschaft. Zielprojektionen sind somit ausgerichtet auf dieses Unternehmensgesamtziel und lassen sich durch nachstehende Erwartungen konkretisieren:

1. Rentabilität,
2. Liquidität,
3. Funktionalität,
4. Sozialität,
5. Sicherheit.

Die Rentabilität drückt die Aufrechterhaltung der Kapitalbereitschaft aus. Für den Begriff Rentabilität ist entscheidend, daß hier immer eine periodisch in verschiedener Höhe wiederkehrende Geldsumme in ein prozentuales Verhältnis zu einem Geldvermögen gesetzt wird. Diese periodisch wiederkehrende Geldsumme als Maß des Wirtschaftens überhaupt ist der jährliche Gewinn eines Unternehmens. Der zu erzielende Gewinn kann ein maximaler, minimaler oder standardisierter Gewinn sein. Ein Management wird stets bemüht sein, einen Gewinnnstandard zu erzielen, dessen Maßstab der Zinssatz ist. „Wo sich der Gewinnstandard letztlich einspielen wird, hängt von Entscheidungen der Geschäftsleitung ab, die wegen ihrer Unübersichtlichkeit und Vielschichtigkeit einer exakten und sauberen Analyse kaum zugänglich sind" [119, S. 420]. Der standardisierte Gewinn ist ein begrenzter Maximalgewinn und drückt die Voraussicht und Kompromißbereitschaft eines Management aus. Die Beweggründe für den Gewinnstandard sind [119, S. 417/418]:

1. Entmutigung der potentiellen Konkurrenz;
2. die Öffentlichkeit urteilt mehr nach sozialen Gesichtspunkten als nach den Regeln der klassischen Theorie;
3. ein beschränkter Gewinn wirkt sich günstig auf die Lohnpolitik aus;
4. das Streben nach dem absoluten Gewinnmaximum bedeutet erhöhte Anstrengungen für den gesamten Betrieb;
5. auf Gewinnbegrenzung wirkt auch der Gesichtspunkt der Vorsicht hin, da das Risiko mit der Gewinnerzielung steigt.

Liquidität drückt die Aufrechterhaltung der Zahlungsbereitschaft aus. Die Feststellung der Zahlungsbereitschaft kann punktuell oder „in der Zeit" erfolgen. Wird sie an einem bestimmten Tage festgestellt, so erhält man eine statische Liquidität mit den bekannten Liquiditätsstufen. Bei der Liquidität als Management-Zielprojektion liegt die Bedeutung mehr auf einer Zeitraumrechnung, da hieraus die Zahlungsbereitschaft besser zu erkennen ist. Man erhält sodann die Liquidität der gestaffelten Fristen, die dynamische Liquidität. Dabei ist von der Voraussicht auszugehen, welche Einnahmen und Ausgaben in einer zukünftigen bestimmten Periode mit Sicherheit zu erwarten sind. Die dynamische Liquidität baut somit auf Finanzierungsplänen auf, die kurzfristig oder langfristig sein können. Finanzierungs- bzw. Liquiditätspläne zwingen ein Management zur gedanklichen Beschäftigung mit den voraussichtlich wirksam werdenden finanziellen Vorgängen und helfen durch rechtzeitiges Erkennen der finanziellen Engpässe den Fortbestand eines Unternehmens indirekt zu gewährleisten.

Funktionalität drückt die Aufrechterhaltung der Produktionsbereitschaft aus. Dazu gehört einmal, daß das Management dafür Sorge trägt, daß die Betriebsanlagen produktionsbereit gehalten werden durch eine geplante Instandhaltung. Bei den großen Produktionseinheiten kann nicht mehr gewartet werden, bis ein Werkstück durch Verschleiß ausfällt, sondern aufgrund von Erfahrungswerten müssen Ersatzteile gegen die alten Teile ausgewechselt werden. Dies wird auf die Dauer wirtschaftlicher und hemmt nicht den Produktionsablauf. Zur Aufrechterhaltung der Produktionsbereitschaft zählt weiterhin, daß die Produktionsmethoden nicht dem Technischen Fortschritt anheim fallen. Neue Produkte, neue Verfahrenstechniken, neue Leistungsgrößen fordern neue, moderne Produktionseinheiten.

Die Sozialität nimmt einen breiten Raum bei den Management-Zielprojektionen ein. Das Achten und Schätzen des Menschen drückt sich in folgenden Forderungen der Arbeitnehmer aus: gerechte Entlohnung, Vermögensbildung, Beteiligung am Unternehmensgewinn (Vermögensstreuung), ausreichender Erholungsurlaub, Bildungsurlaub, Krankheitsschutz, weitergehende Altersversorgung, Herabsetzung des Rentenalters, soziale Unterstützung in Härtefällen, Verkürzung der Arbeitszeit, soziales Wohlergehen, steigender Lebensstandard, Mitbestimmung, Mitwirkung des Management in sozialen Interessenverbänden, Förderung des Ausbildungswesens und soziale Gesinnung der Manager. Diese Forderungen dienen der Aufrechterhaltung der Arbeitsbereitschaft und Leistungskraft des einzelnen. Die Sozialität wird in der Zukunft ein großes Anliegen einer modernen Unternehmensführung sein.

Die betriebliche Sicherheit umfaßt einmal die Sicherheit für die Gesundheit des einzelnen als auch die Sicherung des Arbeitsplatzes — die Sicherheit der Unternehmensexistenz selbst. Die Arbeitsabläufe werden geprägt von der Automation, sie werden gehetzter, differenzierter, aber auch sicherer; der Mensch jedoch läßt sich nicht programmieren; physische und psychische Schäden drohen seiner Gesundheit. Die Gesellschaft erwartet von einem Management, diese Schädigungen so weit wie möglich durch Taten einzudämmen. Die andere Sicherheit, die Erhaltung des Arbeitsplatzes und des Unternehmens, kann im wesentlichen nur das Management geben. Gerade hier wird es in Zukunft darauf ankommen, welches Unternehmen ein gutes Management hat. Neue Märkte, neue Produkte, neue Branchen, neue Bedürfnisse, neue Führungsmethoden und neue Maßstäbe stürmen auf eine Unternehmensführung ein. Sie muß jedoch „ihr Schiff" auf den Wogen der Strukturwandlungen und -krisen in den Hafen des Erfolgs navigieren.

Zielprojektionen verlangen ein solides, abgeschlossenes Fachwissen, die bewußte und geordnete Anwendung von Fähigkeiten, eine systematisch eingesetzte wissenschaftliche Methodik sowie ergebnisorientierte Führungspraktiken; sie tragen dazu bei, die Management-Erwartungen zu erfüllen.

3.133 Die Management-Aufgaben

Die Management-Aufgaben lassen sich wiederum aus den Management-Zielprojektionen ableiten, denn hier taucht die Frage auf: Was muß ein

Management unternehmen, um die Erwartungen zu erfüllen? In der Literatur[4] werden die Aufgaben einer Unternehmensführung nach unterschiedlichen Gesichtspunkten aufgeführt, deren Erörterung im einzelnen jedoch nicht Zweck dieser Arbeit sein kann.

Drucker nennt drei Aufgaben des Management [46, S. 18—28]:

1. Leitung des Unternehmens,
2. Lenkung der Führungskräfte,
3. Leitung der Arbeitenden und Organisation der Arbeit.

Obwohl Drucker es nicht offensichtlich hervorhebt, so ist festzustellen, daß die Leitung des Unternehmens die Kernaufgabe ist, während Lenkung der Führungskräfte und Leitung der Arbeitenden und Organisation der Arbeit einerseits Aufgaben des Management im weiteren Sinne darstellen, andererseits sind sie aber nicht Selbstzweck, vielmehr sind sie im engeren Sinne zugleich ein Mittel der Leitung des Unternehmens. Das Leiten des Unternehmens bedeutet hier das Festlegen der Unternehmenspolitik, die etwas Doppeltes verlangt: das Setzen der Ziele und das Fällen der Entscheidungen. Da auch das Zielsetzen letzten Endes Entscheidung selbst ist, sind beide nicht nur untrennbar miteinander verbunden, sondern es erscheint gerechtfertigt, „Unternehmenspolitik einfach als Treffen von Entscheidungen grundsätzlicher Art zu bestimmen" [119, S. 84], die den Kurs eines Unternehmens festlegen.

Die unternehmenspolitischen Wahlakte bilden so die „Planungsleitlinie (planning guidance)" [225, S. 85] für die selbständigen Aufgabenbereiche des Management. Die Politik besteht aus den langfristigen Unternehmenszielen und langfristigen Strategien, aus denen zu erkennen ist, wie die vorgegebenen Ziele erreicht werden sollen. Eindeutig festgelegte Ziele für die langfristige Entwicklung eines Unternehmens geben der Arbeit aller Unternehmensbereiche eine klare Richtung. Cassier betont hierzu: „ . . . das Großunternehmen ist eine Art lebendiger Organismus. Er würde zerfallen, wenn die Führungsentscheidungen nicht einen vereinheitlichten Willen folgten" [31, S. 133]. Diese vereinheitlichte Zielplanung wird in der kooperativen Führung im Mitarbeiterverhältnis nicht mehr durch die Führungspersönlichkeit des Vorstandsvorsitzenden bzw. des Geschäftsführers allein bestimmt, sondern durch Mitberatung aller Top Manager herbeigeführt und formuliert. Die Entscheidung darüber liegt allein beim Vorsitzenden. Somit gilt für die Unternehmenspolitik, daß sie vom Top Management verankert wird. Die leistungsfähige Unternehmenspolitik muß folgende vier Merkmale aufweisen:

[4] Zu nennen sind hier u. a. R. C. Davis [41, S. 6 ff.], G. Fischer [54, S. 7], E. Gutenberg [64, S. 59 ff.], E. Kosiol [96, S. 123 ff.], G. Pöhlmann [143, S. 24 ff.], F. W. Hardach [67, S. 55 ff.], A. Meier [116], H. Ulrich [181, S. 106 ff.], F. Nordsieck [136, S. 37 ff.].

1. Die Unternehmenspolitik muß den Gewinneinheiten Entscheidungsfreiheit belassen.
2. Die Unternehmenspolitik muß jeder Gewinneinheit von vornherein und nicht erst nachträglich zugänglich sein.
3. Die Unternehmenspolitik darf nicht zu weit entfernt von jeder Gewinneinheit formuliert werden. Die Gewinneinheit muß sich mit ihr identifizieren können.
4. Die Unternehmenspolitik muß in sich geschlossen und widerspruchsfrei sein.

Die Unternehmenspolitik umfaßt Teilpolitiken [99, S. 46—96]: Organisationspolitik, Forschungs-, Entwicklungs- und Sortimentspolitik, Absatzpolitik, Produktionspolitik, Finanzpolitik und Personalpolitik. Die Organisationspolitik hat die Organisations- und Lenkungsprinzipien festzulegen. Forschungs-, Entwicklungs- und Sortimentspolitik können nur unter gleichzeitiger Berücksichtigung der inhaltlichen Ausdehnung oder Einengung des Unternehmensgegenstandes gestaltet werden. Die Absatzpolitik gibt genaue Angaben zur Vertriebsmethodik, Produktgestaltung, zur Werbe- und Preispolitik. Die Ausarbeitungen der Produktionspolitik müssen die Beschaffungs-, Lager- und Fertigungspolitik kennzeichnen. Die Finanzpolitik legt die Zielsetzung für Liquiditäts- und Rentabilitätspolitik, für Finanzierungs-- und Investitionspolitik, für Beteiligungspolitik und für die Gewinn- und Steuerpolitik fest. Die Personalpolitik gibt die Planung des Ausbildungswesens, der Lohn- und Gehaltsentwicklung und sonstiger anstehender Sozialprobleme wieder.

Stehen die unternehmenspolitischen Ziele fest, müssen Strategien [27] gefunden werden, mit denen die Ziele erreicht werden können. Strategien sind langfristig geplante Durchführungsmaßnahmen hinsichtlich der Verwirklichung eines Zieles.

Unternehmensstrategien sollten grundsätzlich vom Middle-Management mit dem Zugeständnis des Vetorechts an den entsprechend übergeordneten Top Manager entwickelt werden. „Der Unternehmensstrategie kommt formal die gleiche Aufgabe zu wie dem Unternehmensziel: Wege der zukünftigen Entwicklung des Unternehmens auszuschließen und dadurch die Entscheidungen der einzelnen Planungsbereiche in den durch die Strategie gezogenen Grenzen vorhersehbar zu machen“ [204, S. 26]. Die Unternehmensstrategien müssen mit den Teilpolitiken harmonieren. Für die Zukunft werden vom Middle Management beispielsweise folgende Strategien als besondere Aufgabe auszuarbeiten sein:

1. Wachstumsstrategien,
2. Strategien der Diversifikation [9],

3. Strategien der industriellen Programmbereinigung [106],
4. Strategien der vertikalen Integration,
5. Strategien des „physical distribution",
6. Strategien der geographischen Ausdehnung im EWG-Markt,
7. Konkurrenzstrategien,
8. Risikostrategien,
9. Marktstrategien [104],
10. Standortstrategien.

Die Ausarbeitungen der Strategien müssen flexibel sein, d. h. wenn sich neue, auf lange Sicht grundlegende Veränderungen einstellen, so muß die bisherige Strategie durch eine bereits entwickelte Alternativstrategie ausgetauscht werden.

Das Middle Management als Mittelbau der Management-Organisation ist außerdem der Hauptträger des neuen Führungsstils. Hieraus erwachsen weitere Aufgaben des formalen Vollzugs als auch der materiellen Führung. Der Informationsauswertungsprozeß bürdet dem Middle-Management eine große Verantwortung auf, denn jeder Aufgabenbereich muß selbständig geführt werden.

Das Lower Management muß die Aufgaben, die sich aus dem neuen Führungsstil ergeben, erfüllen und dabei die taktischen Maßnahmen für die Erreichung der Unternehmensziele ausarbeiten.

Taktische Maßnahmen sind kurzfristig geplante Durchführungsmaßnahmen. Da im Lower Management-Bereich die Geschäftsvorgänge des Realgüterstroms abgewickelt werden, erhalten die zugehörigen Aufgabenbereiche die tiefgehenden und differenziertesten Informationen über den Geschäftsverlauf. Hier müssen kurzfristige Entscheidungenn gefällt werden, die unter Umständen nur einen einzelnen Vorfall betreffen. In ihrer Gesamtheit sind die Einzelvorgänge für ein Unternehmen von großer, in der Einzelheit jedoch von untergeordneter Bedeutung. Die taktischen Aufgaben umfassen beispielsweise das Kontaktaufnehmen zu Lieferanten und Kunden, das Verwalten des Lager- und Bestellwesens, die unternehmensbedingten Abrechnungen unterschiedlicher Art, die des Mahn- und Klagewesens, Verfolgung der Zahlungsein- und -ausgänge, Kontokorrentprobleme und ähnliches.

Die Management-Aufgaben werden immer differenzierter und komplexer. Wurde mit diesen Ausführungen versucht, eine Grundeinteilung der Management-Aufgaben zu erreichen, so werden in der Praxis oft Verschiebungen der Aufgabenausführung zwischen den Management-Ebenen festzustellen sein, was letztlich wiederum der Grund dafür ist, daß die Grenzen der Management-Ebenen nicht eindeutig festzulegen sind.

3.2 Die Anwendung des Management-Informationssystems

3.21 Das Informationssystem als funktionales Führungsmittel

3.211 Informationssystem und Entscheidungsfunktion

Im Rahmen des Management ist der Entscheidungsfunktion eine zentrale und wesensbestimmende Stellung einzuräumen. Um nun die Einflüsse des Informationssystems auf die Entscheidungsfunktion umfassend darzulegen, muß sich der Vorgang des Entscheidungsprozesses unter den Bedingungen des Informationssystems vollziehen, d. h. die Entscheidungsphasen [145, S. 67 ff.; 12, S. 34 ff.] müssen systemkonform ablaufen. Deshalb ist die von Hellfors gebrachte Darstellung des Entscheidungsprozesses um eine Stufe zu erweitern:

1. Zielsetzung und Problemstellung,
2. Ermittlung von Daten und ihre Verarbeitung,
3. Erarbeitung von Alternativlösungen,
4. Bewertung und kritischer Vergleich der Lösungsalternativen,
5. Bestimmung des einzuschlagenden Lösungsweges.

Die Zielsetzung geschieht im Rahmen der Unternehmenspolitik. Hier stellt sich die grundsätzliche Frage, was zu tun sei [35, S. 107]. Maier sieht als Grund für das Auftreten eines Problems aus der Sicht des einzelnen: „Ein Problem entsteht für ein bestimmtes Individuum dann, wenn sein Verhalten in Richtung auf ein Ziel blockiert wird und es sich keiner erlernten Technik zur Meisterung dieser Situation bedienen kann“ [105, S. 78]. Illetschko vertritt die Auffassung: „Das, was im Betrieb für den Augenblick vorgekehrt ist, entspricht im nächsten Zeitpunkt nicht mehr, da die Umwelt sich inzwischen änderte. Die Umwelteinflüsse sind solcherart Störungen von erreichten Lagen. Die Störungen können in ihrer Wirkung der Gefährdung von Dauer, Andauer, Fortdauer, kurz der Existenz des Betriebes, nur durch Anpassungshandlungen ausgeglichen werden“ [242, S. 21]. Er kommt dann zum Ergebnis, daß ein Unternehmen Störfaktoren und Anpassungsvorgänge zeigt [242, S. 21]. Auf die Unternehmensführung wirken also sogenannte Stimuli [171, S. 61 ff.]. Diese Störfaktoren können sich aus Markteinflüssen und/oder aus dem innerbetrieblichen Ablauf ergeben. Das Management-Informationssystem unterstützt diese Anstrengungen, Störfaktoren aufzuzeigen, ja es kann sogar die Ursache für diese Störungen offenkundig machen. Werden beispielsweise Sollvorgaben für den Verkauf nicht erreicht, so informiert das Informationssystem das Management, das nun aufgrund der Information feststellen kann, ob das Ziel nicht konjunkturgerecht oder die

Mittelwahl zur Zielerreichung nicht entsprechend war. Die Zielsetzungen eines Management können durch das Informationssystem wirklichkeitsnäher und gezielter konstatiert werden, da durch die kontinuierlichen Informationen die Möglichkeit erschlossen wird, die einzelnen Maßnahmen und Vorstellungen laufend zu überprüfen, zu verfeinern und wahrnehmbarer zu machen. Das allerdings hat auch den Vorteil, daß die Problemstellung exakter vorgenommen werden kann und muß. Denn nur festumrissene Problemstellungen können von einem Management-Informationssystem erfaßt und zur weiteren Verarbeitung herangezogen werden. Ein Informationssystem zwingt somit die Unternehmensführung, sich den Problemen zu stellen und nicht vor sich herzuschieben. Das Formulieren des Problems, die Einordnung der Problemstellung in die Zielsetzungen des Unternehmens und die Voraussetzungen für die Problemlösung erfahren durch das Management-Informationssystem eine Gemeinsamkeit in der Handhabung.

Die Ermittlung von Daten und ihre Verarbeitung als zweite Entscheidungsphase nimmt im Informationssystem eine gewisse Systematisierung und Klassifizierung der Entscheidung vorweg. „Das Erwerben von Tatsachen verlangt ein bewußtes Suchen nach richtigen Tatsachen, was verbürgt, daß nur passende Faktoren in Betracht gezogen werden" [25, S. 58]. Strong drückt dies mit folgendem Satz aus: „Fact and fact-finding methods are indispensable for business decisions" [271, S. 753]. Drei Gesichtspunkte fließen in dieser Stufe auf die Entscheidungsbildung mit ein:

1. Welche Daten sind für die Entscheidungsfindung wichtig?
2. Wie sind diese Daten zu beschaffen?
3. Welche Aussagekraft haben die Daten für die Entscheidung?

Diese Integration der Daten zu Management-Entscheidungsinformationen muß schon bei der Konzeption des Informationssystems erwirkt werden. Durch das Informationssystem wird dann gewährleistet, daß stets die gleichen Daten nach den gleichen Methoden verarbeitet werden, so daß auch die Vergleichsgrundlage immer gleich bleibt. Weiterhin ergibt sich der Vorteil, daß jeder Management-Bereich funktionsgerecht seine Entscheidungsinformationen zugestellt bekommt, die einem ganz bestimmten zeitlichen Rhythmus unterworfen sind. Der Grad der personellen Beeinflußbarkeit bei der Erstellung der Entscheidungsunterlagen wird gleich Null, Verzerrungen sind ausgeschaltet. Durch das Informationssystem wird weiterhin der Notwendigkeit Rechnung getragen, daß eine Entscheidungsinformation aus einer Fülle von Daten schnell gewonnen werden kann.

Eine herkömmliche Verarbeitung der Daten wäre dieser Notwendigkeit nicht gewachsen. Ein Informationssystem läßt auch erkennen, welche

Informationen aufgrund ihrer Nichterfaßbarkeit fehlen. Es ist jedoch wichtig zu wissen, welche Informationen fehlen, um das Risiko und die Genauigkeit beurteilen zu können. Drucker sagt wörtlich: „Er (der Manager) muß wissen, was er nicht weiß" [46, S. 428]. Für das Entscheidungsrisiko wird somit ganz wesentlich, Umfang, Genauigkeit, Qualität und Zusammensetzung der Information zu kennen. „Ohne Tatsachen zu entscheiden versuchen, ist wie das Hin- und Her-Raten an einer Straßenkreuzung, statt daß man die Wegweiser liest" [271, S. 753]. Das Management-Informationssystem ist der Wegweiser für die Ermittlung und Verarbeitung der Daten zu Entscheidungsinformationen; es fördert durch seine Zwangsläufigkeit die entscheidungsgerechte Datenverarbeitung. Die Systematik des Informationssystems begünstigt somit den Entscheidungsprozeß.

Durch die schnelle und umfassende Verarbeitung der zur Entscheidung notwendigen Daten mit Hilfe von Computersystemen können in kürzester Zeit Alternativlösungen erarbeitet werden. Die Verfahren hierzu liefern z. B. die Mathematische Entscheidungsforschung, Vorhersagemethoden, Simulation und Netzplantechnik. „Die Wahrscheinlichkeit, daß ein optimaler Entscheid gefällt wird, ist um so größer, je mehr mögliche Lösungen zur Auswahl zur Verfügung stehen. Dadurch entgeht man auch einem schablonenhaften Denken in den Kategorien des Entweder-Oder" [145, S. 100]. Einem Manager eröffnet sich dadurch die Möglichkeit, die Auswirkungen seiner Entscheidungen zu simulieren, und dadurch vereinfacht sich gleichzeitig die Suche nach Lösungsalternativen. Wenn konkrete Zusammenhänge untersucht werden, ist dies mit Erfolg im allgemeinen nur dann möglich, wenn man sich innerhalb gewisser feststehender Größen und Grenzen bewegt. Die Entscheidungsalternativen können hinsichtlich ihrer Zweckbestimmung unterschiedlich sein:

1. Die Entscheidungsalternativen können darauf zurückgehen, daß sie in ihrer Zielsetzung unterschiedlich weit gehen.
2. Die Entscheidungsalternativen beschreiben gegenseitig sich ausschließende Wege.
3. Die Entscheidungsalternativen beziehen sich auf die Variation der Hervorhebung verschiedener Komponenten eines Lösungsweges.
4. Kombinationen dieser Entscheidungsalternativen.

Die Erarbeitung von Entscheidungsalternativen verlangt stets eine geistige Leistung des Management. „Gedanken, die zuerst fremd und phantastisch scheinen, werden durch Überlegung dessen, was sie in sich schließen, so verändert, daß sie eine zweckdienliche und fruchtbare Form annehmen" [44, S. 80]. Diese Leistung kann zwar als Team von mehreren Personen erbracht werden und hängt letztlich von der Fähigkeit des einzelnen ab. Ein Management-Informationssystem schafft aber erst die Voraussetzung, daß aufgrund seiner Geschlossenheit, seines integrierenden Datenbestandes und seiner Schnelligkeit die Gedanken des Management zur Erarbeitung von Alternativen in kürzester Zeit Realisation werden, um die Auswirkungen der Zukunft in die Gegenwart zu reproduzieren.

Die Bewertung und der kritische Vergleich der Entscheidungsalternativen obliegt ausschließlich dem Menschen. Wie oben erwähnt, kann ein Informationssystem die Alternativen aufzeigen, das Gutheißen einer Entscheidungsalternative verbleibt im Bereich der menschlichen Erfahrung, des Wissens, des Wagnistragens und des Mutes eines Unternehmers. Wertung und Vergleich von Alternativen sind jedoch viel leichter durchzuführen, wenn Ergebnisse und Auswirkungen der Zukunft konkret vorliegen. Darin ist ein Vorteil eines Management-Informationssystems zu sehen.

„Im Entscheidungsakt wählt man jene Entscheidungsalternative aus, die gesamthaft den größten Nutzen verspricht, und gleichzeitig übernimmt man die Verantwortung — als Ausdruck des Entscheidungswillens — für die Folgen der Entscheidung: die Verwirklichung mit dem damit verbundenen Risiko in bezug auf entscheidungsgerechte Ausführung und in bezug auf ein situationskonformes Ergebnis" [145, S. 113]. Die Bekundung des Entscheidungswillens verbleibt auch hier im Bereich des Menschen. Selbst bei programmierten Entscheidungen, die nur Routineentscheidungen sein können, hat der Mensch von vornherein die Alternativen erkannt und deren Auswahl von bestimmten Parametern abhängig gemacht. Hier werden die Grenzen des Management-Informationssystems aufgezeigt.

Zusammenfassend kann gesagt werden, daß mit zunehmender Heranreifung der Entscheidung der Einfluß eines Informationssystems abnimmt. Bei der Aufbereitung der Unterlagen zur Entscheidungsfindung werden integrierte Informationssysteme in der Zukunft unumgänglich sein, die Entscheidungsfindung selbst, der Entscheidungsakt verbleibt im Bereich der menschlichen Schaffenskraft. Bei der Darlegung der Einflüsse eines Management-Informationssystems auf die Entscheigungsfunktion wird deutlich gezeigt, daß ein Informationssystem nur ein Hilfsmittel, ein Instrument ist.

3.212 Informationssystem und Planungsfunktion

Um die Einflüsse des Management-Informationssystems auf die unternehmerische Planungsfunktion darzulegen, ist auch hier von der funktionsanalytischen Aufgliederung der Planung in die Prognosephase und zukunftsgestaltende Phase auszugehen.

Hinsichtlich der Prognosephase kann ein Management-Informationssystem nur teilweise verwendet werden, da die selbständige Erfassung der Zukunft weder der Apparatur noch den Methoden und Verfahren eines Informationssystems möglich ist. Damit beschränkt sich der Einfluß eines Informationssystems ausschließlich auf die Bewältigung der Aufbereitung von Planungsdaten.

Bei einer Analyse der Zusammenhänge zwischen der Prognosephase und einem Management-Informationssystem ist zu erkennen, daß im Rahmen des Informationsbeschaffungsprozesses sich bestimmte Vorzüge durch die Computeranlage bei der Ermittlung und Auswertung von Vergangenheitsdaten zu Planungsunterlagen ergeben.

Ein Computersystem kann die Plandatenaufbereitung vielschichtiger, ausführlicher, zielorientierter und öfter durchführen als die herkömmlichen Apparaturen, so daß die Planungsarbeit bereits auf der Stufe der Unterlagen-Erarbeitung qualifizierter ist [74, S. 87]. Ein Informationssystem ist aufgrund seiner Praktiken dazu geeignet, durch die Auswertung der Istdaten differenziertere und umfassendere Planungsunterlagen zu liefern.

Weiterhin muß die Bedeutung des Integrationseffektes eines Management-Informationssystems herausgestellt werden. Die Planungsdaten werden zentral zusammengefaßt und aufbereitet, um sie anschließend in den dezentralen Planungsinstanzen als Unterlagen ihrer Bestimmung entsprechend zu verwerten. Diese konsequente Trennung fördert die Überschaubarkeit der gesamten betrieblichen Planung. Das Management-Informationssystem erwirkt damit auch eine Verbesserung des Anstoßes zu Planungsarbeiten, da die Planungsdaten in einem bestimmten zeitlichen Rhythmus vorgelegt werden.

Als dritter Vorzug muß erwähnt werden, daß mit Hilfe des Management-Informationssystems Projektionen künftiger Datenkonstellationen erarbeitet werden können. Die Bedeutung der Verfahren der Mathematischen Entscheidungsforschung, der Netzplantechnik und der Simulation kombiniert mit den Verarbeitungsmöglichkeiten der elektronischen Datenverarbeitungsanlagen wird durch ein Informationssystem erst richtig zur Geltung gebracht. Einerseits ist die sinnvolle Anwendung vieler OR-Methoden für Planungsaufgaben überhaupt erst möglich, wenn die erforderlichen Rechenarbeiten mit elektronischer Geschwindigkeit ausgeführt werden, andererseits wird in der jederzeitigen Bereithaltung der Daten in der Datenbank der Engpaß der Dateneingabe umgangen. „Die Quantifizierung von Planungsdaten mit Hilfe des Operation Research erweitert den Bereich konkreter Planungen im Betrieb. Planungsaufgaben auf allen Leitungsebenen können in Richtung auf eine Objektivierung der abschließenden Entscheidungen unterstützt werden" [74, S. 95]. Ein

Informationssystem gibt der Durchführung der Ermittlung der Planungsdaten eine systematische Ordnung, die auf die Konstellation von vielseitigen Datenerwartungen für die Zukunft gerichtet ist.

Die Erstellung von sachlichen, zeitlichen und mengenmäßigen Datenprojektionen basiert auf der Kombination der Verarbeitung von Ergebnisdaten und gespeicherten Modellen, Extrapolationsverfahren oder Kausalreihen vergleichbarer Situationen. Die Datenprojektionen können dann in das Informationssystem aufgenommen und hinsichtlich ihrer Verträglichkeit mit den Unternehmenszielen überprüft werden. Das Management-Informationssystem begrenzt somit den durch die Unternehmenszielsetzung gesteckten Spielraum der unternehmerischen Aktivität. Außer der Ordnungseigenschaft ist dem Informationssystem noch eine Überwachungseigenschaft bei der Ermittlung der Projektionen künftiger Datenkonstellationen zuzubilligen.

Ein Management-Informationssystem kann jedoch nicht die der Prognosephase eigene unternehmerische Intuition und schöpferische Kraft beeinflussen. So wird es unumgänglich sein, daß zwischen den einzelnen Prognoseakten immer wieder Entscheidungen des Menschen aufgrund seiner Urteilskraft notwendig werden.

Die zukunftsgestaltende Phase der Planung ist gekennzeichnet von dem Vorliegen quantitativ fixierter Daten, so daß ein Informationssystem mit seinen Praktiken und Methoden zur Unterstützung dieser Phase weit besser geeignet ist. Mit Hilfe von EDV-Anlagen können die konkreten Formen der Planungsdaten, die korrigierten Ergebnisse der Prognosephase, zu konstruktiven Aussagedaten verarbeitet werden. „Festlegungstätigkeiten bei Planungen konkreter Natur setzen bereits eine gewisse Quantifizierbarkeit der Materie voraus, weil als Ergebnis differenzierende Zuordnung von (zahlenmäßig darstellbaren) Aktionen oder Quantitäten einerseits und Zeiträumen oder Zeitpunkten andererseits angestrebt werden" [74, S. 89]. Das Management-Informationssystem mit seinem Informationsbeschaffungs-, -übermittlungs- und -auswertungsprozeß kann somit eine Leistungssteigerung bei der Durchführung komplexer Planungstätigkeit in der Festlegungsphase erwirken. Konventionelle Planungsüberlegungen gehen überwiegend nur von einer Möglichkeit der Zielerreichung aus. In Zukunft werden jedoch Alternativplanungen und die Planungsflexibilität zu vorrangigen Aspekten der Festlegungsphase. Alternativplanungen, „die ebenso als Entscheidungsgrundlage vor der Realisierung einer Planung dienen können wie als Aushilfsplanungen, wenn während der Realisierung einer bestimmten Planung Schwierigkeiten auftreten" [74, S. 90], erfahren durch ein Informationssystem eine größere Wirklichkeitsnähe, da einerseits die Bereichsmanager durch die vorgegebenen Informationsströme enger mit der Materie in Verbindung gebracht werden und andererseits die Ausgangsdaten aufgrund der kontinuierlichen Überwachung aktueller sind. Planungsflexibilität, „die darin besteht, daß bei Abweichungen der Wirklichkeit von den Werten der Vorschau und der entsprechenden Festlegungen bzw. bei einer Änderung der Gestaltungsabsicht entweder neu geplant oder die bestehende Planung korrigiert werden kann" [74, S. 90], wird von einem Informationssystem unterstützt; durch die fest vorgegebene Ablaufstruktur und standardisierte Datenorganisation können mit Hilfe des Computersystems die Veränderungen schnell lokalisiert und durch Eingabe der neuen Parameter berücksichtigt werden. Der Einsatz des Management-Informationssystems in der zukunftsgestaltenden Phase bringt folgende Wirkungen mit sich:

1. Systematisierung quantifizierbarer Planungsakte, wobei Routinekombinationsaufgaben des Festlegungszeitraums durch Computerprogramme bewältigt werden;
2. die Zentralisierung der Datenverarbeitung bei dezentraler Planungstätigkeit bewirkt eine Straffung der betrieblichen Gesamtplanung in vertikaler Richtung.

Die Wirkung eines Informationssystems auf die unternehmerische Planungsfunktion läßt sich folgendermaßen zusammenfassen: Da die Prognosephase der Planung gekennzeichnet ist von dem Vorhandensein nicht fixierter Daten und der Notwendigkeit der menschlichen Intuition und Urteilskraft, kann ein Informationssystem die Vorausschautätigkeit nur insoweit unterstützen, als Planungsunterlagen zu liefern. Diese sind jedoch umfassender und differenzierter als die herkömmlichen. In dieser Phase erweist sich, daß alle Planungstätigkeiten durch ein Informationssystem integriert werden, daß eine Ordnung erzwungen wird und daß Prognosen mit den unternehmerischen Zielsetzungen abgestimmt werden können. In der Festlegungsphase dagegen kann ein Management-Informationssystem wesentliche Vorzüge mit sich bringen. Aufgrund des ausschließlichen Vorhandenseins quantitativer fixierter Daten erfährt diese Phase eine Beschleunigung und Vereinfachung in der Durchführung durch die Systematik des Informationssystems, wobei den in Zukunft immer notwendiger werdenden Alternativplanung und Planungsflexibilität Rechnung getragen wird. Weiterhin führt die Methodik des Informationssystems zu einer Straffung der Planung überhaupt, die sich im wesentlichen auf die unteren und mittleren Management-Ebenen beschränkt.

3.213 Informationssystem und Organisationsfunktion

Das Management-Informationssystem ist ein durch besondere Charakteristiken gekennzeichnetes Mittel zur Lösung von Führungsaufgaben.

Daher beziehen sich die von ihm ausgehenden Einflüsse auf die Organisationsfunktion einmal auf den Bereich der organisatorischen Gestaltung von Daten- und Informationsverarbeitungsaufgaben und zum anderen auf die Führungsorganisation selbst.

Die organisatorische Gestaltung vollzieht sich grundsätzlich in drei Stufen [74, S. 46/47]:

1. Die organisatorisch zu gestaltende Aufgabe ist in ihrer Bedeutung für die Erreichung des Zieles und in ihrem Verhältnis zu anderen Aufgaben zu erkennen.
2. Die organisatorisch zu gestaltende Aufgabe ist anschließend nach Möglichkeiten zur Arbeitsteilung und zur Zusammenfassung gleichartiger Funktionen zu untersuchen.
3. Aufgrund der Erkenntnisse der Analyse erfolgt die strukturbildende Kombination von betrieblichen Produktionsfaktoren unter Berücksichtigung des arbeitsteiligen Leistungsvollzugs sowie der Zusammenfassung der Teilergebnisse und der Unterordnung des Prozesses unter die unternehmerische Gesamtzielsetzung.

Die Erkenntnis neuer Daten- bzw. Informationsverarbeitungsaufgaben grundlegender Art ergibt sich nicht aus dem Einsatz von Management-Informationssystemen, da diese Aufgaben aus den Grundfunktionen eines Unternehmens resultieren und somit a priori existieren. Durch die Anwendung eines Informationssystems wird jedoch eine verbesserte Lösung der auftretenden Probleme angestrebt. Allerdings können sich Rückwirkungen aus der zweiten Stufe dahingehend ergeben, daß bei der Analyse bisher unbekannter Kommunikationszusammenhänge offensichtlich und neue Aufgaben der Informationsverarbeitung aufgedeckt werden.

Dagegen machen sich beim Vollzug der Aufgabenanalyse die Einflüsse eines Informationssystems stark bemerkbar. Eine tiefgründige Untersuchung der zu gestaltenden Aufgabe wird stets von dem Vorhandensein eines Informationssystems unmittelbar beeinflußt. Diese Einflüsse auf die Analyse bestehen in einer Veränderung der Durchführung in der Form und im Ergebnis, bedingt durch den Einsatz der Informationssystemtechnik, die andersgeartete Möglichkeiten der Arbeitsteilung und der Zusammenfassung gleichartiger Funktionen aufweist. Ein Management-Informationssystem erfaßt sowohl die Zusammenhänge des Führungsprozesses als auch die des betrieblichen Leistungsprozesses und richtet sie in ihrer Beziehung zueinander nach den übergeordneten Unternehmenszielen aus. Die einzelnen Abteilungen der operationalen Ebene sind durch Terminals mit dem zentralen Computersystem verbunden. Die dezentral eingegebenen Daten unterliegen einer zentralisierten Maschinerie, in der alle Entscheidungen des Management in Form von Sollvorgaben gespeichert sind. Mit Hilfe der ebenfalls gespeicherten Maschinenprogramme, die sowohl Anwendungs- als auch Abfrageprogramme sein können, werden die funktionalen Informationen gewonnen und können entsprechend der dezentral angeordneten Ausgabestellen ausgegeben werden. Dieser Grundfunktionsweise eines Informationssystems muß aber die Arbeitsteilung und die Funktionszusammenfassung unterworfen werden. Dies führt so weit, daß die Zusammenfassung funktionaler Informationsströme sich sogar auf mehrere Aufgabenbereiche erstreckt bzw. Teilergebnisdaten der Geschäftsvorgänge verschiedener Gewinneinheiten zu Management-Informationen zusammenführt, wie im Beispiel der Kostenstellenanalyse, der Auftragsanalyse und der Gewinnanalyse gezeigt worden ist. In vielen Fällen wird daher die Arbeitsteilung nicht mehr entsprechend räumlicher, sachlicher oder personeller Kriterien vorzunehmen sein, sondern funktionskorrespondierend entsprechend der Informationssystempraktiken.

Auch ergeben sich durch ein Management-Informationssystem neue Formen der Aufgabenkombinationen. Hat beispielsweise ein Verkaufsfahrer früher seine Abrechnung der Fahrerabrechnungsabteilung zur Überprüfung vorgelegt, so kann er bei Verwendung eines Informationssystems mit Hilfe einer dezentral aufgestellten Datenstation Artikelnummer und abgegebene Menge eingeben und in Sekundenschnelle erhält er seine Abrechnung. Im gleichen Verarbeitungsgang können die Dateien für Verkaufs- und Lagerstatistiken aufbereitet werden. Mühevolles Rechnen von Angestellten entfällt somit, und die Arbeitskräfte können in dieser Zeit andere Aufgaben erledigen. Ein Informationssystem verändert gegenüber traditioneller Techniken also Struktur- und Ablauforganisation der betrieblichen Datenverarbeitung. „Die Daten-Bearbeitungsfunktionen sind räumlich zentralisiert; ein je nach Anwendungsbreite mehr oder minder großer Teil betrieblicher Daten- bzw. Informationsströme führt strahlenförmig auf die Zentrale zu bzw. von ihr weg (zu den informationsempfangenden Stellen)" [74, S. 99]. Ein weiterer Vorteil eines Informationssystems, der allerdings im wesentlichen der zugrundeliegenden EDV-Anlage zuzurechnen ist, besteht in der Übernahme von Routine-Datenverarbeitungsaufgaben aus dem Bereich der menschlichen Aktivität in den Bereich der maschinellen Verarbeitung, so daß hier eine Arbeitserleichterung und Sicherung der richtigen Arbeitsausführung eintritt.

Die Einflüsse eines Management-Informationssystems auf die Führungsorganisation lassen sich anhand der Wirkungen auf Zentralisation und Dezentralisation der Führung darstellen.

Ein Informationssystem gewährt und erzwingt durch seinen Integrationseffekt eine Zentralisierung der Unternehmensorganisation in der Führung.

„Mechanisierung, Schablonisierung und Automatisierung erweisen sich als die Schrittmacher der Zentralisation" [81, S. 179]. Zentralisierend wirkt hierbei auch die Zusammenfassung der Aufgaben nach funktionskorrespondierenden Verarbeitungsschritten. Ein Informationssystem ermöglicht auch dadurch die Zentralisation in der Führungsorganisation, daß die Informationsströme auf die Zielsetzung des Unternehmens ausgerichtet sind und der zu erzielenden Konzentration von Entscheidungsunterlagen entsprechen. Auch die schnelle Verarbeitung der Daten, die funktionale Informationsübermittlung und die Förderung der Informationsauswertung weisen eine zusätzliche Zentralisierungstendenz auf.

Andererseits bewirkt ein Management-Informationssystem eine Dezentralisierung der Führung, da gerade durch ein Informationssystem sich Möglichkeiten eröffnen, unterhalb der Top Management-Ebene die Entscheidungskompetenzen zu erweitern und zu verbessern. Es können die Probleme der einzelnen Gewinneinheiten unter direkter Bezugnahme auf die grundlegenden Unternehmensziele diskutiert und zur Entscheidung gebracht werden. Wenn Bowman und Fetter auch die Auffassung vertreten, daß „in Wirklichkeit kann es für eine organisatorische Einheit (innerhalb des Betriebes), die um einige oder viele Ebenen von der höchsten Leitungsebene entfernt ist, schwierig oder unmöglich sein, die Relevanz jedes ihrer Probleme für die grundlegende betriebliche Zielsetzung expliziert festzustellen ..." [22, S. 25], so ermöglicht das Informationssystem Entscheidungsbildungen dezentraler Art, die dennoch mit den Unternehmenszielen übereinstimmen. „Auf der Grundlage solcher Maßstäbe kann die Dezentralisierung von Entscheidungskompetenzen verstärkt werden, ohne daß unkontrollierte Koordinationsmängel befürchtet werden müssen" [74, S. 104]. Chapin schreibt: „Ein automatisches Rechengerät für sich ... begünstigt weder Leitungszentralisation noch -dezentralisation, aber es kann in einer Form genutzt werden, die in der Zentralisation oder Dezentralisation des Management resultiert" [32, S. 419]. Dezentralisation ist grundsätzlich in einem Unternehmen nur dann möglich, wenn die Aufgabenbereiche rechtzeitig und umfassend mit den für die Entscheidungen notwendigen Informationen versorgt werden.

Ein Management-Informationssystem nutzt ein Computersystem in der Form, daß Dezentralisierung möglich ist, und liefert Informationen mit einer Schnelligkeit und funktionsgerechtem Inhalt, wie es bislang noch kein Führungsinstrument vermochte. Das Management-Informationssystem und der neue Führungsstil beinhalten das Prinzip der Delegation von Verantwortung — sie geben der Dezentralisation in der Ausführung der Führungsorganisation den Rückhalt.

Das Management-Informationssystem unterstützt Dezentralisierung auf eine zweifache Art:

1. Nach der zentralen Auswertung der Daten gelangen die Informationen in einem geschlossenen formalen Kommunikationssystem zu den dezentralen Gewinneinheiten. Die aufgrund der Informationsauswertung rückfließenden Informationen haben Entscheidungs-, Kontroll- oder Planungscharakter, deren Konsequenzen sich einerseits in den Abteilungen niederschlagen sollen, und andererseits werden diese Informationen im Computersystem gespeichert. Durch interne Abstimmungsprogramme kann dann einmal die Übereinstimmung mit den Unternehmenszielen überprüft und zum anderen können die Ergebnisse der einzelnen Abteilungen mit den Rückflußinformationen kontrolliert werden.
2. Die dezentralen Gewinneinheiten sind über Ein-/Ausgabeterminals direkt mit dem Computersystem verbunden; das ermöglicht ihnen innerhalb des Aufgabenbereiches ohne Rücksicht auf sachliche, personelle, zeitliche, räumliche und funktionelle Distanzen einen Mitvollzug in der Problemlösung.

Das Management-Informationssystem wird die Organisationsfunktion einer Unternehmensführung in ihrer grundlegenden Form nicht verändern. Es verlangt jedoch ein Umdenken in der organisatorischen Gestaltung von Daten- und Informationsverarbeitungsaufgaben und eröffnet damit die Möglichkeit, die Führungsorganisation nach dem Grundsatz auszurichten: Zentralisation in der Führung und Dezentralisierung in der Ausführung.

3.214 Informationssystem und Koordinationsfunktion

Koordination als Management-Funktion gewährleistet die Zusammenarbeit der Führungskräfte. Der neue Führungsstil, die Verselbständigung der Aufgabenbereiche zu Gewinneinheiten und das ausgeprägte Spezialistentum des Management machen es zur Notwendigkeit, die Einzelleistungen in die Unternehmenszielsetzung einzugliedern und sie miteinander abzustimmen, d. h. sie zu koordinieren [64, S. 107]. Die Sicherstellung der Harmonie in der Zusammenarbeit aller Funktionsträger trägt wesentlich zur Erreichung der gesetzten Ziele bei. Spezialisierung, die Bildung der Gewinneinheiten sowie die Vielfalt der Aufgaben und Gesichtspunkte des einzelnen könnten, wenn sie sich selbst überlassen wären, dazu führen, daß sich das Recht des Stärkeren etabliert und ständig Abweichungen von Gesamtzielen die Folge wäre. Erschwerend für ein Management in der Bundesrepublik wirkt sich dazu noch die konventionelle Trennung in den kaufmännischen und den technischen Bereich aus. „Je besser die berufliche Qualifikation ist, desto enger pflegt im allgemeinen auch das Gesichtsfeld der Spezialisten zu sein. Sie können nur in kaufmännischen, technischen, juristischen oder personell-soziologischen Kategorien und Bahnen denken" [62, S. 313]. So ist das Koordinieren eine überaus wichtige Funktion des Management. „Arbeitsteilung und Koordination sind geradezu Zwillingskinder" [153, S. 98].

Welche Einflüsse hat nun ein Informationssystem auf die so wichtige Koordinationsfunktion eines Management?

Ein Management-Informationssystem ist ein Mittel der Koordinierung. Das Konzept eines Informationssystems verlangt eine konsequente Überschaubarkeit der Aufbaustruktur der Management-Hierarchie sowie der Kommunikationswege. Dadurch wird eine einheitliche Aufgabenerfüllung nach den Regeln des Informationssystems sowie eine programmierte Koordination automatisierter Teilplanungen [164, S. 153] erreicht. Weiterhin ergibt sich der Vorteil, daß eine Vernachlässigung von Aufgabenbereichen ausgeschlossen wird und daß Kompetenzstreitigkeiten entfallen. Die Informationsströme mit festvorgegebener Richtung und funktionalem Aufgabeninhalt bilden gleichsam einen Netzplan mit Zuordnungsfunktion. Auch in dem Zusammenwirken und Zusammenstellen der Daten zu aussagefähigen Informationen, die teilweise auch aus Daten verschiedener Aufgabenbereiche resultieren, bringt das Informationssystem aufgrund seiner Datenbank wesentliche Verbesserungen. Die Daten liegen zu jeder Zeit in auswertbereitem Zustand vor, Daten können von einem Aufgabenbereich nicht zurückgehalten werden, und durch die zentrale Verarbeitung werden Doppelarbeiten vermieden. Durch die Abhängigkeit der einzelnen Gewinneinheiten vom Informationssystem werden die Manager gezwungen, ihre Führungsaufgaben der Zielsetzung des Unternehmens unterzuordnen. Auch trägt das Informationssystem dazu bei, daß die Führungsmaßnahmen an die personellen, materiellen und finanziellen Mittel des Unternehmens angepaßt werden. Der Einfluß des Informationssystems ist weiterhin auf die einheitliche Durchführung der Führungsaufgaben ausgerichtet und fördert die Zusammenarbeit der verschiedenen Gewinneinheiten, indem das Computersystem fehlende Eingabedaten anzeigt bzw. anfordert. Das Management-Informationssystem leistet somit einen wesentlichen Beitrag hinsichtlich der Erreichung der Ziele der Koordinierung. Mellerowicz nennt vier Koordinationsziele [119, S. 244]:

1. Optimale Kombination der Produktionsfaktoren,
2. Erziehung zum Ganzheitsgedanken,
3. Durchsetzung der unternehmenspolitischen Grundsätze in Betriebsbereichen,
4. Bildung einer sozialen Einheit.

Durch die Überwachung der laufenden Geschäftsvorfälle mit Hilfe des Informationssystems werden Fehlleitungen von Kapital auf ein Minimum beschränkt; durch die Nutzungsmöglichkeit der integrierenden Methoden der Fertigungssteuerung werden Unregelmäßigkeiten der maschinellen Kapazitätsauslastung unterbunden, und durch die aktionsnahe Information des Management-Informationssystems kann die Koordinierung zwischen Betrieb und Markt wesentlich verbessert werden. Wenn Mellerowicz [119, S. 244] die Forderung aufstellt, daß durch Koordination die Nutzung aller zur Verfügung stehenden Kräfte des einzelnen Mitarbeiters erreicht werden soll, so stellt das Informationssystem ein Mittel dar, das die Fähigkeiten des einzelnen weckt.

Durch die Bildung von Gewinneinheiten wird erlangt, daß der einzelne Mitarbeiter „seine Aufgabe vom Ganzen her" [119, S. 244] beurteilen kann. Der neue Führungsstil auf der Basis Unternehmer führen Unternehmer kann jedoch nur mit einem Management-Informationssystem praktiziert werden; aber gerade das Neue des Führungsstils regt den einzelnen Mitarbeiter dazu an, Gesamtzusammenhänge zu erkennen, und fördert so die Erziehung zum Ganzheitsdenken.

Bei der Durchsetzung der unternehmenspolitischen Grundsätze in den einzelnen Aufgabenbereichen erweist sich das Informationssystem insofern als Koordinationsmittel, als in seiner Integrationswirkung alle Maßnahmen der Manager durch die Überprüfung der Entscheidungen beobachtet werden.

Das vierte Ziel der Koordination, die Bildung einer sozialen Einheit, beinhaltet, „den Menschen betriebsbewußt, leistungsfähig und kooperationswillig zu machen" [119, S. 246]. In einem Management-Informationssystem sind die Management-Prinzipien implizit eingearbeitet. Der Angestellte wird nicht lediglich als Ausführender eines Auftrags angesehen, sondern der einzelne ist ein Mitgestalter — ein Glied der sozialen Einheit des Unternehmens.

3.215 Informationssystem und Kontrollfunktion

Sandig [148, S. 66] betrachtet, entsprechend dem Aufbau seines Werkes, die Kontrolle von der menschlichen Seite und kommt zu dem Ergebnis, daß Kontrollstellen in einem Unternehmen existieren müssen, die niemandem bekannt zu sein brauchen, aber vorhanden sein und funktionieren müssen. Diese Vorstellung ist durch die Konzeption des Management der Vergangenheit zuzuschreiben. „Jeder Auftrag (jede Aufgabe, d. Verf.), dessen Ausführung nicht überwacht wird, kann leicht wirkungslos werden. Der Beauftragte (der Mitarbeiter, d. Verf.) muß immer wieder sehen, daß die ordnungsmäßige und restlose Ausführung seiner Arbeit wichtig ist und von ihm erwartet wird" [155, S. 47]. „Das Kontrollieren hat man in den Vereinigten Staaten ... als die königliche Funktion des Management bezeichnet" [84, S. 128]. Die amerikanische Wissenschaft

[139, S. 414 ff.] empfiehlt zur Durchführung der Kontrollfunktion des Management die Errichtung strategischer Kontrollstellen innerhalb der einzelnen Betriebsablaufphasen, die so verteilt sein sollen, daß sie jeweils eine Schlüsselposition begleiten. Nach Holden, Fish und Smith [79, S. 75—212] sind der Kontrolle zu unterwerfen: die Unternehmenspolitik, die einzelnen Handlungen, die Organisation, die Führungsqualitäten der Manager, die Löhne und Gehälter, die Kosten, die Verfahren und Arbeitskraft, die Kapitalverwendung, die Kundendienstbemühungen, die Produktionsgestaltung, Forschung und Entwicklung, die Öffentlichkeitsarbeit, die Fremdleistungen, die Zeitvorgaben und die Gesamtplanung. Sicherlich ist diese Aufzählung nicht als vollständig zu betrachten, aber sie läßt erkennen, wie wichtig und notwendig die Kontrollfunktion für das Management ist.

In der betrieblichen Kontrolle stehen drei Fragen im Vordergrund:

1. die Zwecke, auf die die Kontrolle gerichtet ist, das ‚Wozu' der Kontrolle,
2. die Objekte (Bereich, Funktion), also das ‚Was' der Kontrolle,
3. die Methode, das ‚Wie' der Kontrolle [119, S. 259].

Alle drei Fragen werden im Management-Informationssystem berücksichtigt. Wie aus der Ablaufanalyse der Kontrolltätigkeit hervorgeht, ist die Kontrollfunktion eng an Daten- und Informationsverarbeitung gebunden, so daß gerade das Informationssystem einen wesentlichen Beitrag zur Durchführung der Kontrolle leistet.

Das Informationssystem verleiht der Kontrolle eine tiefergehende Strukturierung in ihrem Ablauf und ihrem Inhalt, so daß Willkür und Zufälligkeit ausgeschlossen werden. Es wird dabei erreicht, daß die Management-Control-Stellen regelmäßig und rechtzeitig in präziser und knapper Form unterrichtet werden. Das Informationssystem bildet Schwerpunkte der Kontrolle [133, S. 410 ff.]. Wenn Rose und Farr [146, S. 218] fordern, daß insbesondere die Führung in der Großunternehmung gezwungen ist, sich auf stark zusammengefaßte Informationen zu verlassen, die so zusammengefaßt sein sollten, daß sie einen wohlabgewogenen Überblick über die Situation des gesamten Unternehmens vermitteln können, so ist das Informationssystem das richtige Mittel, solche Informationen zu liefern. Die Beobachtung des zu kontrollierenden Vorganges und die Sammlung von Daten, die charakteristisch für den Ablauf sind, was Pöhlmann [143, S. 144] als die Hauptschwierigkeit der Kontrolle bezeichnet, werden ausschließlich vom Informationssystem im Rahmen des Informationsbeschaffungsprozesses vorgenommen. Dabei ist allerdings Voraussetzung, daß die Kontrollmaterie in quantifizierter Form vorliegt. „Die einzelnen Schlüsselgrößen innerhalb solcher Kontrollberichte haben für sich allein genommen wenig Aussagekraft. Von entscheidender Bedeutung für die Prognose der Unternehmenssituation ist vor allen Dingen das Erkennen der funktionalen Beziehung zwischen den wichtigsten betrieblichen Operationsgrößen ..." [143, S. 115]. Im Management-Informationssystem ist die funktionale In-Beziehung-Setzung der Information verankert. Durch die Organisation der Datenbank, die Stammdaten, Verkettungsdaten und Bewegungsdaten unterscheidet, und durch die Auswertung durch Maschinenprogramme zu differenzierten Informationsströmen können beispielsweise Umsatz-, Kosten-, Lagerbestands-, Investitions- und Umschlagsgrößen zu betrieblichen Kenngrößen verarbeitet werden.

Die Phase des Vergleichs der Ergebnisse erfährt durch ein Management-Informationssystem eine Schematisierung, da elektronische Recheneinheiten für Vergleichsoperationen festvorgegebene Datengrößen benötigen und somit ein Kontrollieren ein abstraktes Kontrollieren wird. „Aus der Kombination mehrerer Größer-als-Kleiner-als-Entscheidungen mit besonderen Programmabzweigungen lassen sich auch relativ komplexe Vergleichsoperationen zur differenzierenden Abweichungsermittlung vollmachinell durchführen und von einer durch Abweichungsart bzw. -umfang bestimmten Weiterbehandlung der Vergleichsergebnisse fortsetzen" [74, S. 114]. In dieser Phase der Kontrolle wird deutlich, wie verquickt die Zusammenhänge zwischen Kontrolle und Planung sind. Die Durchführung des Vergleichens mit elektronischen Rechenwerken ist ohne die vorhergehende Planungstätigkeit mit Angabe fixierter Plandaten überhaupt nicht möglich. Neben der Vergleichsdurchführung im Computer erhält die Vergleichsphase im Rahmen eines Informationssystems eine weitere Bedeutung: die fallweise Vorlage von Ist- und Soll-Daten bei den zuständigen Managern. Trotz umfassenden und komplexen Datenmaterials werden entsprechend der Stellung des Managers schnell und richtig die Soll- und Ist-Informationen ermittelt. Mit den herkömmlichen Mitteln der Informationsverarbeitung war dies überhaupt nicht möglich. Die Gewinnung und Zustellung der Vergleichsinformationen ist personalunabhängiger, zutreffender und differenzierter. Der Soll-Ist-Vergleich wird durch das Informationssystem zum beherrschenden Kontrollmittel des Management. Ob nun der Soll-Ist-Vergleich als „management by exceptions", „management by objectives" oder in einer anderen abgewandelten Form durchgeführt wird — entscheidend ist, daß durch ein Informationssystem ein funktionales Vergleichen von Soll- mit Ist-Daten überhaupt generell erst möglicht wird. „Gerade in der Handhabung der Kontrolle äußert sich die Änderung des Führungsstils" [43, S. 85]. Nicht übersehen werden dürfen die weiteren Vorteile, daß bei der Gewinnung der Soll-Ist-Informationen eine konsequente Objektivität gewahrt bleibt, daß bei der Aufbereitung der Informationen stets die artgleichen Ausgangsdaten und die gleichen Verfahren verwendet werden und daß somit Manipulationen ausgeschlossen werden.

Die Wertung der Abweichungen obliegt dem Menschen. Handelt es sich um programmierte Erkennung einer Abweichung, so müssen alle Abweichungsmöglichkeiten zunächst vom Menschen definiert werden, um sie dann in Programmsprachen zu gleiten.

Diese Handhabung der Analyse von Abweichungen ist jedoch nur für Routineabweichungen einfacherer Art möglich. Dagegen werden Analyse und Bewertung der Abweichungen mit Führungscharakter originär vom Menschen vorgenommen. Entsprechend der Stellung des Managers innerhalb der Management-Hierarchie gewähren dosierte und differenzierte Soll-Ist-Informationen eine gezielte Analyse der Abweichungen und ermöglichen so auch ursprungsnahe Korrekturmaßnahmen. Mit der Bewertung der Abweichung kann beispielsweise festgestellt werden, ob die Gewinneinheiten sich zielkonform verhalten haben, ob der Arbeitsablauf ohne Stockungen verlief, ob Entscheidungsmaßnahmen berücksichtigt wurden, ob die Führung als solche gut ist, ob unausgenutzte Kapazitäten vorhanden sind und ob die Dispositionen richtig waren. Diese Nahtstelle zwischen Management-Informationssystem und Mensch wird so gut überbrückt wie das Informationssystem in seiner Konzeption die Zweigleisigkeit der funktionellen Belange des Unternehmens und des Menschen zu einem einheitlichen Ganzen verquicken kann. Plankontrolle und Entscheidungskontrolle sind für eine Unternehmensführung unerläßlich. Das Informationssystem steigert ihre Aussagefähigkeit durch Bereitstellung qualifizierterer, differenzierterer und funktionaler Soll-Ist-Informationen.

Die Festlegung der durchzuführenden Korrekturmaßnahmen sowie deren Durchführung sind grundsätzlich der menschlichen Leistungstätigkeit vorenthalten. Ein Einfluß besteht nur indirekt darin, daß mit einem Informationssystem Entscheidungsalternativen mannigfaltiger Art schnell simuliert werden können; diese Wirkungen wurden jedoch schon erörtert.

Zusammenfassend läßt sich über die Einflüsse eines Management-Informationssystems auf die unternehmerische Kontrollfunktion folgendes sagen:

1. Das Informationssystem bedingt eine tiefgehende Strukturierung der Kontrolle in ihrem Ablauf und in ihrem Inhalt, wodurch die betriebliche Kontrolle eine straffende Ordnung erfährt.
2. Das Informationssystem ermöglicht die funktionale Inbeziehungsetzung von Informationen.
3. Das Informationssystem erhebt den Soll-Ist-Vergleich zum beherrschenden Kontrollmittel innerhalb des Management.

4. Die Aussagefähigkeit von Plan- und Entscheidungskontrollen wird durch die Bereitstellung qualifizierter, differenzierter und funktionaler Soll-Ist-Informationen gesteigert.

3.216 Informationssystem und Informationsfunktion

Jede Führungskraft kann so gut führen wie sie informiert ist, d. h. sie ist von den Informationen abhängig, die sie erhält. Grundsätzlich ist es dem Manager freigestellt, wie ausführlich und umfassend er sich informieren lassen will. Das Management-Informationssystem liefert ihm jedoch die Informationen, die er benötigt; es löst dabei noch folgende Probleme:

1. Oft weiß eine Führungskraft nur unzureichend, welche Informationen sie bekommen könnte. Mit dem Einsatz eines Management-Informationssystems ändert sich jedoch diese Situation. Aufgrund der Konzeption der Informationsströme, deren Unterscheidungskriterien Informationsinhalt und Informationszuordnung sind, wird eine Transparenz für alle möglichen Informationen geschaffen. Es bedarf somit nur noch der Entscheidung des Managers, welche Informationen für seinen Aufgabenbereich notwendig sind.
2. Auch weiß eine Führungskraft oft nur unzureichend, welche Informationen für sie wichtig sind. In einem solchen Fall kommen dem Manager die funktionale Informationszuordnung und die Integrationswirkung eines Informationssystems zugute. Klare Aufgabentrennung und zugehörige Kompetenzverteilung fördern diesen Einfluß eines Informationssystems, da die Ausrichtung der Informationsströme gezielt auf den Funktionsbereich erfolgen kann. Aus dem Datenfluß ergeben sich die wichtigen Informationen für die laufende Tätigkeit und Kontrolle innerhalb der beiteiligten Gewinneinheiten.
3. Weiterhin ist die Situation denkbar, daß das Berichts- und Informationswesen in einem Unternehmen nicht genügend organisiert sind. Dieser Zustand wird mit dem Einsatz eines Management-Informationssystems ausgeschlossen, da das Informationssystem hierfür Ordnungsfaktor und Organisationsmittel in einem ist. Das Informationswesen erhält eine tiefgehende Strukturierung, die auf einem geschlossenen formalen Kommunikationssystem aufbaut. Unzweckmäßige oder gar überflüssige Informationswege, die Zeit kosten, Verwirrungen stiften und Unruhe verursachen können, werden von vornherein unterdrückt.
4. Als letztes Problem sei hier das bewußte Vorenthalten von Informationen und das subjektive Manipulieren von Informationen erwähnt. Wie in den vorangegangenen Ausführungen schon einmal bemerkt, trägt ein Informationssystem ganz wesentlich dazu bei, daß diese Er-

scheinungen nahezu ausgemerzt werden, weil die Erstellung der Informationen aus dem Bereich der menschlichen Sphäre herausgenommen wird. Eine Verfälschung der Bewegungsdaten, die ja mit die Ausgangsdaten für die Informationsgewinnung darstellen, wäre die einzige Möglichkeit, Informationen zu beeinflussen. Doch erscheint dies aufgrund der komplexen Verflechtungen von Geschäftsvorgängen als ausgeschlossen.

Ein Management-Informationssystem liefert Informationen über den Ablauf der Unternehmensleistung. Es macht die Daten des Rechnungswesens, des Verkaufs, der Produktion, der Materialwirtschaft und des Personalwesens ständig verfügbar. Kennziffern und Entscheidungs-, Planungs- und Kontrollinformationen können beliebig oft in kürzester Zeit abgefragt werden. Das Management-Informationssystem ist das Mittel, mit dem dem sprunghaft größer werdenden Informationsbedürfnis der Unternehmensführung, bedingt durch die zunehmenden Unternehmensgrößen und die abnehmende Transparenz der Märkte, begegnet werden kann. Wenn Mellerowicz schreibt: „...das ‚Zwei-Augen-System' reicht immer weniger aus, die Spezialkenntnisse zur eigenen Beurteilung von Teilproblemen fehlen, und schließlich wird auch das Kapitalrisiko immer größer, gegen das man sich durch möglichst weitgehende und weit in die Zukunft reichende Information zu sichern sucht" [119, S. 321], wird einem bewußt, welcher Fortschritt ein Informationssystem für die Informationsfunktion einer Unternehmensführung bedeutet. Es verbessert den Grad der Information; das Problem der unvollständigen Information bei der Entscheidungsfindung, mit dem sich vor allem Neumann und Morgenstern [131], Knight [92], Albach [4], Bussmann [28], Egerton [49], Niehaus [260] und Gutenberg [235, S. 126 ff.] beschäftigten, wird durch das Informationssystem bis an die Grenzen des Möglichen gelöst. „Wir müssen davon ausgehen, daß eine ‚vollkommene Voraussicht', d. h. eine vollkommene und sichere Kenntnis des Zukünftigen, nicht möglich ist, da sie eine vollkommene Determiniertheit der zukünftigen Ereignisse annehmen müßte, was falsch wäre" [119, S. 323]. Auch wird eine Verbesserung des Informationsstandes [123] erreicht, der nach Mellerowicz ausschlaggebend für die Entscheidungsfindung ist. „Dies (die Verbesserung des Informationsstandes) scheint jedoch das zentrale Problem zu sein, ohne dessen Lösung in der Praxis keine besseren Entscheidungen zu erwarten sind..." [119, S. 323]. Das Management-Informationssystem stellt das verbindende Band zwischen den Einwirkungen des inneren und des äußeren Unternehmensgeschehens und der Unternehmensführung dar.

Ein weiterer Einfluß eines Informationssystems auf die unternehmerische Informationsfunktion liegt in der Stabilisierung des Informationsflusses, was auf die Unabhängigkeit der Informationsströme von der

Person der Führungskraft zurückzuführen ist. Dies wirkt sich vor allem vorteilhaft bei einer hohen Fluktuation und bei der sich immer weiter verbreitenden „job-rotation" aus. Bei der Einarbeitung einer neuen Führungskraft brauchen keine langen Einführungszeiten in Kauf genommen zu werden, da die Aufgabenstellung übersichtlicher und informierender dargelegt wird. Außerdem ist der Aufgabenvollzug in festen Bahnen vorgegeben. Für die Ausübung der Informationsfunktion ist weiterhin von Vorteil, daß durch das Management-Informationssystem eine „zentrale Informationsstelle" geschaffen wird; das Informationssystem konzentriert die Außennachrichten, erfaßt in bestimmter, festvorgegebener Form die Inneninformationen und trifft zwecks Unterrichtung der Gewinneinheiten die Informationsauswahl nach Top Management, Middle Management und Lower Management. Bei der Konzeption des Informationssystems muß jedoch dafür Sorge getragen werden, daß es über genügend Schlagkraft, Beweglichkeit und Respektierung verfügt.

3.217 Informationssystem und Führungstätigkeit insgesamt

Die Untersuchung der Einflüsse eines Management-Informationssystems auf die unternehmerischen Funktionen hat vornehmlich gezeigt, daß sie eine Förderung und Unterstützung erfahren.

Die Führungstätigkeit wird somit verbessert, indem sie intensiver und gezielter ausgeführt werden kann. Wahl führt hierzu aus: „Durch ein sinnvoll aufgebautes Management-Informationssystem wird die Informationsbasis für die Ausführung und das Management ganz erheblich vergrößert und verbessert. Sehr vieles, was zur Zeit im Unternehmen geschieht, ist nur den unmittelbar im Detailbereich wirkenden Personen bekannt und bewußt. Somit ist es für das Management informatorisch nicht auswertbar und auch nicht kontrollierbar. Das Management-Informationssystem erhöht den Organisationsgrad im Unternehmen und damit auch den Informationsgrad für das Management. Dadurch kann in weitem Umfange an die Stelle der improvisierten Führung die organisierte Führung treten" [278, S. 918].

Das Management-Informationssystem verändert die formale Ausführung der Führungstätigkeit. Während bislang Führung auf der Fähigkeit des Ordnens, Zusammenstellens, des Improvisierens, Rechnens und Schreibens basierte, beruht Führung mit einem Management-Informationssystem auf analytischem, logisch deduktivem und kreativem Denkvermögen. Routineführungsaufgaben fallen den Methoden und Praktiken des Informationssystems anheim. Führen wird zu dem, was es heißt: Voraussehen; hierbei ist jedoch zu bemerken, daß man trotz aller Informationen ohne Intuition nicht auskommt. Die verwaltende Führungstätigkeit wird zu einer gestaltenden Führungstätigkeit.

Das Management-Informationssystem bewirkt, daß die Führung auf die Unternehmenszielsetzung ausgerichtet wird. Heutzutage ist in den Unternehmen oft noch die Situation vorzufinden, daß mehrere „Führungen" vorhanden sind, d. h. nach dem Recht des Stärkeren versuchen verschiedene Führungskräfte, die Führungsgewalt an sich zu binden, so daß die Unternehmensführung zerrissen ist. Durch ein Informationssystem wird jedoch erreicht, daß eine uneinheitliche Führungstätigkeit zu einer zielgerichteten Führungstätigkeit wird.

Weiterhin hat ein Management-Informationssystem für die Führungstätigkeit zur Folge, daß durch seine gezielten und funktionalen Informationen ein Manager dazu angehalten wird, seine Führungsaktionen hinsichtlich Zweck und Sinn laufend zu überprüfen, um seiner Verantwortung gerecht zu werden. Einer gewissen Gleichgültigkeit in der Aufgabenerledigung wirkt das Informationssystem entgegen. Dieser Einfluß des Informationssystems gewinnt besonders im Middle Management und noch mehr im Lower Management an Bedeutung. Das Informationssystem bewirkt somit, daß eine „laissez-faire"-Führungstätigkeit zu einer Leistungsführungstätigkeit wird.

Ein Management-Informationssystem verleiht der Führungstätigkeit eine Gliederung in der Struktur und im Ablauf. Einerseits existieren klar voneinander abgegrenzte Sachbereiche mit zugeordneten Kompetenzen, andererseits verlaufen ausgehend von einer „zentralen Informationsquelle" funktionale Informationsströme strahlenförmig zu den Aufgabenbereichen. Damit erfährt aber die Führungstätigkeit eine Entwirrung in der Zuständigkeit für die einzelnen Arbeitsgebiete und in der Heranziehungsmöglichkeit des Verantwortlichen. Die Führungsorganisation gewinnt an Übersicht. Damit wird aber die oft festzustellende verflochtene Führungstätigkeit zu einer überschaubaren Führungstätigkeit.

Unternehmungen mit einem starken Mann an der Spitze werden oft noch nach dessen Gutdünken und „Fingerspitzengefühl" geführt. In Zukunft wird diese Führung nicht mehr zu vertreten sein, denn nur Unternehmen mit systematischer Führung mit einem Management-Informationssystem werden den immerwährenden Konkurrenzkampf überdauern. Das Informationssystem macht eine emotionale Führung zu einer rationalen Führung.

Der Faktor der Unsicherheit begleitet stets die Führungstätigkeit. Aber ein Informationssystem verbessert den Informationsgrad und den Informationsstand; es unterstützt also die Bemühungen, von einer vagen Führung zu einer sicheren Führung zu gelangen.

3.22 Das Informationssystem als aufgabenbezogenes Führungsmittel

Der Einsatz des Management-Informationssystems unter dem Aspekt des aufgabenbezogenen Führungsmittels läßt sich durch folgende Ausführungen darstellen: einmal in der Erörterung der angewandten Verfahren der Informationsgewinnung und zum anderen in dem Aufzeigen der Wirkungen auf die Führungsaufgaben. Die Eigenheiten und Anwendungsgrenzen der angewandten Verfahren lassen die Einsatzmöglichkeiten des Informationssystems hinsichtlich der Aufgabenbewältigung erkennen und zeigen damit die Grenzen des Informationssystems in der Anwendung. Die Wirkungen auf die Führungsaufgaben beinhalten die Handhabung der Führungsaufgaben der Praxis mit Hilfe des Informationssystems.

3.221 Verfahren der Informationsgewinnung und Grenzen der Anwendung

Mit der Erörterung der einzelnen Verfahren und Methoden der Informationsgewinnung soll hier nicht eine abgeschlossene Gesamtdarstellung der einzelnen Disziplinen erreicht werden, sondern nur deren Anwendungsmöglichkeiten und Wechselwirkungen auf ein Management-Informationssystem.

3.221.1 Statistische Methoden

Statistische Methoden dienen der Gewinnung von betrieblichen Kennzahlen bzw. -ziffern. Es würde zu weit führen, die Diskussion um die Begriffe Kennzahl versus Kennziffer aufzugreifen — ein Komplex, der in der Literatur[5] seinen Eingang gefunden hat. Bevor jedoch auf die Bildung betrieblicher Kennzahlen näher eingegangen wird, sind die Einteilungsmöglichkeiten der Kennzahlen kurz darzulegen.

Einmal kann das betriebliche Rechnungswesen die Einteilungskriterien für betriebliche Kennzahlen liefern, wodurch der „Ort des Ursprungs", der in den Kennzahlen ausgedrückten Werte zum Ausdruck kommt. Diese Auffassung vertritt Antoine und führt folgende Kennzahlen auf [8, S. 30]:

1. Bilanzkennzahlen,
2. Buchhaltungskennzahlen,
3. Kennzahlen aus der Aufwands-, Ertrags- und Kostenkontrolle,
4. Kennzahlen aus der Statistik.

[5] vgl. hierzu: A. Schnettler [158, S. 21], H. Antoine [8, S. 22], P. Nowak [137, S. 708/709], G. Schott [264, S. 563—573], R. Schulz [163, S. 141/142], K. Rößle [147, S. 233].

Für die Gliederung der betrieblichen Kennzahlen kann weiterhin die Leistung des Betriebes herangezogen werden. Diesen Weg beschreiten Schenk und Bouffier. Schenk [151, S. 4—6] unterscheidet zwei große Bereiche von Betriebskennzahlen:

1. Wirtschaftlichkeitskennzahlen, gebildet aus dem Verhältnis des Einsatzes zum Ergebnis,
2. Kennzahlen, die die finanzielle Sicherheit eines Unternehmens ausdrücken, wie beispielsweise Liquiditäts-Kennzahlen.

Nach Bouffier [211, S. 30—37] haben die Kennzahlen das Wirtschaften zum Inhalt:

1. Leistungskennzahlen (z. B. Absatz, Umsatz),
2. Wirtschaftlichkeitskennzahlen der Leistungserstellung,
3. Rentabilitätskennzahlen als Ergiebigkeitsmessung der Leistungserstellung,
4. Kennzahlen über Risiko (z. B. modische Fertigung / Gesamtfertigung).

Eine naheliegende Möglichkeit der Unterscheidung betrieblicher Kennzahlen ist die statistisch-methodische Gliederung der Verhältniszahlen. Gemeinhin werden die Verhältniszahlen unterschieden[6] nach Gliederzahlen, Beziehungszahlen und Meßzahlen. Gliederungszahlen werden durch ungleichrangige, Beziehungszahlen durch ungleichartige, aber gleichrangige Größen gebildet. Die Verwendung der Größen setzt eine zeitliche Identität voraus. Die Meßzahlen werden im Zähler wie im Nenner durch gleichartige, aber gleichrangige Größen ausgedrückt, wobei der zeitliche Unterschied als zusätzliches Merkmal berücksichtigt wird.

Ein weiteres Kriterium der Unterscheidung betrieblicher Kennzahlen ist die Trennung [187, S. 80; 65, S. 275] von Istkennzahl und Sollkennzahlen des Unternehmens. „Von Sollkennzahlen hat man immer dann zu sprechen, wenn Zähler und Nennergrößen aus irgendwelchen fiktiven Einheiten bestehen, die man anzustreben bemüht ist" [200, S. 50], während Istkennzahlen auf effektiven Geschäftsvorgängen beruhen, die bereits beendet sind.

Nowak [137, S. 709 ff.] zeigt eine weitere Unterscheidungsmöglichkeit auf:

1. Gesamtbetriebliche Kennzahlen, die zur Beurteilung des Unternehmens im ganzen dienen sollen wie beispielsweise Kennzahlen der Rentabilität, der Kosten, der Beschäftigung und der Kapitalverhältnisse, und
2. teilbetriebliche Kennzahlen, die die Beurteilung einzelner betrieblicher Tätigkeitsbereiche zulassen, wie z. B. Kennzahlen der Absatzwirtschaft oder der Beschaffung.

[6] vgl. hierzu: P. Flaskämper [55, S. 107], H. Kellerer [88, S. 70], J. Pfanzagl [141, S. 42].

Als letzte Unterscheidungsmöglichkeit sei die von Wissenbach angeführt [200, S. 66/67]; die Aufgaben der Betriebskennzahlen als Kriterium der Einteilung:

1. Betriebliche Übersichtskennzahlen, die dazu dienen, daß einerseits gegebene Tatbestände überschaubar und leicht faßbar dargestellt werden können und daß andererseits Vorstellungen eines Individuums über zukünftiges Geschehen im Unternehmen konkretisiert werden können (z. B. Plan-Kennzahlen);
2. betriebliche Kennzahlen zur Ausschaltung von Störfaktoren im Betriebs- oder Objektvergleich.

Eine Würdigung dieser Einteilungsmöglichkeiten soll hier nicht vorgenommen werden. Sie weisen jedoch auf die Vielfältigkeit von betrieblichen Kennzahlen hin; ein Management-Informationssystem bedient sich aller dieser Kennzahlen mit dem Vorteil der schnellen und verfahrensgleichen Erstellung.

Die Bildung der betrieblichen Kennzahlen erfolgt mit Hilfe der Anwendungsprogramme im Computersystem. Da aber die Programme vom Menschen konzipiert und programmiert werden, ist die Leistungsfähigkeit der Programme und damit eines Informationssystems letztlich von der menschlichen Schaffenskraft abhängig. Ein Computer kann schnell rechnen, eine Datenbank hält die Ausgangsdaten bereit — doch die Programme müssen vom Menschen entwickelt werden und können nur quantifizierte Daten verarbeiten, so daß die Verfahren der Bildung von Kennzahlen ein Problem der menschlichen Fähigkeit bleiben. In der Literatur sind allgemeingültige Ausführungen über die Erarbeitung von Kennzahlen nur im Ansatz zu finden. Lediglich Schulz und Antoine und Wissenbach sind zu nennen, die sich um diese Probleme bemüht haben, wobei zu bemerken ist, daß Wissenbach aus der Kritik heraus an den Ausführungen der beiden erstgenannten Autoren zu einem brauchbaren Ergebnis kommt.

Schulz [163, S. 148] führt als Grundsätze für die Ermittlung von Kennzahlen auf: Kennzahlen müssen so gebildet sein, wie das zu lösende Problem es verlangt; sie müssen den Grundsätzen der Logik entsprechen und sie müssen — sollen sie vergleichbar sein — nach einheitlichen Methoden aufgebaut sein. Antoine [8, S. 29/30] nennt „zehn Leitsätze für die Kennzahlenbildung", wobei die ersten fünf den Begriff, die Arten und Aufgaben der Kennzahlen beschreiben; als Begriffsklärungen können die weiteren vier angesehen werden, in denen definiert wird, was Sollwerte, Normwerte, Schlüsselzahlen und Repräsentativzahlen bedeuten. Im letzten „Leitsatz" widmet er sich einem Problem der Kennzahlenbildung, indem er schreibt: „Ein Kennzahlenschema bestimmt den Rahmen, in dem die gebräuchlichsten Betriebskennzahlen für die statistische Arbeitsplanung und für den täglichen Betriebsgebrauch zusammengestellt sind" [8, S. 20].

Wissenbach nennt als einzelne Problemkreise bei der Bildung betrieblicher Kennzahlen [200, S. 72—83]:

1. Quantifizierbarkeit und Relativierbarkeit als Voraussetzungen der Kennzahlenbildung,
2. die Fixierung der Ausgangsfrage,
3. die Auswahl der Kennzahl-Komponenten,
4. die Ermittlung von Zähler- und Nennergrößen als praktisches Problem.

Diese Grundsätze der Kennzahlenbildung können auf die elektronische Erarbeitung angewendet werden, kennzeichnen aber auch gleichzeitig die Grenzen der Anwendung.

„Quantifizierbar ist eine Erscheinung dann, wenn es gelingt, sie durch Angabe einer Anzahl von Elementen für eine Fragestellung hinreichend zu kennzeichnen. Die Erscheinung wird quantifiziert, indem man Einheiten definiert, diese erhebt und die Anzahl der Einheiten in einer Ziffer ausdrückt" [200, S. 73]. Ziffern können dann nach der automatischen Umwandlung in Binärform mit einem Computersystem verarbeitet werden. Auch ist aufgrund der Quantifizierbarkeit fast immer eine Relativierbarkeit möglich, da eine Gegenüberstellung der Beziehungsgröße einer früheren Periode so gut wie sicher ist.

Auch verlangt die computermäßige Ermittlung der Kennzahlen die Fixierung der Ausgangsfrage, d. h. sie muß klar und eindeutig hinsichtlich der in Frage kommenden Aufgabenstellung formuliert sein, daß anstehende Fragen ganz oder fast ausschließlich mit Hilfe der Kennzahlen beantwortet werden können.

Die Auswahl der Kennzahl-Komponenten bezieht sich auf die gedankliche Konstruktion, welche Zähler- und Nennergrößen sinnvoll in Relation hinsichtlich der Aufgabenstellung gesetzt werden kann. Diese Gedankenarbeit muß sich immer an dem jeweiligen Zweck der Kennzahl orientieren.

Die Ermittlung von Zähler- und Nennergrößen als praktisches Problem befaßt sich mit der physischen Erfassung der konzipierten Größen. Hier bietet sich die Datenbank mit all ihren Vorteilen an. Bei der Konzeption der Anwendungsprogramme und bei der Auslegung der Datenbank müssen jedoch diese Probleme der Kennzahlenbildung schon berücksichtigt werden.

3.221.2 Methoden der Voraussage

Ebenso wie die statistischen Methoden bauen die Methoden der Voraussage auf der Quantifizierbarkeit der Erscheinungen auf. Um einen Überblick über die Methoden der Voraussage zu gewinnen, sei hier auf die Arbeit von Weiskam verwiesen. Der Autor führt folgende Methoden auf [192, S. 38—72]:

1. Reine Verfahren,
2. Direkte Kombinationsformen,
3. Indirekte Kombinationsformen,
4. Multiple Kombinationsformen.

Zu den Reinen Verfahren zählen die Trendrechnung, Befragungen und reine Schätzungen.

„In der Praxis wird häufig das Verfahren der einfachen Extrapolation der Vergangenheit, also die Annahme eines Trends angewendet. Der Verlauf der vergangenen Daten wird untersucht und aus diesem Verlauf graphisch oder mit Hilfe der Methode kleinster Quadrate eine Entwicklungsgrundrichtung bestimmt. Diese Grundrichtung wird in die Zukunft projiziert" [192, S. 39]. Diese eigentliche rechnerische Ermittlung kann mit einem Computersystem durchgeführt werden und kommt einer Hochrechnung gleich. Schwieriger ist es, die dem Trendtyp entsprechende Gleichungsform zu ermitteln. Hierfür haben Croxton und Cowden folgende Grundregeln aufgestellt [38, S. 338 ff.]:

1. Bevor Rechenoperationen durchgeführt werden, sind die Daten graphisch aufzuzeichnen, und zwar auf arithmetischem, halblogarithmischem oder anderem mathematisch-statistischem Zeichenpapier.
2. Aufgrund dieser Darstellung müssen Mathematiker eine Gleichungsform finden, die den Graph der Daten in der Zeit angemessen wiedergibt.
3. Bei der Erkennung bedarf es des Verständnisses der wirtschaftlichen Einflußgrößen, um zyklische Schwankungen gesondert auszuschalten.
4. Der Trend muß logisch-wirtschaftlich erklärbar sein, um Eigenarten der Kurve (z. B. Erreichung des Sättigungsgrades) vorauszusehen.

Die Anwendungsmöglichkeit der Trendrechung sind im Einzelfall zu entscheiden. Als vorteilhaft sind zu nennen [192, S. 39/40]: die relativ einfache Handhabung, die objektive Messung gegenüber Schätzungen und die Gewißheit, daß die Voraussagen sich zumindest nicht außerhalb der Grenzen halten, die in der Vergangenheit eingehalten worden sind. Als Nachteil müssen die Wiederholung vergangener Entwicklungsverläufe, die Nichterfassung der Ursachen, die Nichtberücksichtigung der Interdependenzen wirtschaftlicher Größen, die Nichterkennung eines wirtschaftlichen Umschwungs und die beschränkte Anwendung bei Verläufen mit zyklischen Schwankungen aufgeführt werden.

Die Methoden der Befragungen liegen außerhalb des Einflußbereichs eines Management-Informationssystems und brauchen in diesem Zusammenhang nicht erörtert zu werden. Auch die Methoden der reinen Schätzung liegen im Bereich menschlichen Ermessens und können nicht als

Methoden der Voraussage im Rahmen eines Informationssystems gesehen werden.

Die Verfahren der direkten Kombinationsformen „bestimmen ohne Umweg das den Betrieb interessierende Ereignis vorher" [192, S. 53] und bauen auf den Grundfaktoren der Prognose auf [192, S. 25—38]: die Methode der kleinsten Quadrate, Elimination zyklischer Schwankungen mit Hilfe Saison- und Konjunkturindices, Regressionsrechung und ökonometrischen Modellen wie Regressionsmodelle und Maximum-Likelihood-Modelle. „Bei den direkten oder indirekten Kombinationsformen kommt es darauf an, daß stets Grundfaktoren die Bestandteile der Kombinationen bilden. Hinzugezogen wird höchstens noch ein reines Verfahren. Zu unterscheiden sind hiervon die später behandelten multiplen Kombinationsformen. Dort bilden nicht Grundfaktoren, sondern die eigentlichen Methoden selbst die Hauptbestandteile der Kombination" [192, S. 53].

Als Verfahren der direkten Kombinationsformen nennt Weiskam [192, S. 54/55] die Trend-Saison-Methode und die Methode der Wirtschaftsrhythmen.

Die Trend-Saison-Methode berücksichtigt die kurzfristigen Schwankungen, bedingt durch die Eigenart der betrieblichen Tätigkeit. „Monatspläne dürfen mögliche saisonale Schwankungen nicht außer acht lassen, sollen Lagerhaltung und Produktion, Absatzbudget und Absatzkontrolle wirkungsvoll aufgebaut werden" [192, S. 54]. Neben den rhythmischen Schwankungen müssen auch die Tendenzen der Grundentwicklung erfaßt werden. „Die saisonalen Schwankungen sind durch eine Trendprojektion zu ergänzen" [192, S. 54]. Nach Mellerowicz gilt auch die Annahme gleichbleibender Verhältnisse [118, S. 79] als eine Trendermittlung — als eine Ermittlung eines linearen Trends mit der Steigung Null. Weiskam führt folgende Schritte an, wie die Trend-Saison-Methode praktiziert werden kann [192, S. 54]:

„1. Ermittlung der Grundrichtung der Bewegung, des Trends;
2. Ermittlung der saisonalen Monats- oder Quartals-Indices;
3. Projektion des Trends in die Zukunft;
4. Berichtigung der Trendprojektion durch die Saison-Indices."

Ein Beispiel hierzu rechnen Croxton und Cowden durch [38, S. 345 ff.].

Die Trend-Saison-Methode zeigt im Grunde jedoch die gleichen Nachteile wie die reine Trendrechnung. Außerdem sind die Voraussagen nur dann zuverlässig, wenn keine Konjunkturschwankungen auftreten.

Im Gegensatz hierzu berücksichtigt die Methode der Wirtschaftsrhythmen über den Trend und die saisonalen Schwankungen hinaus auch noch den Einfluß konjunktureller Veränderungen. Folgende Stufen der Durchführung müssen durchlaufen werden [192, S. 55/56]:

„1. Ermittlung der Grundrichtung der Bewegung,
2. Ermittlung von Saison-Indices,
3. Ermittlung von Konjunkturindices,
4. Projektion des Trends in die Zukunft,
5. Multiplikation der Trendwerte mit Konjunkturindices,
6. Berichtigung der konjunkturellen Trendwerte durch Saisonindices“ [192, S. 56].

Auch hierzu wird ein Beispiel von Weiskam durchgerechnet [192, S. 56]. Abgesehen von den Vor- und Nachteilen der Trend-Saison-Methode, die auch das Verfahren der Wirtschaftsrhythmen betreffen, weist das letztere Verfahren in der vorliegenden Form einen außerordentlich schwerwiegenden Nachteil auf [192, S. 57]: Durch die Verwendung eines in der Vergangenheit ermittelten Konjunkturindex für die Voraussage wird implizit unterstellt, daß der Konjunkturzyklus in unveränderter Form wieder auftritt, was gerade von konjunkturellen Bewegungen am wenigsten angenommen werden darf. Verbessert wird die Methode der Wirtschaftsrhythmen, wenn Konjunkturindices von den in die Zukunft projizierten wirtschaftlichen Größen abgeleitet werden, die den Konjunkturverlauf ausreichend kennzeichnen.

Als weitere Gruppe der Methoden der Voraussage sind die Verfahren der indirekten Kombinationsformen zu nennen, die aus den Analogie-Verfahren, Assoziations-Verfahren und Indikator-Verfahren gebildet werden [192, S. 57 ff.].

Mellerowicz schreibt zu den Analogieverfahren: „Analogieschätzung bedeutet, daß die Ergebnisse der Vorausbestimmung in einem Bereich auf einen anderen Bereich, der sich entsprechend abwickelt, übertragen werden“ [118, S. 82]. Grundsätzlich sind für die Ermittlung der Voraussagedaten mit Hilfe der Analogie-Methode zwei Formen zu unterscheiden [192, S. 58]: die Trend-Korrelationsrechnung ohne und mit zeitlicher Verzögerung. Die Trend-Korrelationsrechnung wird dort angewendet, wo es problematisch ist, die das Unternehmen interessierenden Größen in ihrer weiteren Entwicklung direkt vorherzubestimmen, wobei diese Größen in statistisch gesicherte Korrelation mit anderen Größen auftreten und hierfür Berechnungen vorhanden sind. Ein logischer Kausalzusammenhang braucht also nicht zu bestehen. Die Trend-Korrelationsmethode geht in folgenden Schritten vor:

„1. Chronologische Ordnung vergangener Umsätze.
2. Prüfen des zeitlichen Verlaufs volkswirtschaftlicher Größen auf etwaige Parallelitäten mit dem Verlauf vergangener Umsätze. Dies geschieht zunächst durch grafischen Vergleich des Zeitverlaufs von Umsatz und einer Reihe volkswirtschaftlicher Daten.

3. Prüfen und Übernahme einer Projektion der Entwicklung der volkswirtschaftlichen Größe mit Hilfe der Trendrechnung.
4. Sichern des Zusammenhanges zwischen Umsatz und volkswirtschaftlicher Größe mit Hilfe der Regressionsrechnung.
5. Ableitung der voraussichtlichen Umsätze über die Regressionsgleichung" [192, S. 58].

Auch hier sind als Vorteile [192, S. 59] leichte Durchführbarkeit, objektive Messung und Einhaltung in der Vergangenheit erreichter Grenzen zu nennen, denen als Nachteile die Wiederholung vergangener Abläufe, kein Erfassen ursächlicher Einflüsse und das Nichterkennen der wechselseitigen Beziehungen zwischen den Größen gegenüberstehen.

Beim Trend-Korrelationsverfahren mit zeitlicher Verzögerung „geht der Betrieb von der Beobachtung aus, daß das ihn direkt interessierende Merkmal ständig gleichmäßig hinter der Entwicklung eines anderen Merkmals einherläuft" [S. 192, S. 59]. Bei diesen Verfahren ist darauf zu achten, daß das zeitliche Auseinander der leitenden gesamtwirtschaftlichen Größe zur eigentlich interessierenden Größe statistisch zu sichern ist, so daß der Zusammenhang beider Wertpaare mit Hilfe der Korrelationsrechnung gemessen werden kann. Die Vorgehensweise ist dann die:

„1. Chronologische Ordnung der vergangenen Umsätze und Ausdrücken deren Verlaufs durch Umsatzindices.
2. Suchen einer zeitlichen führenden gesamtwirtschaftlichen Größe und Ausdrücken des Verlaufs dieser Größe durch Indices.
3. Sichern des statistischen Zusammenhangs zwischen abhängigem Index und Leitindex durch Korrelationsrechnung.
4. Projektion des abhängigen Index über die Korrelation" [192, S. 60].

Trotz der zunächst erscheinenden Einfachheit dieser Methode bestehen folgende Mängel [127, S. 113]: Der einherlaufende Leitindex unterliegt Schwankungen, so daß immer nur ungefähre Voraussagen möglich sind; die konjunkturellen Einflüsse auf den Leitindex sind nur schwer zu erkennen, und zufallsbedingte Schwankungen können von einem Unternehmen überhaupt nicht erkannt werden. Eine Verbesserung hierzu schlägt Moore[7] vor, indem mit Hilfe eines sog. Diffusions-Index angegeben werden kann, wieviel Prozent einer vorgegebenen Anzahl von Zeitreihen wirtschaftlicher Größen in einem bestimmten Zeitpunkt einer Veränderung unterliegen. Dazu ist jedoch vorauszusetzen, daß sich öffentliche Institutionen mit der Ermittlung solcher Maßstäbe der Konjunktursituation befassen, was an einer anderen Stelle schon einmal erwähnt worden ist.

[7] zitiert nach J. Weiskam [192], G. H. Moore, Leading and Confirming Indicators of General Business-Change, S. 74.

Das Assoziations-Verfahren [118, S. 84] dagegen geht von einem statistischen gesicherten ursächlichen Zusammenhang zwischen zwei Größen aus. Es wird eine Größe gesucht, die unmittelbar in Wechselwirkung mit der interessierenden Größe steht. „Soll z. B. das künftige Absatzvolumen privater Fernsprechanlagen vorausbestimmt werden, so kann von der Entwicklung der Zahl von Neueinrichtungen ausgegangen werden, über die die Post mit ihr zusammenarbeitenden Firmen Auskunft gibt" [192, S. 62], so daß ein Koeffizient für den Produktionsanteil eines Unternehmens gefunden werden kann. Die allgemeine Vorgehensweise dieses Verfahrens ist folgende:

„1. Suchen einer Einflußgröße, welche die Entwicklung der direkt interessierenden Größe logisch-ursächlich bestimmt.
2. Messen der Korrelation.
3. Vorausschätzen des Verlaufs der erklärenden Variablen.
4. Bestimmung der Entwicklung der direkt interessierenden Variablen über die Regressionsgleichung" [192, S. 63].

Die Verfahrensschritte gleichen optisch denen der Trend-Korrelations-Methode. Inhaltlich besteht jedoch der Unterschied, daß das Assoziations-Verfahren den logisch-kausalen Zusammenhang berücksichtigt. Neben diesem entscheidenden Vorteil müssen als Nachteile [192, S. 64] aufgeführt werden: Die ein Unternehmen interessierende Größe wird in den seltensten Fällen nur von einem Faktor beeinflußt, und es wird zwar der ursächliche Einfluß, jedoch nicht die eigentliche Ursache erkannt.

Indikatorverfahren berücksichtigen wiederum die ursächlichen Einwirkungen mehrerer Kräfte, so daß sie in ihrer Bedeutung über die Assoziations-Verfahren hinausgehen [118, S. 85]. Zu unterscheiden sind zwei Arten [192, S. 64]: das einfache Indikatorverfahren und die Indikator-Modelle.

„Das einfache Indikatorverfahren geht von dem statistisch gesicherten Zusammenhang zwischen einer zu erklärenden und mehreren erklärenden Größen aus" [192, S. 64]. Die Schritte dieses Verfahrens sind:

„1. Suchen mehrerer Größen, welche die direkt interessierende Größe beeinflussen.
2. Feststellen einer multiplen Korrelation.
3. Vorausschätzen der Entwicklung der erklärenden Variablen.
4. Bestimmung der Entwicklung der direkt interessierenden Variablen über die multiple Regressionsgleichung" [192, S. 65].

Rein formal gleichen die Schritte denen des Assoziations-Verfahrens, wobei inhaltlich dagegen der Vorteil besteht, daß mehrere Einflußgrößen berücksichtigt werden.

„Das einfache Indikator-Verfahren berücksichtigt zwar ursächliche Zusammenhänge zwischen direkt interessierender und mehreren erklärenden Größen, nicht aber die Ursachen der Entwicklung dieser erklärenden Variablen. Diesen Nachteil suchen Indikator-Modelle zu vermeiden" [192, S. 66]. Dieses Verfahren stellt somit eine Kombination von Modelltechnik (systematische Beziehungen mehrerer Gleichungen) und anderen Verfahren der Voraussage dar; die einzelnen Schritte sind dann diese [192, S. 67]:

1. Aufstellen eines theoretischen Gleichungssystems, das einerseits die Beziehung zwischen der direkt interessierenden betrieblichen Veränderlichen und den beeinflussenden Größen und andererseits die Beziehung zwischen den direkt erklärenden Variablen und deren beeinflussenden Größen feststellt.
2. Sichern dieser Beziehungen aufgrund statistischer Zeitreihen oder Querschnittsanalysen mit Hilfe der Korrelationsrechnung.
3. Schätzung der Entwicklung der direkt und indirekt erklärenden Variablen im voraus.
4. Festlegen der zukünftigen Größe der eigentlich interessierenden Veränderlichen.

Weiskam schreibt zu diesem Verfahren: „Das Wesen der Indikator-Modelle liegt also darin, daß die eigentlich entscheidende Beziehung zwischen betrieblichen Veränderlichen und den direkt erklärenden Variablen nicht sofort als Grundlage der Prognose verwendet wird. Erst ist die Entwicklung der indirekt erklärenden Größen zu messen" [192, S. 67/68]. Diese Methode weist gegenüber den anderen Verfahren die Vorteile [192, S. 69] auf, daß in starkem Maße ursächliche Zusammenhänge berücksichtigt werden, daß die Parameter in der Regel konstanter als einfache Trendkoeffizienten sind und daß alternative Vorausschätzungen angestellt werden können. Demgegenüber bestehen die Nachteile, daß die Bestimmung der Gleichungen, des Modells und des Lösungsweges schwierig ist, daß das Modell stabil bleiben muß und daß durch die Anwendung der Trendrechnung alle deren Nachteile mit übernommen werden.

Als letzte Gruppe der Verfahren der Voraussage nennt Weiskam die multiplen Kombinationsformen, die in dem Bemühen, die Genauigkeit der Vorausschätzungen zu erhöhen, mehrere der aufgezeigten Verfahren koppeln. Grundsätzlich sind hierbei zwei Fälle zu unterscheiden:

„1. Bei den einzelnen mathematisch-statistischen Verfahren werden die Beziehungen zwischen erklärenden und zu erklärenden Variablen durch verschiedene Funktionsformen ausgedrückt.
2. Es werden mehrere Verfahren angewendet" [192, S. 70].

Abschließend sei bemerkt, daß „im konkreten Fall individuell zu prüfen" [266, S. 696] ist, welche Methode oder welche Kombination der Methoden anwendet werden kann. Nach Arbeitsunterlagen der Hohen Be-

hörde, Luxemburg [192, S. 73], können als objektive Maßstäbe zur Beurteilung des Einzelfalls angesehen werden:
1. die ökonomische Interpretierbarkeit,
2. die Güte der erzielten Annäherung,
3. die Zuverlässigkeit der geschätzten Koeffizienten,
4. die Ergebnisse der Projektion.

3.221.3 Verfahren der Mathematischen Entscheidungsforschung

Mit dem Ausdruck „Mathematische Entscheidungsforschung" ist der Problemkreis des Operations Research gemeint. Wenn auch in der Literatur der Begriff „Unternehmensforschung" überwiegend als Übersetzung von Operations Research gebraucht wird, trifft die Begriffsbildung „Mathematische Entscheidungsforschung" nach Auffassung des Verfassers viel ausdrucksvoller den Kern und das Wesen von Operations Research. Diese Auffassung stützt sich auf die Definition von Operations Research nach Churchman-Ackoff-Arnoff, die aufgrund der Durchsicht der Literatur als die beste anzusehen ist: „O. R. (Operations Research, d. Verf.) is the application of scientific methods, techniques, and tools to problems involving the operations of a system so as to provide those in control of the system with optimum solutions to the problems" [35, S. 18]. In Anlehnung an die „American Management Association" kann diese Begriffsdefinition so übersetzt werden: Operations Research (unübersetzt, d. Verf.) umfaßt wissenschaftliche Methoden, Verfahren und Hilfsmittel, „die der Unternehmensleitung für ihre Entscheidungen eine bessere Grundlage bieten, indem sie die umfassenden Auswirkungen der verschiedenen alternativen Möglichkeiten für das Unternehmen zu erkennen" [6, S. 19] suchen. Andere Definitionen — es gibt fast ebenso viele wie Autoren[8] — versuchen den Problemkreis des Operations Research mehr oder weniger zu umschreiben, als Disziplin zur Erkennung und Analyse gewisser Vorgänge und Zustände mit Hilfe der Mathematik, wie sie bei tätigen Beziehungen in Mensch-Maschinen-Systemen im weitesten Sinne auftreten. Känel stellt in seinem Werk fest: „Eine objektive und allseits anerkannte Definition des Begriffs von Operations Research liegt bis heute aber nicht vor" [87, S. 17].

Die Arbeitsweise der Mathematischen Entscheidungsforschung unterliegt einer vorgegebenen Systematik, so daß von einzelnen Phasen im Arbeitsablauf gesprochen werden kann. Zu unterscheiden sind folgende Arbeitsschritte bei der Lösung eines Problems [34, S. 22 ff.]:

[8] vgl. hierzu: R. Faure / J. P. Boss / A. Le Garff [52], H. H. Böhm [19], A. Angermann [7], E. Kulhavy [98].

1. Formulierung des Problems
In dieser Arbeitsphase werden die technischen und wirtschaftlichen Gegebenheiten des Problems untersucht. Nach der Analyse der Eigenheiten erfolgt deren Systematisierung, so daß letztlich alle Zusammenhänge erkannt sind, um eine genaue Formulierung des anstehenden Problems vorzunehmen.
2. Aufstellung einer problemrelevanten Zielfunktion unter Zugrundelegung der Unternehmensziele
Ebenso wie alle Führungsaufgaben hinsichtlich des Unternehmensgesamtzieles ausgerichtet werden müssen, bedarf es bei der Informationsgewinnung auch einer Zielfunktion, die relevant ist für das einzelne Problem. Dabei ist jedoch zu berücksichtigen, daß die problemrelevante Zielfunktion im Rahmen der Zielsetzung des Unternehmens sich bewegt.
3. Erkennung möglicher Handlungsalternativen
Mit der Feststellung des Problems ist die Erkennung der Handlungsmöglichkeiten unumgänglich. „Ganz allgemein ausgedrückt, besteht das Problem der Untersuchung darin, festzustellen, welche Vorgangsweise im Hinblick auf eine Gruppe von Zielen am wirksamsten ist" [34, S. 22]. Auch sind bei der Erkennung der Handlungsalternativen die Motivationen der Handlungen festzuhalten, die ja im weiteren Ablauf der Arbeitsschritte nicht mehr zu erkennen sind.
4. Entwurf einer Modell-Konstruktion
Der Entwurf einer Modell-Konstruktion beinhaltet das Herausfinden eines mathematischen Modells. Ein Modell ist die problemorientierte Abbildung der Wirklichkeit, die die wesentlichen Komponenten und Faktoren des Problems kenntlich macht. In dieser Arbeitsphase werden reale bzw. verbale Sachverhalte in ein formalisiertes System transformiert, das die Wirklichkeit des untersuchten Problems als Funktion einer Reihe von Veränderlichen darstellt.
Die allgemeine Form eines Modells der Mathematischen Entscheidungsforschung läßt sich in folgender Gleichung wiedergeben [34, S. 22]:
$$E = f(x_i, y_j),$$
wobei E die Wirksamkeit des Systems bedeutet, x_i die beeinflußbaren Veränderlichen und y_j die nicht beeinflußbaren Veränderlichen. Einschränkungen der Werte können durch weitere Gleichungen bzw. Ungleichungen vorgenommen werden.
5. Untersuchung des Modells auf seine Lösbarkeit
Dieser Arbeitsphase kommt dadurch eine gewisse Bedeutung zu, daß sie eine Zwischenbetrachtung im Hinblick auf die Lösbarkeit anstellt.

Durch umfangreiche Gleichungen und Ungleichungen wird oft der Komplexität eines Problems Rechnung getragen, so daß eine generelle Überprüfung der Lösbarkeit notwendig wird.

6. Ermittlung des Datenmaterials
Ist die formale Lösbarkeit eines Problems gesichert, ergibt sich zwangsläufig die Ermittlung des praktischen Datenmaterials. Die Schwierigkeit besteht hierbei, daß die repräsentativen Zahlen für die einzelnen Ereignisse gefunden werden. Oft sind sogar Gutachten und Infraforschungen notwendig, um die richtigen Daten zu erhalten.
7. Ableitung einer Lösung aus dem Modell
„Im wesentlichen gibt es zwei Methoden, um aus einem Modell eine Optimallösung (oder die Annäherung an eine solche) abzuleiten: die analytische und die numerische" [34, S. 22]. Wegen der Bedeutung dieser Arbeitsphase werden im Anschluß an die Darstellung der Arbeitsweise der Mathematischen Entscheidungsforschung deren Methoden gesondert behandelt.
8. Überprüfung des Modells und der Lösung
Ein Modell kann immer nur ein unvollkommenes Abbild der Wirklichkeit sein. Deshalb muß seine Angemessenheit überprüft werden. „Seine Angemessenheit läßt sich überprüfen, indem man nachprüft, wie genau es die Auswirkungen derartiger Veränderungen vorherzubestimmen vermag" [34, S. 22].
9. Überwachung und Anpassung der Lösung
Eine Lösung behält nur so lange ihre Gültigkeit, als die Voraussetzungen gleichgeblieben sind. Eine Lösung wird somit unbrauchbar, wenn sich Werte und/oder Beziehungen der Parameter ändern. „Die Bedeutung dieser Veränderung hängt davon ab, wie stark die Lösung unter den veränderten Bedingungen von dem wirklichen Optimum abweicht, sowie von den Kosten, die eine Änderung der bereits in Wirklichkeit umgesetzten Lösung mit sich bringen würde" [34, S. 23].
10. Verwirklichung der Lösung
Die überprüfte Lösung eines Problems muß letztlich in das Informationssystem eingebaut werden. Dazu wird in der Regel eine Reihe von Organisationsarbeiten anfallen, damit die Handhabung der Informationen von den verantwortlichen Mitarbeitern verstanden und angewendet werden kann.

Die Methoden der Mathematischen Entscheidungsforschung beschreibt ganz ausführlich und systematisch Müller-Merbach in seiner jüngsten Veröffentlichung [129]. Damit dürfte es dem Autor gelungen sein, bis zum gegenwärtigen Stand der Forschung auf dem Gebiet der Mathematischen Entscheidungsforschung vorzudringen. Als anwendbare Methoden führt er auf [129, S. 26—431]:

1. Lineare Gleichungssysteme; als Lösungen sind hier grundsätzlich die Einsetz- und Eliminationsmethode zu nennen.
2. Differentialrechnung;
3. Lineare Planungsrechnung; in diesem Abschnitt behandelt der Autor die Simplex-Methode mit all ihren Weiterungen.
4. Nichtlineare Planungsrechnung; damit sind die Suchverfahren zur Lösung unimodularer Probleme, deren Erweiterungsverfahren und die „Black Box"-Methode gemeint;
5. Matrizen und Vektoren;
6. Graphentheorie; die Theorie der Graphen als Teilgebiet der mathematischen Topologie umfaßt als Anwendungen die Netzplantechnik, den Gozinto-Graph und das Transportproblem und seine Sonderprobleme;
7. Kombinatorik;
8. Heuristische Verfahren;
9. Entscheidungsbaumverfahren; unter diesem Oberbegriff sind die dynamische Planungsrechnung, das „Branching and Bounding"-Verfahren und die begrenzte Enumeration zusammengefaßt.
10. die ganzzahlige Planungsrechnung;
11. Wahrscheinlichkeitstheorie; als Grundlagen der Lösungsmöglichkeiten sind hier die Wahrscheinlichkeitsverteilungen wie Gleichverteilung, Binomialverteilung, Poisson-Verteilung, Exponentialverteilung und Normalverteilung sowie die Erwartungswerte, die stochastische Planungsrechnung, die Warteschlangentheorie und die Markov-Ketten zu nennen;
12. Statistik (insbesondere Prognoserechnung); als angewandte Verfahren sind hier die Regressionsanalyse, Approximation durch lineare Planungsrechnung, Trendrechnung und Exponential Smoothing (exponentielle Glättung) anzuführen; Müller-Merbach schränkt allerdings diese Zuordnung zu den Methoden der Operations Research dahingehend ein, daß die Methoden der Statistik „lediglich dem Erkennen quantitativer Zusammenhänge" [129, S. 400] dienen und bedeutend für die Beschaffung des Datenmaterials sind. Somit entsteht keine Überschneidung mit dem vorangehenden Abschnitt über Methoden der Voraussage;
13. Simulation;
14. Spieltheorie.

Müller-Merbach hat sich weiterhin die Mühe gemacht, am Ende jeder Methodenbeschreibung die zugehörige Literatur zusammenzustellen, so daß der interessierte Leser dahin verwiesen werden kann, zumal es nicht der Zweck ist, im Rahmen dieser Arbeit die Methoden der Mathematischen Entscheidensforschung eingehend zu erörtern.

Als Anwendungsbereiche der Mathematischen Entscheidungsforschung können genannt werden[9]:

1. Lagerhaltungsbereich,
2. Investitions- und Finanzierungsbereich (Ersatzproblem),
3. Absatzbereich (Transportprobleme, Konkurrenzspiele),
4. Produktionsbereich (Ablaufplanung),
5. Beschaffungsbereich,
6. Personalbereich (Personaleinsatzprobleme),
7. Steuerwesen (Minimierung der Erbschaftsteuer, der Einkommen- bzw. Körperschaftsteuer).

Im Zusammenhang mit der Darstellung der Methoden der Mathematischen Entscheidungsforschung ist noch auf eines hinzuweisen: die Bedeutung der elektronischen Datenverarbeitungsanlagen für die Anwendung der Methoden. Ein Computersystem birgt wie kein anderes Organisationshilfsmittel große Vorteile für die praktische Handhabung der Methoden in sich:

1. große Rechengeschwindigkeit,
2. Verarbeitung beliebig großer Datenmengen,
3. ausreichende Speicherkapazitäten für Daten und Modelle,
4. beliebig oft wiederholbare Arbeitsdurchläufe,
5. schnell arbeitende Datenein- / -ausgabeeinheiten,
6. einmalige Dateneingabe und Auswertungsmöglichkeiten je nach Verwendungszweck,
7. Programmierbarkeit von logischen Entscheidungen.

Beispiele für die enge Bindung der Mathematischen Entscheidungsforschung mit elektronischen Datenverarbeitungsanlagen zeigen Walther [279, S. 146—157] und Müller-Merbach [259, S. 211—217] in ihren Veröffentlichungen.

Wenn sich jemand mit dem aktiven Einsatz der Methoden und Modelle der Mathematischen Entscheidungsforschung in der Praxis befaßt, sind Kenntnisse des Programmierens und des Zeitschätzens der elektronischen Verarbeitung unerläßlich, d. h. einmal sollte er wenigstens eine der problemorientierten Programmiersprachen ALGOL, COBOL, FORTRAN oder PL/1 und die maschinenorientierte Programmsprache Assembler beherrschen, und zum zweiten sollte er die Dauer eines Arbeitsdurchlaufs mit dem Computersystem schätzen können. Hierzu ist notwendig, daß der betreffende ein Zeitdenken für die auszuführenden Rechenoperationen, für anfallende Nebenoperationen wie Vergleichen, Ketten (Chaining), Zwischenspeichern, Adreß- und Indexrechnungen, für die Zugriffszeiten zu

[9] vgl. hierzu: M. Sasieni / A. Yaspan / L. Friedmann [150, S. 74—274], C. W. Churchmann / R. L. Ackoff / E. L. Arnoff [34, S. 189—526], H. Müller-Merbach [129, S. 452—462].

Datenfeldern in Abhängigkeit von der Datenorganisation und für Arbeitsgeschwindigkeiten der peripheren Einheiten entwickelt.

Der Mathematischen Entscheidungsforschung sind jedoch in ihrer Anwendbarkeit Grenzen gesetzt:

1. Die Modellstruktur entspricht nicht der Wirklichkeit,
2. trotz der Modellkonstruktion kann oft aufgrund der Komplexität des Problems kein Lösungsweg gefunden werden,
3. der Rechenaufwand kann trotz des Einsatzes von Computersystemen zu umfangreich sein,
4. durch die Zuordnung von Zahlenwerten für Ereignisse verliert eine Aussage an Wirklichkeitsnähe,
5. schwere Verständlichkeit des Modells infolge unübersichtlicher Verflechtungen der Parameter.

So ist der Anteil der Mathematischen Entscheidensforschung an den angewandten Verfahren der Gewinnung von Informationen und somit der Unternehmensführung heute noch sehr gering. Mellerowicz[10] führte hierzu aus, daß nach seinen Erfahrungen aufgrund mehrerer Unterredungen mit führenden Vertretern der deutschen Wirtschaft der Anteil der Mathematischen Entscheidungsforschung, gemessen in Zeit und Geld, nicht einmal 5% übersteigt, eher noch kleiner ist. Trotzdem hat diese neue Disziplin als „Anwendung von mathematischen Methoden zur Vorbereitung optimaler Entscheidungen" [129, S. 1] eine Existenzberechtigung. Sie muß nur „in Grenzen" und nicht mechanisch angewendet werden, d. h. nur dort, wo sie angebracht ist. Wenn heutzutage von der Fehleinschätzung der Mathematischen Entscheidungsforschung die Rede ist, sollte man besser von Fehlanwendung sprechen. Die Aussagen der mathematischen Modelle sind stets modellbezogen und lassen Risiken der Entscheidung nicht offensichtlich werden. Die Methoden können in ihrer Anwendung nur so gut sein wie die aufgestellten Prämissen; davon hängt alles ab. Die Mathematische Entscheidungsforschung ist noch eine sehr junge Disziplin, die sich bemüht, die Kenntnisse verschiedener Experten — Mathematiker, Betriebswirte, Ingenieure, Statistiker, Soziologen — zu verwerten. Dadurch wird erreicht, daß die Entscheidungsstruktur erkannt wird; dies wiederum führt zu einer Verlagerung von den bisherigen Steuerungsaufgaben der Unternehmensführung zu Gestaltungsaufgaben. Die neue Disziplin umfaßt Methoden, die ausschließlich Zahlenmaterial liefern; der Mensch und seine Urteilskraft werden jedoch nie zu ersetzen sein.

[10] Dies stellte Mellerowicz in Gesprächen mit führenden Unternehmern auf einer internationalen Tagung 1970 fest.

3.222 Wirkungen auf die Durchführung der Führungsaufgaben

Wie in den Ausführungen über die Management-Aufgaben bereits aufgezeigt, bedingen Management-Informationssysteme einen dreistufigen Komplex von Führungsaufgaben: taktische, strategische und unternehmenspolitische. Die Wirkungen eines Informationssystems auf die Durchführung dieser Führungsaufgaben sollen nun im einzelnen untersucht werden. Hierzu muß allerdings erwähnt werden, daß eine kategorische Zuordnung der einzelnen Führungsaufgaben zu einer der drei Gruppen nicht möglich ist. Einerseits liegt dies in der Überschneidung der Management-Ebenen, wobei jeder von ihnen ein Komplex der Aufgaben zugeordnet ist, andererseits bringt die Praxis unternehmensspezifische Einteilungen der Führungsaufgaben mit sich. Die Systematisierung der einzelnen Aufgaben in taktische, strategische und unternehmenspolitische erfolgt für die Darstellung nach den überwiegenden Wesenszügen ihrer Zugehörigkeit zur jeweiligen Führungsaufgabe. Auch kann mit dieser Untersuchung keine Vollständigkeit in der Aufzählung der einzelnen Führungsaufgaben erreicht werden. Führungsaufgaben entstehen aus einer Situation heraus; sie sind somit nicht zu standardisieren.

So gesehen, stellen die im folgenden benannten Führungsaufgaben Beispiele schlechthin dar, wobei sie jedoch von allgemeiner Bedeutung für die Unternehmensführung sind.

3.222.1 Informationssystem und taktische Führungsaufgaben

Die taktischen Führungsaufgaben resultieren aus dem betrieblichen Güterkreislauf und sind darauf ausgerichtet, eine optimale Anpassung an die technischen und wirtschaftlichen Gegebenheiten zu erreichen. Ein Wesensmerkmal der taktischen Führungsaufgaben ist das Disponieren. „Im Grunde genommen ist das Disponieren ... ein Kombinieren aller betrieblichen Kräfte" [119, S. 427]. Disposition benötigt aber Unterlagen zur treffsicheren Entscheidung. Diese sind aus der datenmäßigen Verarbeitung der Geschäftsvorfälle zu gewinnen, die von Routine- und Massenbearbeitung gekennzeichnet ist. Im wesentlichen umfaßt diese „Datenverarbeitung" die Arbeitsbereiche Auftragsbearbeitung, Arbeiten des Lager- und Bestellwesens, Arbeitsvorbereitung, Fertigungsdispositionen, Fertigungskontrolle, Fakturieren, Versandarbeiten, Vor- und Nachkalkulation, Lohn- und Gehaltsabrechnung, Arbeiten der Debitoren- und Kreditorenbuchhaltung, der Finanzbuchhaltung und der Betriebsabrechnung.

Für die Anwendung eines Informationssystems ist, wie schon erwähnt, eine grundlegende Änderung der Durchführung der betrieblichen Datenverarbeitung unumgänglich: die Abkehr von der „traditionellen" Datenverarbeitung, die nur durch Mechanisierung bemerkenswerte Fortschritte in der Verminderung der Bearbeitungszeit, der Beschäftigtenzahl und der Bearbeitungskosten gebracht hat. Ein Informationssystem macht zur Bedingung, daß alle Arbeiten der betrieblichen Datenverarbeitung gleichsam als Vorarbeiten für den Informationsbeschaffungsprozeß mit Hilfe eines Computersystems erledigt werden müssen. Drei Anwendungsstufen der neuen Datenverarbeitungstechnik sind dabei zu unterscheiden, die zeitlich aufeinander folgen [275, S. 651]:

1. die Übernahme der Routine- und Massenbearbeitung kleinerer und einfacher Arbeitsgebiete wie beispielsweise Lohn- und Gehaltsabrechnung, Lagerbestandsrechnungen (z. B. Skontration), Fakturieren, Debitoren- und Kreditorenbuchhaltung in Form der Offenen-Posten-Buchhaltung, Schreiben der Versandpapiere, Auflisten von Auswertungen nach bestimmten Ordnungskriterien;
2. die Einführung der integrierten Datenverarbeitung innerhalb des Unternehmens;
3. die Auswahl von Entscheidungen hinsichtlich ihrer Programmierbarkeit und deren Übernahme auf das Computersystem.

Diese neue Computertechnik hat für den betrieblichen Datenverarbeitungsprozeß zur Folge, daß er integriert vollzogen wird. Die Auftragsbearbeitung umfaßt die Festlegung der Erzeugnisstruktur, Identifikation der einzelnen Aufträge, Angabe von Endterminen und Prioritäten sowie Beschreibung des Auftragsinhalts. Daran schließt sich die Bestellrechnung an, die die Bestellauslösung und -kontrolle sowie das Benennen der Teile zum Inhalt hat. Damit aber wird die Voraussetzung geschaffen, Lagerbestandsrechnungen, automatische Bestellverfahren und Bedarfsvorhersagen durchzuführen. Auch können Bestände und Kosten der Rohstoffe, Einzel- und Ersatzteile, Betriebsstoffe, der unfertigen und fertigbezogenen Waren schnell ermittelt werden. Mit Hilfe eines Stücklistenprozessors erhält man Baukasten- und Mengenübersichts-Stücklisten, Teileverwendungsnachweise und detaillierte Arbeitspläne. Auch die Arbeiten der Terminierung wie Maschinengruppenverwaltung, Auftragsverwaltung, Durchlauf- und Kapazitätsterminierungen werden vom Computersystem bewältigt. Die Fertigungserzeugnisse sind in ihrem Output nach Abteilungen leichter zu überblicken; Kosten der Nacharbeiten, der minderwertigen Erzeugnisse, des Materialschwundes, des Ausstoßes und der Retouren können mit Hilfe von Auswertungsprogrammen zusammengestellt werden. Die Lohn- und Gehaltsabrechnung wird nahezu automatisch abgewickelt, die Arbeiten der Debitoren- und Kreditorenbuchhaltung werden aufgrund der integrierten Verarbeitung von Eingangs- und Ausgangsrechnungen ein „Nebenarbeitsbereich", den vollständig das Computersystem bewältigt. Die laufenden Arbeiten der Führungskräfte in der

Finanzbuchhaltung konzentrieren sich im wesentlichen auf die Einhaltung der Ordnungsmäßigkeit der Buchführung und Bilanzierung. Das Buchen der Geschäftsvorfälle wird dann mit Anwendungsprogrammen abgewickelt. Die Betriebsabrechnung, ein zentrales Kontrollmittel für ein Unternehmen und gleichzeitig Basis für Kalkulation und Preisbildung, kann ebenfalls durch die dem Informationssystem zugrundeliegende Anlage erstellt werden, wobei Halb- und Fertigfabrikatebestands- und Gemeinkostenzuschlagssatzermittlung sowie Umsatz- und Betriebsergebnisrechnung die Schwerpunkte bilden.

Bedingt durch das Informationssystem stellen die Arbeitsgebiete funktionale Einheiten dar, in denen die instanzbezogenen Ausführungsaktivitäten zusammengefaßt sind. Ihre Identität mit der herkömmlichen Instanzenbildung bleibt erhalten, unabhängig von der Stelle der Erledigung, von der verarbeitungsmäßigen Integration des Arbeitsgebietes und von den Praktiken des Informationssystems. Die Einheiten bilden eine Topographie des Unternehmens; sie werden in einem Beschreibungssystem definiert und in fester Beziehung zueinander zusammengefaßt [231, S. 382]. Diese Strukturierung spiegelt sich dateienmäßig wider im Aufbau der Datenbank[11].

Diese Verzahnung zwischen Funktionseinheiten und Dateien ist in folgender Abbildung 13 am Beispiel Fertigungsbereich schematisch dargestellt.

Wie wirkt sich diese neue Computertechnik und damit letztlich das Informationssystem auf die taktischen Führungsaufgaben [148] aus?

Durch das Informationssystem erhalten die taktischen Führungsaufgaben neue Akzente, da Verarbeitungspraktiken und Führungsaufgaben streng akzessorisch sind: die Struktur der taktischen Führungsaufgaben erfährt eine Bereinigung hinsichtlich des Führens im eigentlichen Sinne.

In der Personalführung sind die Einflüsse insbesondere bei den Führungsaufgaben im Hinblick auf Einsatz und Auslastung, Zusammenarbeit und Eingliederung der Mitarbeiter zu finden. Die Entscheidungen in bezug auf Einsatz und Auslastung der Kräfte müssen von der Führungskraft aufgrund der Arbeitsprioritäten getroffen werden, die vom Informationssystem vorgegeben sind. Durch diese Systematik und Zwangsläufigkeit müssen die Zuarbeiten in turnusmäßiger Wiederkehr erfolgen. Selbstverständlich verbleibt der Führungskraft ein gewisser Dispositionsspielraum, der jedoch seine Begrenzung in dem notwendigen Zusammenharmonieren zwischen Mensch und Instrumentarium findet. Die Arbeitsproduktivität in den Werkstätten und Büros erfährt so eine gleichmäßige Auslastung und dadurch eine Steigerung. Wartezeiten und Einstellung

[11] Siehe hierzu auch in Abbildung 9, „Grundstruktur eines Management-Informationssystems", den Aufbau der Datenbank.

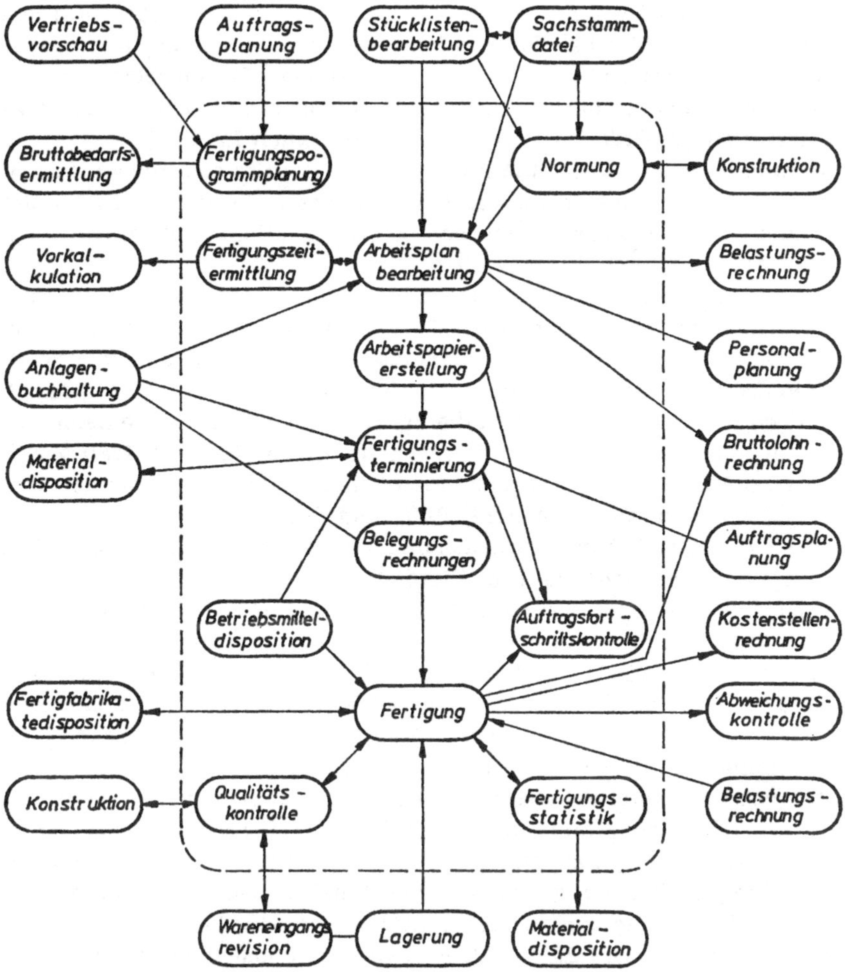

Abb. 13. Verzahnung zwischen Funktionseinheiten und Dateien am Beispiel des des Fertigungsbereiches[12]

von Aushilfskräften zur Überbrückung von Engpässen können so herabgesetzt bzw. vermieden werden. „Eine gleichmäßige Werkstättenauslastung (und Büroauslastung, d. Verf.) reicht in ihrem Einfluß sogar bis zum sogenannten Betriebsklima. Erfolge sind hier sicher zu erwarten, denn die Hauptursache für das Gegenteil, laufende kurzfristige Umplanungen, kurzzeitige Überlastungen mit dazwischenliegenden Wartezeiten

[12] nach F. Hetzel [240, S. 142].

... mindern die Leistung ..." [203, S. 116]. Weiterhin werden durch den Integrationseffekt eines Informationssystems Entscheidungen in bezug auf die Zusammenarbeit der Mitarbeiter seltener. Der einzelne wird aus einer möglichen Isolierung herausgeführt und der Zusammenschluß zu einem Team gefördert. Die Beziehungen zwischen Führungskräften und Mitarbeitern werden somit indirekt gepflegt, und der einzelne wird damit in die Betriebsgemeinschaft eingegliedert. Dieses Gedankengut ist in der Betriebswirtschaftslehre unter den Begriffen „Human Relations" und „Human Beings" bekannt geworden.

Auch taktische Führungsaufgaben im Rahmen der Materialwirtschaft werden durch das Informationssystem beeinflußt: Entscheidungen in bezug auf den Bedarf, auf die Lieferantenschaft, auf die Nutzung von Wettbewerbsverhältnissen, auf den Beschaffungsweg, auf die Beschaffungszeit, auf den zu zahlenden Preis und die Preisstellung sowie auf die Zahlungsbedingungen. Das Informationssystem liefert der Führungskraft kontinuierlich taggültige Führungsunterlagen über Dringlichkeit, Art und Umfang der nachzufragenden Roh-, Hilfs- und Betriebsstoffe sowie Waren. Diesbezügliche Routineentscheidungen können programmiert und dem Computer übertragen werden. Diese Bereitstellung der Arbeitspapiere kann so weit aufgefächert werden, daß die für einen Einkaufsleiter wichtigen Entscheidungskriterien wie welcher Lieferant, Lieferzeit, Zahlungskonditionen, mögliche Einflußnahme auf Preisstellung durch Umsatzangabe mit dem betreffenden Lieferanten, Preissteigerungen bei den letzten Lieferungen, Schlechtlieferungen, Vergleiche der infragekommenden Lieferanten oder Mitteilungen über Sonderangebote gleichzeitig vorgelegt werden. Zeitraubendes manuelles Heraussuchen dieser Daten aus Akten und Ablagen erübrigt sich. Oft konnten diese gezielten Entscheidungsdaten bislang überhaupt nicht erbracht werden, da sie bei manueller Erstellung im Rahmen der alltäglichen Arbeitsabwicklung des Materialwesens datenmäßig und zeitmäßig nicht zu vertretenden Arbeitsaufwand nach sich zögen. Die Entscheidungen des Einkaufsleiters waren oft erfahrungsbedingt oder gar zufällig. Bei Abwesenheit der Führungsperson stockte manchmal sogar der Arbeitsablauf, da niemand wußte, welcher Lieferant für den entstehenden Bedarf sich eignet. Die taktischen Führungsaufgaben im Rahmen der Materialwirtschaft erhalten durch das Informationssystem eine nachfragespezifische Prägung, die Führungskraft denkt nachfragebezogener, so daß optimale Entscheidungen in der Materialbeschaffung die Folge sind.

Ferner machen sich die Auswirkungen des Informationssystems auch bei den taktischen Führungsaufgaben im Bereich des Absatzes bemerkbar, bei Entscheidungen in bezug auf den Kunden, auf Verhaltensweisen gegenüber Kunden, auf die Preisforderung, auf das Mengenangebot, auf die Konkurrenz, auf die Sortimentsgestaltung, auf die Werbung, auf Käufergewohnheiten oder auf Gewährung von Preisnachlässen. Das Informationssystem gibt auch hier laufend einen Einblick in den neuesten Stand der Entwicklung und in die Beziehungen zwischen Unternehmen und Kunden. Durch entsprechende Auswertungen der verkaufsorientierten Dateien erhält eine Führungskraft beispielsweise Umfang und Umsätze des Absatzes nach Jahreszeit, Produkt, Art von Kunden und geographischen Bereichen. Das Partner-Verhältnis zwischen dem einzelnen Kunden und dem Unternehmen wird transparenter, so daß echte Verkaufsargumente jedem Kunden gegenüber vertreten werden können. Auch ergibt sich für einen Verkaufsleiter, individuelle Angebote zu machen, da er die Kaufgewohnheiten eines Käufers erkennt. Durch das Informationssystem erhält der Verkauf schnell ein „Bild" von dem Kunden, so daß einerseits durch gezielte Werbung und andererseits durch ein „ermöglichtes Eingehen auf den Kunden" eine Umsatzsteigerung herbeigeführt wird.

Bei Verhandlungen mit dem Kunden über Preisstellung, Preisnachlässe und Boni verfügt die Führungskraft marktseitig umgehend über differenzierte Arbeitsdaten über den Interessenten und unternehmensseitig über die Preisuntergrenze. Ein Informationssystem trägt dazu bei, den Gewinnspielraum eines Unternehmens, der vom Markt und von den Kosten begrenzt wird, festzustellen. Diese Tatsache versetzt die Führungskraft jedoch in die Lage, Mitgestalter im Markt zu sein, was in der Zukunft immer wichtiger wird. Ein Verkaufsmanager muß Bedarf wecken. Dazu sind auch Informationen über die Konkurrenz notwendig, die aufgrund eines umfassenden Ausbaues der Datenbankdateien mitvorgelegt werden können. Durch diese Auswirkungen eines Informationssystems erfahren die taktischen Führungsaufgaben des Verkaufs eine Intensivierung. Unsichere Entscheidungen werden sicherer. Teilweise können taktische Führungsaufgaben sogar vom Informationssystem übernommen werden. Genannt seien hier beispielsweise Überwachung der Zahlungseingänge mit angeschlossenem Mahnwesen, Terminkontrolle der Auslieferungen, Prüfung der Rechnungserstellung oder Zusammenstellung der Versandpapiere. Auch können mit Hilfe des Informationssystems kurzfristig Verkaufserwartungen erstellt werden, die einem Verkaufsleiter neue Impulse seines Taktierens verleihen. Die taktischen Führungsaufgaben des Absatzbereiches leiten sich ab aus dem Partner-Verhältnis Verkäufer - Käufer; die taktische Führung stellt einen sehr wesentlichen Faktor in dem Kontakt mit dem Kunden dar und beeinflußt den Verkauf. Das Informationssystem klärt durch seine Informationen den Standpunkt des Unternehmens zum Kunden und trägt so dazu bei, wie sich eine Führungskraft im Gespräch mit dem Kunden taktisch verhalten soll und wie weit sie „gestalten" kann.

Im Bereich der Fertigung werden aufgrund der integrierten Verarbeitung der Daten zur Festlegung des Produktionsablaufes insbesondere die taktischen Führungsaufgaben der Fertigungsplanung [68, S. 117 ff.; 226] und der Fertigungssteuerung durch das Informationssystem beeinflußt. Boten bislang die herkömmlichen Praktiken der Arbeitsvorbereitung hinlänglich die einzige Möglichkeit, den Fertigungsablauf zu gestalten, so eröffnet ein Management-Informationssystem völlig neue Perspektiven in der Handhabung des Fertigungsflusses, da die taktischen Führungsaufgaben der Arbeitsvorbereitung selbständig vom Computersystem ausgeführt werden. Als Informationen zur Durchlaufterminierung erhalten die Führungskräfte:

„1. Liste der Beginntermine
In dieser Liste sind alle errechneten Beginntermine pro Arbeitsfolge aufgeführt.

2. Kapazitätsauslastungsliste
In dieser Liste ist die pro Fertigungsperiode auftretende Gesamtbelastung aufgeführt. Zur besseren Übersicht ist eine graphische Darstellung angeschlossen, die die Auslastung jedes Arbeitsplatzes darstellt.

3. Auftragsbezogene Kapazitätsauslastungsliste
Ausgehend von der vorhergehenden Liste werden jetzt alle Arbeitsfolgen mit Angaben der Auftragsnummer, Gruppennummer und Teile nummer pro Arbeitsplatz und Periode aufgeführt. Diese Liste ist für die Fertigungsplanung der wichtigste Informationsträger. Mit ihr können sehr früh Entscheidungen getroffen werden, die zum Abbau von Belastungsspitzen in der Zukunft führen" [263, S. 40].

Eine Führungskraft muß nunmehr Sorge tragen, daß neue Aufträge richtig aufbereitet, daß Änderungen der Arbeitspläne, Termine und Mengen und daß Arbeitsbeginne, Fertigmeldungen und Störungen erfaßt werden. Weiterhin müssen die Teilestrukturdateien, Bearbeitungszeiten und Rüstzeiten stets den neuesten Stand aufweisen. Auch gehört verstärkt — im Vergleich zur Vergangenheit — zum Aufgabenbereich, daß das Ansetzen von Sicherheitsfaktoren, Pufferzeiten, Übergangszeiten z. B. für Transporte und Kapazitätsengpässe dem tatsächlichen Anfall entspricht.

Die Kernaufgabe der Fertigungssteuerung ist die Kapazitätsterminierung unter Berücksichtigung von Kapazitätsgrenzen. „Die Aufgabe der Kapazitätsterminierung ist es, die pro Erzeugnisstruktur erforderlichen Arbeitsgänge auf die im Arbeitsplan vorgesehenen Arbeitsplätze zu verteilen ... aufgrund der Beginntermine und der Prioritätszahlen" [263, S. 41]. Dabei wird außerdem die benötigte Arbeitszeit mit den verfügbaren Kapazitäten des jeweiligen Arbeitsplatzes abgeglichen. Als Informationen der Kapazitätsterminierung ergeben sich dann:

„1. Arbeitsplatzbelegungsliste
Die für den Arbeitsplatz vorgesehenen Arbeitsfolgen sind in der Reihenfolge der Beginntermine und innerhalb der Beginntermine nach Prioritätszahl aufgeführt.
2. Arbeitsfortschrittsliste
Pro Auftrag wird der aktuelle Stand der Fertigung ausgewiesen....
3. Arbeitsfolgekarten
Für jede in der Arbeitsplatzbelegungsliste neu aufgeführte Arbeitsfolge wird eine Arbeitsfolgekarte (Lohnscheck) ausgestanzt" [263, S. 41].

Eine wichtige taktische Führungsaufgabe besteht hierbei darin, daß der vom Informationssystem vorgeschlagene Fertigungsablauf durchzusetzen und von den Ausführenden konsequent einzuhalten ist.

Im Bereich der Herstellung der Erzeugnisse wirkt sich das Informationssystem in einem zweifachen auf die taktischen Führungsaufgaben aus: einmal auf die Qualitätskontrolle und -steuerung, zum anderen auf die Aufrechterhaltung der Betriebsbereitschaft des Manschinenparks.

Die Qualitätskontrolle [20] und -steuerung von Produkten basiert auf einer Automatisierung von Fertigungsprozessen. Das Informationssystem soll keine pauschalen Qualitätsberichte liefern, sondern gezielte Informationen, von deren Güte und Übermittlungsgeschwindigkeit es abhängt, Entscheidungen zu treffen. Das Informationssystem übernimmt die Führungsaufgaben hinsichtlich der Angleichung oder zumindest der Annäherung der gefertigten Erzeugnisse an vorher festgelegte Sollqualitäten wie beispielsweise Länge, Stärke oder Toleranzen. Je schneller Störeinwirkungen an Fertigungseinrichtungen über Stellgrößen, seien es automatisch oder manuell bedingte, kompensiert werden, um so besser ist die Qualität der herzustellenden Teile und um so geringer sind Ausschußquote und Nacharbeiten. Durch das Informationssystem können mehrere Qualitätsdaten gleichzeitig erfaßt werden, die Auswertung erfolgt schneller, sicherer und verursachungsnäher, so daß die taktischen Führungsaufgaben im Rahmen der Qualitätsüberwachung produktiver werden, indem Rückschlüsse und Tendenzen zu erkennen sind, die die Güte des Erzeugnisses, die Entwicklung und Konstruktion betreffen.

Zu den taktischen Führungsaufgaben der Herstellung gehört auch die Aufrechterhaltung der Betriebsbereitschaft der Produktionsanlagen. Diese Aufgabe kann vollständig von einem Informationssystem wahrgenommen werden, indem es alle Überwachungsarbeiten einer „geplanten Instandhaltung" ausführt. Aufgrund der integrierten Datenverarbeitung der Produktion stehen Betriebsstunden der Maschinen bzw. Maschinenteile in Dateien als Istgrößen zur Verfügung. Durch Gegenüberstellung der Soll-Betriebszeiten können in turnusgleichen Zeitabständen einmal die Veranlassung der anstehenden Reparaturen und ferner die Ersatzteilbeschaffung für die kommenden Perioden vorgeschlagen werden.

Schließlich sind noch die Auswirkungen des Informationssystems auf die taktischen Führungsaufgaben im Bereich des Finanz- und Rechnungswesens aufzuzeigen. Bemerkenswert ist jedoch für diese Aufgaben, daß nur solche beeinflußt werden, die im Zusammenhang mit der formalen Verarbeitung der laufenden Geschäftsdaten stehen. Ein Informationssystem hat beispielsweise keine Wirkungen auf die vollständige Erfassung aller Geschäftsvorfälle in Mengen und Werten, auf den Grundsatz der Klarheit, Wahrheit, Vergleichbarkeit, Belegtreue, Tagfertigkeit, der Vermeidung gemischter Konten, der Trennung von Gewinn- und Verlustquellen sowie der richtigen Abgrenzung. Auch kann es Entscheidungen nicht beeinflussen, die zu fällen sind über Wertansätze der Wirtschaftsgüter, über Anschaffungswerte und Teilwerte, über Herstellungs- oder Erhaltungsaufwand, über voraussichtliche Nutzungsdauer und damit verbunden über Abschreibungsmethoden und -sätze, über Bemessung der Wertberichtigungen oder auch über die Bildung von Rückstellungen und Rücklagen. Die taktischen Führungsaufgaben, die von einem Informationssystem beeinflußt werden, leiten sich ab aus der Verantwortung für das richtige Aufbereiten der Geschäftsdaten vor der Eingabe in die Computeranlage, für das termingerechte Auswerten der Geschäftsdaten zu Führungsunterlagen und für deren richtige Erarbeitung. Aufgrund der Systematik eines Informationssystems erhalten alle Arbeiten der Datenerfassung eine bestimmte Zwangsläufigkeit, die zur Routine führt. Als Folge ist die Führungskraft weniger häufig zum Eingreifen gezwungen. Die Erstellung von periodenbezogenen kurzfristigen Geschäftsberichten, Statistiken oder Saldenlisten kann wiederum vom Computersystem übernommen werden. Eine Führungskraft hat hierzu nur noch die Aufgabe, Zeitspannen festzulegen, die als sogenannte Parameter zu jedem Arbeitsdurchlauf mit in die EDV-Anlage eingegeben werden müssen. Ein Informationssystem beeinflußt die taktischen Führungsaufgaben im Rechnungsbereich also der Art, daß die Aufgaben hauptsächlich die Entscheidungen über Ordnungsmäßigkeit der Buchführung und der Bilanzierung zum Gegenstand haben.

3.222.2 Informationssystem und strategische Führungsaufgaben

Die Bedeutung eines Informationssystems für die strategischen Führungsaufgaben liegt vor allem in der quantifizierten Lösbarkeit ihrer Durchführung, da gerade in diesem Aufgabenkomplex die Verfahren der Mathematischen Entscheidungsforschung, die Methoden der Vorhersage als auch der Statistik zur Anwendung gelangen können. Durch das Informationssystem ergeben sich neue Möglichkeiten, mehr darüber festzustellen, wie zu führen ist, warum die Entwicklung der Ereignisse so verläuft; hierdurch erfahren die strategischen Führungsaufgaben eine Stärkung und Festigung in dem Herausfinden von Entscheidungen.

Die Führungskräfte erkennen, daß das Führen nicht nur auf Gefühl, auf Intuition und Erfahrung basieren kann, sondern daß es zu einem sehr beachtlichen Ausmaß um die Konsequenzen rationaler Maßnahmen geht. „Wenn auch ein Leiter ... einen Markt als ungewiß oder unzuverlässig oder nicht vollständig durchsichtig ansieht — er handelt dann doch, wenn einmal die Entscheidung getroffen ist, auf einer völlig rationalen Basis" [238, S. 163]. Aufgrund der neuen Praktiken, deren gezielter Einsatz durch das Informationssystem ermöglicht wird, können Risiko, Ungewißheit und Unkenntnis bei den Entscheidungen bewußter gemacht werden; dann ist es auch möglich, daß die erforderliche Vorausschau aus der Art der wirtschaftlichen Beziehungen des Marktes und der zur Verfügung stehenden Hilfsquellen sowie der Auswirkungen der Entscheidungen selbst sich in einem systematischen Führen verwirklichen läßt. Ein Informationssystem gestaltet strategische Führungsaufgaben in ein „systematisches Studium" der Ordnung wirtschaftlicher Phänomene. „Erscheinungsformen der Wirtschaft und Probleme der Leitung können definiert und oft in quantitativen Ausdrücken beschrieben werden. Das wiederum macht eine systematische Analyse von Situationen möglich, es ermöglicht überlegte Vorwegnahme von Konsequenzen durch die Synthese von Hypothesen oder Situationsmodellen und einen außerordentlich hohen Grad der Meßbarkeit und der Mitteilbarkeit" [238, S. 165].

Aufgrund der Funktionsweise eines Informationssystems können umfangreiche Rechenverfahren beliebig oft in kürzester Zeit abgewickelt werden. Dieser Vorteil ermöglicht den Einsatz der Verfahren der Informationsgewinnung, die wiederum für die strategische Führung notwendig sind. So liefert das Informationssystem für die Führungsaufgaben Arbeitsinformationen, die beispielsweise dazu beitragen, die zukünftige Absatzentwicklung, die Transportprobleme, die Materialplanung, die Bestimmung des Produktionsprogramms, die Vorgehensweise zur Kostensenkung oder zur systematischen Gewinnerzielung, Investitions- und Wirtschaftlichkeitsentscheidungen oder Rentabilitätserwartungen in den Griff zu bekommen.

Die Absatzplanung basiert auf vergangenheitsbezogenen Verkaufsanalysen und Absatzprognosen. War die Absatzanalyse für taktische Führungsaufgaben kundenbezogen, ist sie für strategische Führungsaufgaben ausgerichtet auf das Herausfinden von Tendenzen, Quoten und Prognosen nach Produkten und Absatzzweigen. Durch entsprechende Anwendung von Vorhersagemethoden lassen sich Angaben über die zukünftige Absatzentwicklung machen, die statistisch gesichert sind. Wichtig ist jedoch trotzdem, daß Führungskräfte diese Verfahren hinsichtlich ihres Gehaltes und ihrer Verfahrensweise laufend weiterentwickeln und daß die Ergebnisse durch periodische Analysen des tatsächlichen Absatzes überprüft werden.

Für Transportprobleme sind Rechenverfahren der linearen Optimierung entwickelt worden, die einfacher sind als die Simplex-Methode und auch schneller zur Optimallösung führen. Die wichtigsten Verfahren [223, S. 250] sind unter den Bezeichnungen MODI-Methode, Flußmethode, Stepping-Stone-Methode und Transportmethode bekannt geworden.

Abzuleiten von der Absatzentwicklung ist die Materialplanung. Die Absatzprognosen nach Erzeugnissen sind umzurechnen in die erforderlichen Rohstoffe, die Teile, Baugruppen und Fremdleistungen, die für die Herstellung notwendig sind, damit von der Beschaffungsseite keine Störungen im Produktionsablauf verursacht werden. In der Literatur ist eine Vielzahl von Modellfällen der Lagerhaltung zu finden, deren Größenordnung etwa bei 1600 liegt. Auch werden Lösungen angeboten, die eine optimale Bestellmenge festlegen.

Aus der Absatzentwicklung zusammen mit der Materialplanung läßt sich das optimale Produktionsprogramm bestimmen. Hier findet vor allem die Simplex-Methode Anwendung. „Die Simplex-Methode berechnet den optimalen Wert der Zielfunktion unter Berücksichtigung der vorgegebenen Beschränkungen" [223, S. 248]. Für ein Produktionsprogramm bedeutet dies [223, S. 247], daß entweder die geringsten Kosten oder der höchste Ertrag bei linearer Veränderung der Stückzahl oder des Produktionsvolumens errechnet werden können, wobei einerseits Höchst- oder Mindestwerte für Produktionskapazitäten, verfügbare Rohstoffmengen oder Lieferverpflichtungen vorzugeben sind, andererseits muß gelten, daß variable Kosten der Herstellung oder Erlöse des Vertriebs linear steigen mit der Stückzahl oder dem Volumen. Im Rahmen der dynamischen Programmierung ist hinsichtlich der Bestimmungen eines optimalen Produktionsprogramms auf die von Bellman [223, S. 251] entwickelte Methode zum Optimieren vielstufiger Prozesse hinzuweisen. Ein weiteres Problem im Zusammenhang mit der Produktionsplanung ist die Bestimmung der optimalen Losgröße, für die es jedoch keine Standardmethode gibt. Grundsätzlich ist jeweils ein mathematisches Modell analog der allgemeinen Formel zur Losgrößenbestimmung zu entwickeln, in das die Bedingungen eingehen. Der Lösungsweg führt häufig über die Differentialrechnung. In Sonderfällen kann aber auch ein Simulationsansatz notwendig werden.

Eine wichtige strategische Führungsaufgabe ist die Festlegung der Vorgehensweise zur Kostensenkung. In jüngster Zeit werden immer wieder

„Kostensenkungsprogramme" unter speziellen Schlagwörtern empfohlen. „Management-Audit" [217, S. 86] ermöglicht eine Untersuchung der Grundfunktionen eines Unternehmens sowie des Zusammenwirkens hinsichtlich der Unternehmungspolitik und -ziele. „Management Services" bzw. „Industrial Engineering" [217, S. 89] sucht nach Möglichkeiten, Wirtschaftlichkeit, Produktivität und Wirkungsgrad des gesamten Unternehmens zu erhöhen. „Value Analysis" zielt insbesondere darauf ab, „im Zusammenwirken von Konstruktion, Beschaffung, Fertigung, Kostenrechnung und Vertrieb, Erzeugnisse, Erzeugnisteile und Leistungen nach einem geplanten Programm systematisch daraufhin zu untersuchen, welche Kosten vermindert oder ausgeschaltet werden können ,ohne die marktgerechte Funktion, Gebrauchstauglichkeit, Lebensdauer oder Leistung der Erzeugnisse zu beeinträchtigen. Das Ergebnis dieser Bestrebungen ist beispielsweise eine Änderung der Konstruktion, des Fertigungsverfahrens oder des Materialeinsatzes u. a. durch Verwendung von von Normteilen, eine Verbesserung des Arbeitsablaufs u. ä. m." [257, S. 477]. „Value Engineering" [217, S. 91] beinhaltet Untersuchungen über den Planungs- und Vorprodukt-Zeitraum. „Value Control" umfaßt den ständigen Wertvergleich „der eigenen Erzeugnisse mit denen der Konkurrenz ..., um daraus das eigene Produkt weiter technisch und kostenmäßig beeinflussen zu können" [217, S. 92]. Die „Zero-Defects-Methode" [217, S. 96 ff.] wurde 1966 von der „American Society for Quality Control" als Konzept für Qualitätsverbesserung und Mehr-Kostenverhinderung angeboten. Bei der Betrachtung dieser „Wertanalyse"-Verfahren zeigt sich jedoch eindringlich, daß Kostensenkung nicht eine Anhäufung vieler Einzelaktionen sein kann. Eine wirksame Kostensenkung muß darauf hinwirken, daß durch bewußte, ständige, systematische und umfassende Überprüfung der Betriebsbereiche eine Kostensenkung vom Ganzen her erreicht wird.

Aber gerade diese wirkungsvolle Ganzheitsüberprüfung einer Kostensenkung kann von einem Management-Informationssystem gewährleistet werden. Mit einem Informationssystem läßt sich Kostenstrategie vom Ganzen her betreiben, läßt sich „systems engineering" verwirklichen. Ein Informationssystem bringt durch seine differenzierten Informationen „Licht" in das ineinander verflochtene System eines Unternehmens, dessen Bereiche voneinander abhängig sind und sich gegenseitig beeinflussen. Ohne Informationssystem wird in der Zukunft eine wirksame Kostensenkung überhaupt nicht mehr durchzuführen sein.

Eine weitere wichtige strategische Führungsaufgabe liegt in der systematischen Gewinnerzielung. Gewinne sind nicht nur aus der Sicht des oder der Kapitalgeber zu machen, sondern ein Unternehmen braucht sie auch für Forschungs- und Entwicklungsarbeiten, für die Abdeckung der steigenden Sozialleistungen, zur Selbstfinanzierung, um sich im Wettbewerb behaupten zu können. Die Erzielung von Standardgewinnen beruht aber auf Gewinnplanung und Gewinnkontrolle, die sich beide ergänzen müssen. Eine Gewinnplanung läßt sich nur aufgrund von Alternativen durchführen, um zu überprüfen und zu entscheiden. „Alternativen bedeuten Änderungen — Änderungen im Umsatzvolumen, Änderungen in der Strategie nach den zu forcierenden bzw. zu drosselnden Artikeln. ... Derartige Maßnahmen können nur dann sachgerecht auf ihren Beitrag zum Gewinn beurteilt werden, wenn man diejenigen Erlöse und Kosten kennt, die sich mit diesen Entscheidungen ändern" [218, S. 50]. Für die dabei anfallende intensive Rechenarbeit sowie das Zusammenführen der Daten bietet sich das dem Informationssystem zugrundeliegende Computersystem geradezu an; durch das Informationssystem wird der Schritt vom Betriebsabrechnungsbogen zur Gewinnplanung in kurzem Zeitaufwand ermöglicht. Die Informationen sind Deckungsbeiträge, die als Zielgrößen gelten. Die Verfahren zur Ermittlung der Deckungsbeiträge sind unter der Bezeichnung Deckungsbeitrags- und Grenzkostenrechnung bekannt, die in der einschlägigen Literatur[13] eingehend erörtert werden.

Die Auswertungen [218, S. 56 ff.] der Deckungsbeiträge, die ebenfalls mit dem Informationssystem zu vollziehen sind, führen zu „Cost-Volume-Profit-Analysis", zu „Break-even-Analysen" für Gewinnschwellenbestimmung, für Darstellungen der Gewinnentwicklungen, für Verkaufspläne, für Liquiditätskontrollen und für Gewinnvorgaben der einzelnen „Gewinneinheiten". Wie eingangs erwähnt, gehört zu einer systematischen Gewinnerzielung auch die Gewinnkontrolle, die ebenfalls mit Hilfe eines Informationssystems durchzuführen ist. Die wirkungsvollste Kontrolle ist im Soll-Ist-Vergleich mit Plan- und Ist-Deckungsbeiträgen bzw. mit Plan- und Ist-Kosten zu sehen. Die Merkmale des Soll-Ist-Vergleichs sollen hier nicht erörtert werden, da dies bereits im Abschnitt über Management-Funktionen im Zusammenhang mit dem „Kontrollieren" geschehen ist.

Bei den Investitions- und Wirtschaftlichkeitsentscheidungen bildet man den Vorgang meistens in einem Modell nach, überträgt es auf die Computeranlage und simuliert die verschiedenen Kombinationen der möglichen Ereignisse. Die ermittelten Informationen enthalten Aufschlüsse über den Ablauf des Vorganges auf lange Sicht, zeigen die günstigsten bzw. ungünstigsten Situationen sowie deren Konsequenzen und ermöglichen somit einen leichteren Entschluß der Handlungsalternativen. Die Rechenmethoden [274, S. 132 ff.] der Investitions- und Wirtschaftlichkeitsrechnung können sein:

[13] vgl. hierzu: K. Mellerowicz [121], H. G. Plaut [142], W. Kilger [89], F. Wille [198], W. Medicke [114].

Payback- und Payoff-Methode, Kapitalwert-Methode bzw. Concept of Present Value, Interne Zinsfuß-Methode, Rate of Return, Rate of Investment, Cash Flow, MAPI-Methode und Annuitätenmethode. „Die ausführliche Aufstellung der Investitionsprojekte und die Bestimmung der zu erwartenden Wirkungen obliegt in der Regel den unmittelbar interessierten Stellen" [274, S. 145].

Die Auswirkungen des Informationssystems auf die strategische Führungsaufgabe der Festlegung der Rentabilitätserwartungen liegen in der Schnelligkeit der Ergebnisermittlung. Dazu müssen bei der Konzeption des Informationssystems alle erwünschten Rentabilitätsmitteilungen einerseits standardisiert und in einem Auswertungsprogramm programmiert werden, andererseits bedarf es eines entsprechenden Aufbaus der Datenbank. So kann durch Angabe der Bezugsgrößen beispielsweise die Rentabilität des Marketing und der Absatzförderung in bezug auf den Ertrag aus dieser Arbeit bestimmt werden oder die Rentabilität des Lagers, die Wirksamkeit der Qualitätskontrolle oder Verlustrate an Kunden. Durch Gegenüberstellung von Soll- und Ist-Rentabilitätsergebnissen lassen sich auch Erkenntnisse zur Führung gewinnen.

Zusammenfassend gesagt, liegen die Auswirkungen eines Informationssystems auf die strategischen Führungsaufgaben darin, das rationale Handeln, auf dem eine wirtschaftliche Strategie beruht, offenzulegen und gleichzeitig zu stärken. Das erfolgt vor allem durch die „Sichtbarmachung" von Tatsachen, von Beziehungen, wo immer es überhaupt möglich ist, und von Grundzügen, wodurch Vermutungen, vage Verallgemeinerungen und „Meinungswissen" ersetzt werden sollen. Es können Hypothesen, Modelle oder Analogien konzipiert werden, die es zulassen, Bereiche eines Unternehmens in ihrem Gefüge und in ihren Wechselwirkungen zu erkennen. Dadurch aber wird eine Grundlage geschaffen, nach „facts and figures" zu führen.

3.222.3 *Informationssystem und unternehmenspolitische Führungsaufgaben*

Die Auswirkungen eines Management-Informationssystems auf die unternehmenspolitischen Führungsaufgaben können nicht in den Einzelheiten wie bei den taktischen und strategischen Aufgaben aufgezeigt werden, da die Aufgaben der Unternehmenspolitik in ihrem Wesen zu eng mit dem spezifischen Unternehmensgeschehen verbunden sind. So lassen sich unternehmenspolitische Führungsaufgaben nur mit allgemeingültigem Inhalt angeben, mit deren beispielhafter Benennung im folgenden Absatz keinerlei Anspruch auf Vollständigkeit erhoben wird.

Die Aufgaben des Top Management ergeben sich aus den Vorschriften des Gesetzes, der Satzung und der Geschäftsordnung. Die Geschäftsführung obliegt dem Vorstand, der insbesondere die Unternehmenspolitik, die Zielsetzung für das Gesamtunternehmen und die Teilbereiche entscheiden muß; er trägt die Verantwortung. Auch liegt bei ihm die Entscheidung über große Investitionen, über den Erwerb und die Veräußerung von Beteiligungen, über die Genehmigung für die Aufnahme diesbezüglicher Verhandlungen; er regelt wichtige Personalangelegenheiten wie Einsatz, Beförderung und Ablösung von Führungskräften. Zu den dem Vorstand vorbehaltenen Aufgaben gehören auch alle Angelegenheiten, über die die Hauptversammlung oder der Vorstand gemeinsam mit dem Aufsichtsrat zu beschließen hat, wie z. B. Jahresabschluß, Gewinnverteilung und Geschäftsbericht, Satzungsänderung, Kapitalerhöhung und -herabsetzung, Ausgabe von Schuldverschreibungen, Verschmelzung; ferner sind als Aufgaben zu nennen: Erwerb, Veräußerung oder Belastung von Grundstücken, grundstücksgleichen Rechten und Rechten an Grundstükken, Aufnahme neuer und Aufgabe vorhandener Produktions- oder Geschäftszweige, Errichtung und Auflösung von Zweigniederlassungen, Erwerb und Veräußerung von Patenten, Lizenzen und Fabrikationsgeheimnissen.

Die Führungsaufgaben der Vorstandsmitglieder leiten sich aus der Arbeitsteilung im Vorstand ab, die sie im Auftrage des Gesamtvorstandes übernehmen. Der Vorstandsvorsitzende hat die Geschäftsführung zu vertreten und entscheidet allein in letzter Instanz.

Der stellvertretende Vorsitzende übernimmt die Geschäftsführung des Vorsitzers bei dessen Abwesenheit, leitet die Konferenzen und Kommissionen innerhalb des Management und vermittelt bei Meinungsverschiedenheiten zwischen den Gewinneinheiten. Das Vorstandsmitglied, das dem Vertriebsbereich vorsteht, stimmt Werbungsaktivitäten ab, koordiniert Marktforschungsprojekte und deren Auswertungen, entscheidet bei der Erschließung neuer Vertriebsgebiete, erteilt allgemeine Richtlinien für den Vertriebssektor und vergibt Aufgaben aus der fachlichen Kontrolle heraus. Das Vorstandsmitglied für den Produktionsbereich begutachtet Vorhaben der Expansion aus der Sicht des Fertigungssektors, leitet die Gesamtplanung für den Aufbau leistungsfähiger Verbundsysteme im Fertigungsablauf, arbeitet Vorschriften für den Produktionsbereich aus und trägt die Verantwortung für die Produktionskapazität. Das Vorstandsmitglied für Forschung und Entwicklung legt die Schwerpunkte der Forschungsarbeiten fest, pflegt Kontakte zu Forschungsinstituten, Hochschulen und sonstigen Ausbildungsstätten, verfügt über die Weitergabe von Forschungsergebnissen, bestimmt die Grundlagenforschung und ist zuständig für Investitionen bezüglich der Ausstattung der Forschungsstätten. Die Aufgaben des Vorstandsmitgliedes für die Materialbeschaffung liegen in der Erkundung neuer Märkte, in der Ausarbeitung von Einkaufsrichtlinien, im Koordinieren der Beschaffung und in der Erschließung neuer Einkaufsquellen. Die Aufgaben des Vorstandsmitgliedes für das Finanz- und Rechnungswesen sind die Finanzplanung, d. h. Deckung des Außenfinanzbedarfs und Finanzdisposition im Unternehmen, die Innenrevision, die Kontrolle der Rechnungslegung einschließlich Erstellung der Handels- und Steuerbilanz, Vertretung gegenüber Wirtschaftsprüfern und Behörden sowie Verbänden. Das Vorstandsmitglied für das Personal- und Sozialwesen erarbeitet Konzepte für die Mitarbeiterförderung, ist zuständig für Schulung und Weiterbildung des Nachwuchses, entwickelt Verfahren zur objektiven Beurteilung von Mitarbeitern als auch Führungskräften, überwacht das Lohn- und Gehaltsgefüge und vertritt das Unternehmen gegenüber Gewerkschaften und Interessenverbänden.

Ein Management-Informationssystem ist ein Instrument, durch das diese Aufgaben vom Gesamten her beurteilt werden können: Die Zusammenarbeit des Top Management wird betrieben, die Unternehmenspolitik gewinnt an Klarheit durch Beschreibung einzelner Aufgaben sowie der Beschränkungen und in der Delegation von Autorität und Verantwortung. Die Informationen aus den beiden vorhergehenden Aufgabenkomplexen, verquickt mit unternehmenspolitisch ausgerichteten Einflußdaten, ermöglichen die Anwendung von Methoden bzw. Programmen, die unternehmenspolitische Informationen liefern, die Änderungen zur Anpassung an die jeweilige Unternehmenssituation aufzeigen. Hier liegt ein hoher Grad an Komplexität vor. Beispiele [219, S. 24] hierzu sind Diversifikationsanalyse, Produktionsausgleichung, Risikoanalyse oder Mehrfaktorenanalyse. Die Diversifikationsanalyse trägt dazu bei, die gegenwärtige Produktdiversifikation zu beurteilen und den optimalen Grad dieser Diversifikation zu bestimmen. Kosten der Diversifikation werden gegen den Bedarf an Kundendienst und Marketingerfordernissen abgewogen. Lösungsansätze hierzu bietet das lineare Programmieren. Die Produktionsausgleichung beinhaltet die systematische Prüfung eines Produktionsprogramms zum Zwecke einer störungsfreien Fertigung unter Beachtung des notwendigen Materialeinsatzes, der Absatzvorhersagen, des Arbeitskräftebedarfs und weiterer Planungsgrößen. Das am besten bekannte Ausgleichsmodell ist das Modell „Holt-Huth-Modigliani" [219, S. 24]. Aufgrund der Risikoanalyse können Risiko und Empfindlichkeit in Zahlenwerten ausgedrückt werden, die eine sichere Basis für die Entscheidungsfindung bilden. Neue Projekte, die langfristig unter hohen Risiken und Unsicherheiten vorausgeplant werden müssen, bedürfen einer gründlichen formalen und inhaltlichen Analyse. Anwendungsbeispiele [223, S. 257] hierzu sind Bau einer neuen Fabrik, Umstellung des Vertriebssystems von gebundenen Preisen zu freien Preisen oder Akquisitionsmodelle. Meinungen, Urteile, Bewertungen und subjektive Schätzungen von Wahrscheinlichkeiten werden in quantitative Größen umgesetzt, die dann mit objektiven Daten, Kosten- und Gewinnerwartungen zu aussagefähigen Informationen verarbeitet werden. „Aus den abgeleiteten Erwartungswerten lassen sich die verschiedenen vorgeschlagenen Projekte einstufen hinsichtlich der Risiken, der Rentabilität und des Gesamtvorteils. So wird die Wahl der durchzuführenden Projekte erleichtert. Die Verfahren der ‚mathematischen Erwartung', Entscheidungsanalyse, Beurteilung von Risiko und Unsicherheit, mathematische Wahrscheinlichkeit und Diskontierung der künftigen Entwicklung — sie alle lassen sich als Hilfsmittel für den Entscheidungsvorgang benutzen" [219, S. 24]. Die Mehrfaktorenanalyse hilft, den Einfluß der einzelnen Faktoren auf Erscheinungen zu verdeutlichen. So kann beispielsweise eine Umsatzsteigerung das Ergebnis der Absatzförderung, des Konkurrenzverhaltens oder der Konjunkturentwicklung sein. „Das Verfahren der multiplen Regression und die multiple Korrelationsanalyse erlaubt uns die Prüfung der Daten und die Ermittlung der relativen Wichtigkeit und der Auswirkung jedes einzelnen Faktors. Das künftige Handeln der Unternehmensleitung kann sich dann stützen auf die relative Bedeutung jedes Faktors" [219, S. 24].

Dies waren Beispiele der gezielten Anwendung eines Informationssystems. Was aber bei dem Einsatz eines Informationssystems für unternehmenspolitische Führungsaufgaben einzigartig ist, liegt in der absichtlichen und bewußten Anwendung wissenschaftlicher Forschung ‚in der Beschreibung und größeren Genauigkeit der Einzelheiten, in den Möglichkeiten des Controlling und der Offenlegung von Umständen über ganze Bereiche und damit in der Ermöglichung des Praktizierens einer wirklichkeitsnahen Unternehmenspolitik — einer Politik, die herausgelöst ist aus dem „luftleeren Raum" und auf den Boden der Wirklichkeit gestellt wird. Diese Auswirkungen eines Informationssystems auf die unternehmenspolitischen Führungsaufgaben kommen in einem Vierfachen zum Ausdruck:

1. wachsendes exaktes Wissen um die Dinge, wie sie sich unter bestimmten vorgegebenen Voraussetzungen und Präferenzen entwickeln,
2. motivierte Meinungsbildung, warum die Entwicklung dieser Art ist und wie sie nutzbar gemacht werden kann,
3. wertvolle Anregungen, diese Entwicklung bzw. die Unternehmenspolitik dahingehend zu gestalten, daß Diskrepanzen so weit wie möglich ausgeschlossen werden,
4. zunehmende Einsicht in das Wesen der Interdependenzen Wirtschaft und Unternehmen.

Ein Informationssystem stellt mehr und bessere Informationen und damit mehr und besseres Wissen für unternehmenspolitische Führungsaufgaben zur Verfügung. Das hat zur Folge, daß das Top Management in die Lage versetzt wird, sich bei allen Führungsaufgaben in steigendem Umfang auf Führungsunterlagen zu stützen, die Alternativen für die Entscheidungen anbieten, um die gesteckten Ziele trotz Widerständen zu erreichen. „Sie (die Unternehmenspolitik) ist die schwierigste Aufgabe, die der Unternehmensführung gestellt werden kann. Sie ist dabei auch die verantwortlichste Aufgabe, entscheidet sie doch durch das Festlegen der Ziele und das Bestimmen der Wege zu ihrer Erreichung über das Schicksal der Unternehmung. Es kann deshalb ohne Übertreibung gesagt werden, daß die unternehmenspolitische Aufgabe die Zentralaufgabe der Unternehmensführung ist" [119, S. 85]. Ein Management-Informationssystem birgt in sich den Fortschritt, Unternehmenspolitik aus dem Ganzen heraus zu betreiben.

3.23 Das Informationssystem als institutionelles Führungsmittel

3.231 Informationssystem und Unternehmensorganisation

Mit der Anwendung eines Informationssystems wird hinsichtlich der Auswirkungen auf die Unternehmensorganisation der ganze Komplex Zentralisation — Dezentralisation in ein neues Licht gerückt. Bislang waren die Möglichkeiten der Unternehmensspitze in bezug auf Kapazität und Geschwindigkeit begrenzt, Informationen aufzunehmen und zu verarbeiten. Ein Informationssystem stellt jedoch das Führungsmittel dar, das Dezentralisation wie auch Zentralisation je nach Gegebenheiten und Bedürfnissen gleichermaßen ermöglicht. Der Unternehmensführung bleibt es nun sehr weitgehend überlassen, wie sie ihr Unternehmen organisieren will. Wichtig ist dabei nur, daß das Informationssystem und die Organisation miteinander in Einklang stehen, sie müssen eine Harmonie bilden. Damit aber wird zur Notwendigkeit, daß die Unternehmensorganisation in ihrer Grundkonzeption eine funktionale Organisation sein muß.

„Das Funktionalsystem grenzt die Leitungsaufgaben rein sachlich ab. Autorität (nach unten) und Verantwortung (nach oben) der leitenden Personen beziehen sich nur auf bestimmte Funktionen" [113, S. 131]. Der Eckstein der funktionalen Organisation ist die Regelung der Zuständigkeit und des dispositiven Ablaufs des Aufgabenvollzugs. Durch das Informationssystem können die Instanzenzüge verkürzt werden, so daß die Unmittelbarkeit am Unternehmensgeschehen gesteigert und somit die erhöhte Anpassungsgeschwindigkeit an rasch sich verändernde Situationen für die Führungstätigkeit ermöglicht wird. Die Unternehmensspitze wird sich natürlich weniger mit strategischen und kaum mit taktischen Führungsaufgaben befassen, vielmehr wird sie den Integrationseffekt eines Informationssystems nutzen für die Gesamtplanung, Entscheidung und Kontrolle der Politik.

Durch diese Zentralisierung in der Führung sowie durch die Übertragung von Routineführungsaufgaben auf das Computersystem werden sich organisatorische Bereichsgrenzen verwischen, und eine funktionale Integration wird stattfinden [173, S. 156; 208, S. 299—306]. Dadurch und aufgrund der besseren vertikalen Information in der Führungshierarchie werden grundsätzlich die Linieninstanzen des Middle Management insofern beeinflußt, als sie von Routinearbeiten weitgehend befreit werden, als sie Zeit finden für die Abwicklung der Ausnahmefälle, für das Sich-Auseinandersetzen mit den Informationen, für die Personalprobleme — für das Führen. Dies hat aber zur Folge, daß die Kontrollspanne vergrößert werden kann, was eine Verflachung der Führungspyramide zur Folge hat. Das Top Management rückt somit näher an die Frontlinie des Unternehmensgeschehens und hält direkten Kontakt mit der Wirklichkeit. Diese Beeinflussung des Informationssystems spiegelt sich unmittelbar in der Organisationsstruktur wieder. Je schneller und je rationaler komplexe Führungsaufgaben zu meistern sind, desto notwendiger werden einerseits zentrale Führungsstäbe, andererseits zentrale Controlbereiche. Die konsequente Trennung zwischen Linie und Stab sowie deren Integration durch die Controlbereiche kennzeichnen die Management-Organisation, die ergänzt wird durch das Informationssystem.

Beide Komponenten sind wiederum Grundlage für die Durchführung des kooperativen Führungsstils im Mitarbeiterverhältnis. Die Organisation „... ist so elastisch zu organisieren, daß quantitative und qualitative Änderungen im Programm der Unternehmung ohne strukturelle Veränderungen der Leitung erfolgen können oder aber Veränderungen möglichst auf unteren Instanzen beschränkt bleiben" [119, S. 143]. Aufgrund des durch ein Informationssystem ermöglichten direkten und jederzeitigen Zuganges vom Arbeitsplatz aus zu funktionalen Informationen, der Ermöglichung der Simulation komplexer Betriebsvorgänge und strategischer Planspiele sowie des engen Mensch-Mittel-Dialogs werden die Controlbereiche zu den wichtigsten Schaltstellen der Unternehmensführung. Demgegenüber verlieren die administrativen Stabsstellen an Bedeutung, da die Aufbereitung, die Erstellung und Präsentierung durch das Informationssystem schneller, wirkungsvoller und auch wirtschaftlicher erfolgt. Eine Unternehmensorganisation, die mit einem Informationssystem im Einklang steht, wird in Abbildung 14 gezeigt.

Die für die oberste Unternehmensführung, das Top Management, geeignete Organisation hängt nach Allen von drei Kategorien ab:

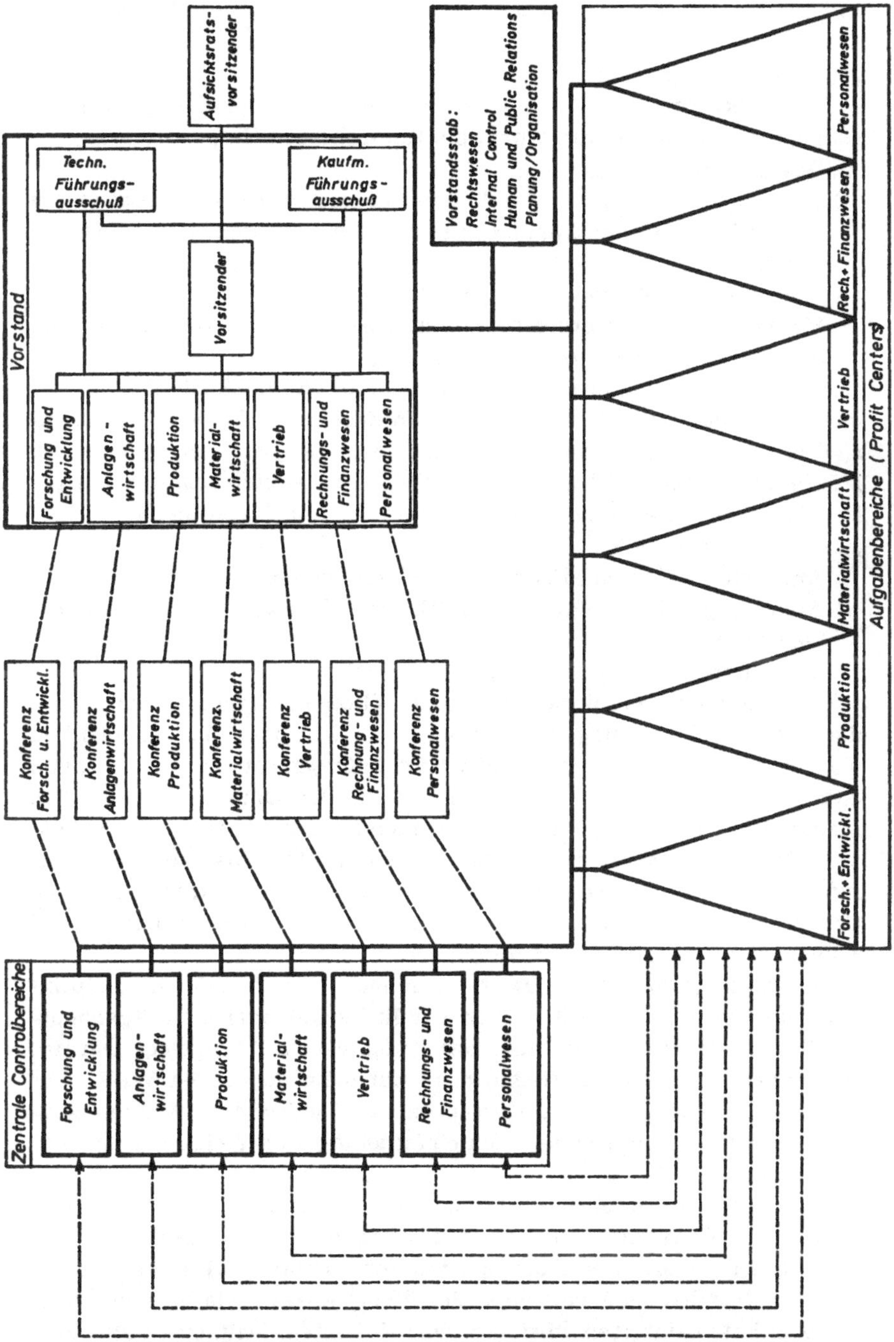

Abb. 14. Auswirkungen des Informationssystems auf die Unternehmensorganisation

„1. Gesamtmanagement
Ingangbringen und letzte Entscheidung bei Planung, Organisation, Impulsgebung, Koordinierung und Kontrolle des Unternehmens;
2. Gesamtdurchführung
Ausführung der Pläne, des Organisationsaufbaus, der festgelegten Kontrolle sowie das Impulsgeben und Koordinieren bei den Untergebenen;
3. Pflege der Beziehung
Vertretung des Unternehmens den Arbeitnehmern, Aktionären und der Öffentlichkeit gegenüber" [5, S. 263].

Allgemein stellt Schwarz fest: „Die oberste Leitung besteht entweder aus einer Singular- oder aus einer Pluralinstanz" [164, S. 91]; gemeint sind mit der letzteren das Direktorial-, das Kollegialprinzip oder deren Mischformen [164, S. 91 ff.]. Allen führt hierzu weiter aus, daß die gebräuchlichsten Arten der obersten Führungsorganisationen seien:
„1. der Präsident allein,
2. Aufteilung zwischen Präsident und oberstem Werksleiter,
3. Aufteilung zwischen Präsidenten, oberstem Werksleiter und oberstem Stabsleiter,
4. die oberste Führung als Gruppe" [5, S. 264].

In der Bundesrepublik herrscht in den Großunternehmen immer noch die traditionelle Teilung der Unternehmensführung in kaufmännischen und technischen Bereich vor, so daß bei dem Organisationsentwurf davon auszugehen war. Gleichzeitig gilt aber auch, daß Unternehmen ihr Top Management als Gruppe aufbauen müssen, wenn sie sich die Vorteile eines Informationssystems zunutze machen wollen. Diese oberste Führungsorganisation ist so gestaltet, daß allein der Vorsitzende in allen Grundsatzfragen entscheidet unter Berücksichtigung des Beratungs- und Kontrollrechts aller Vorstandsmitglieder.

Die Entscheidung [164, S. 92] kann einmal (nach dem Direktorialprinzip) selbst gegen den Willen aller Mitglieder mit oder ohne Revisionsmöglichkeit (durch Einschaltung des Aufsichtsrates) festgelegt werden, zum anderen (nach dem Mischprinzip) nur dann gegen den Willen der Vorstandsmitglieder, sofern das am meisten betroffene Mitglied kein Veto einlegt, oder nur gegen eine einfache, nicht aber eine qualifizierte Mehrheit.

Das Vertretungsproblem des Vorstandsvorsitzenden wird so gelöst, daß aufgrund einer Wahl je ein Vorstandsmitglied aus dem technischen und aus dem kaufmännischen Führungsausschuß nominiert wird, die gemeinsam den Vorsitzenden vertreten. Bei divergierender Haltung der Vertreter in Entscheidungen wird nach dem Kollegialprinzip durch alle Vorstandsmitglieder abgestimmt. Dabei kann je nach Gewicht der Entscheidung fallweise die Entscheidung durch Beschlüsse mit einfacher oder qualifizierter Mehrheit oder nur durch einstimmige Beschlüsse getroffen werden.

Die Abgrenzung des Middle Management von dem Lower (Operational) Management, denen Instanzen sowohl über- als auch untergeordnet sind, bleibt deshalb notwendigerweise uneinheitlich, da die Einordnung der im Grenzbereich zur mittleren und unteren Management-Ebene liegenden Abteilungen eine Ermessensfrage darstellt. Schwarz rechnet — ohne damit einen Anspruch auf Allgemeingültigkeit zu erheben — die Rangstufen vom Hauptabteilungsleiter bis zum Unterabteilungsleiter zum Middle Management [164, S. 94]. In der deutschsprachigen Literatur wird allerdings grundsätzlich die Auffassung vertreten, daß die Betriebs- und Hauptabteilungen zur mittleren Unternehmensführung gehören. Über den Mittelbau des Management lassen sich nur globale Aussagen machen. Seine funktionale Organisation ist abhängig von:

1. der Branche des Unternehmens,
2. der Unternehmensgröße,
3. der Instanzenintensität,
4. der Organisation des Top Management und des Lower Management,
5. dem Betriebsablauf,
6. der möglichen Zusammenfassung gleichartiger Arbeiten.

Bei dem Middle Management „... geht es um die Ableitung konkretisierender Mittelentscheidungen aus den Zielentscheidungen der obersten Leitung sowie um die Koordination der daraus resultierenden Handlungsabläufe ..." [164, S. 95]. Die Instanzen bilden die Zentralabteilungen zu direkt übergeordneten General-Manager-Stellen. Die Auswirkungen eines Management-Informationssystems auf die Organisation des Middle Management sind unter der „Rezentralisationstendenz" [102, S. 55 ff.] zusammengefaßt, die nicht im Widerspruch zur Dezentralisation der mittleren Unternehmensführung steht. Rezentralisation bedeutet hier [189, S. 151 ff.]:

1. eingeordnete Organisation der Stellen aufgrund räumlich zentraler elektronischer Verarbeitung der Daten;
2. Verbesserung der Daten;
   Schwarz [164, S. 96] sieht ebenfalls als Folge integrationsbedingter Verbesserung der Informationen den Weg für eine intensivere Entscheidungsdezentralisation.
3. Entscheidungsbildung und -findung durch eine zentrale EDV-Anlage;
4. Zwangsläufigkeit und systematische Kompetenzenzuordnung.

„Die Organisation des mittleren Management ... muß dezentralisiert sein, wenn alle Fähigkeiten der Angehörigen der mittleren Leistungsstufe zur Auswirkung kommen sollen" [119, S. 155].

Abgesehen von dem Teilbetriebs- bzw. Abteilungsleiter-Bereich, der sowohl zum Middle Management als auch dem Lower Management zugeordnet werden kann, bilden die Meister- und Gruppenleiterstellen das Lower Management. Sobald in einem Arbeitsbereich eine Gruppe von Mitarbeitern gleichartige oder zusammengehörige Ausführungsaufgaben übernimmt, benötigt sie eine Leitung; im technischen Bereich wird dies ein Meister und im kaufmännischen Sektor ein Gruppenleiter sein. „Die hierarchische Eingliederung der unteren Leitungsebene wird dadurch gekennzeichnet, daß ihr zwar Instanzen über-, aber im Gegensatz zur mittleren Leitungsebene Stellen mit im wesentlichen ausführenden Tätigkeiten untergeordnet sind" [164, S. 98]. Die Auswirkungen eines Management-Informationssystems auf die Organisation des Lower Management sind im wesentlichen gleicher Art wie die auf das Middle Management. Ein Unterschied besteht darin, daß durch die Übernahme der Routineführungsarbeiten auf die Computeranlage weniger Personal benötigt wird, bedingt durch die Neubildungen von Gruppen nach Funktionen.

Neu in der Unternehmensorganisation sind die Controlbereiche. Sie unterstehen direkt dem Gesamtvorstand, wobei jedem Vorstandsmitglied ein Funktionsbereich zugeteilt wird. Controlbereiche stellen Dienstleistungsbereiche zur Führung des Unternehmens dar; d. h. in Zusammenarbeit mit dem jeweiligen Vorstandsmitglied, aber auch zu dessen Entlastung werden die Informationen über den laufenden Geschäftsablauf analysiert, ausgewertet und an der Zielvorgabe gemessen, um aus diesem Controlling heraus neue Impulse und Kreativität zur Unternehmensführung zu gewinnen. In diesen Bereichen schließt sich der Zyklus Planen, Entscheiden, Ausführen und Kontrolle, wobei — resultierend aus dem Kontrollieren — die Plankontrolle den neuen Zyklus einleitet. Von besonderer Wichtigkeit für die Controlbereiche ist das Informationssystem. Durch die integrierte Informationsübermittlung können zentral die Ereignisse übersehen werden, wodurch eine weitgehende Flexibilität in der Führungstätigkeit zu erreichen ist. Oft können Ursachen für Abweichungen oder Ausnahmefälle gar nicht punktuell von einem Funktionsträger eines Aufgabenbereiches erkannt werden, da die Entstehung durch vielerlei Faktoren bewirkt wurde; dagegen ist die Klärung dieser Fragen aus der Gesamtschau der Controlbereiche durchaus möglich. Vorteilhaft wirkt sich auch dabei der direkte Kontakt zu den Linieninstanzen des Middle und Lower Management aus. Controlbereiche stehen ihnen beratend zur Verfügung, aber sie verleihen auch der Durchsetzung der Führung Nachdruck, indem sie auf Zielerreichung und auf die delegierte Verantwortung laufend aufmerksam machen. Ferner kommt den Controlbereichen eine Vermittlerstellung zwischen Top, Middle und Lower Management zu. Einerseits beeinflussen sie durch ihre permanente Aktivität die maßgeblichen

Führungskräfte, keine übertriebenen oder gar utopischen Zielsetzungen bzw. Sollvorgaben festzulegen, andererseits tragen sie klärend dazu bei, weshalb Ziele nicht erreicht worden sind.

3.232 Informationssystem und das Management

Wie im vorangehenden Abschnitt dargelegt, wird es eine Folge des Einsatzes eines Informationssystems sein, daß die neuen Möglichkeiten der Informationsverarbeitung eine Hinwendung zur stärkeren Zentralisierung in der mittel- und längerfristigen Führung des Unternehmens nach sich ziehen. Diese tendenzielle Zentralisierung wirkt sich aber auch auf das Management selbst aus.

Während der Führungs- und Entscheidungsspielraum des Middle Management sowohl durch die Programmierbarkeit von Entscheidungsfunktionen als auch durch die Neubildung von Controlbereichen auf die Behandlung von Ausnahmefällen eingeschränkt werden, erfährt das Lower Management eine Erweiterung seines Entscheidungsbereiches. Dies bringt eine Entlastung von Routineführungsaufgaben in vertikaler Richtung in der Management-Hierarchie. Durch das Informationssystem können oft Probleme sofort durch gezielte Entscheidungen gelöst werden, denn es ermöglicht beispielsweise eine On-Line-Kontrolle eines Fertigungsprozesses während seines Ablaufs. Störeinwirkungen lassen sich bereits durch das Lower Management beseitigen, noch bevor die negativen Weiterungen stärkere Ausmaße angenommen haben, und nicht erst vom Middle Management oder Controlbereich, wenn kurzfristige Erfolgsrechnungen vorliegen. Andererseits würde ein Unternehmen in kurzer Zeit einem hoffnungslosen Chaos entgegensteuern, wenn dem Top als auch Middle Management durch das Informationssystem an jedem Folgetag eine exakte Gewinn- und Verlustrechung vorliegen würde und diese Führungsgremien mit täglichen Korrekturmaßnahmen reagierten. Das Informationssystem trägt somit dazu bei, den Betriebsablauf zu beruhigen, den geplanten Entwicklungskurs einzuhalten, indem das Lower Management relevante Informationen erhält und dieses daraufhin die täglich notwendigen Korrekturmaßnahmen dosiert anwendet.

Diese Auswirkungen eines Informationssystems auf das Management werfen aber die Frage auf, ob für das oberste Top Management überhaupt ein Informationssystem notwendig ist.

Die Erörterung dieser Frage soll sich beziehen auf die nicht delegierbaren Führungsentscheidungen der obersten Unternehmensspitze, die nach Gutenberg durch folgende Führungsaufgaben ausgelöst werden:

„1. Festlegung der Unternehmenspolitik auf weite Sicht,
2. Koordinierung der großen betrieblichen Teilbereiche,

3. Beseitigung von Störungen im laufenden Betriebsprozeß,
4. geschäftliche Maßnahmen von außergewöhnlicher betrieblicher Bedeutsamkeit,
5. Besetzung der Führungsstellen im Unternehmen" [64, S. 60].

Außer der Beseitigung von Störungen im laufenden Betriebsprozeß beziehen sich alle anfallenden Führungsentscheidungen auf einen längerfristigen Zeitraum. Die Erstellung der hierzu notwendigen Arbeitsunterlagen zur Entscheidungsbildung müssen nicht in Sekundenschnelle greifbar sein. In den meisten Fällen werden sie von Führungsstäben in Zusammenarbeit mit den Controlbereichen vorbereitet. Diese „Führungshilfsstellen" kommen allerdings bei ihrem Arbeiten, ohne die Vorteile eines Informationssystem zu nutzen, nicht aus. Die Erkenntnisse der Mathematischen Entscheidungsforschung, der Verfahren der Vorhersage und der Statistik, der Kybernetik und der Automation gehören zukünftig zum Rüstzeug der Entscheidungsvorbereitung, deren sinnvolle und wirtschaftliche Anwendung aber erst durch ein Informationssystem ermöglicht wird. Damit aber ergibt sich durch das Informationssystem ein indirekter Nutzen für die oberste Unternehmensspitze hinsichtlich der Entscheidungskategorien zur Festlegung der Unternehmenspolitik, zur Koordinierung der betrieblichen Teilbereiche oder zur Kontrolle. Anders liegt die Situation bei den Entscheidungen zur Beseitigung von Störungen im laufenden Betriebsprozeß. Aufgrund des Informationssystems kann diese Entscheidungsgruppe dem Middle bzw. Lower Management übertragen werden. Die daraus resultierenden Wirkungen wurden bereits erörtert.

Durch den Einsatz eines Informationssystems ändert sich aber auch die Art der Berichterstattung, des Konferenz- und Kommissionswesens. Statt des bisherigen Massenausstoßes von Daten, die in den meisten Fällen zu allgemein und zu umfangreich für die gezielten Analysen sind, werden durch das Informationssystem funktionale Informationskategorien an die entsprechenden Aufgabenträger geliefert. Diese permanente differenzierte Unterrichtung führt zu einer umfassenden Einsicht in das laufende Unternehmensgeschehen. Wünscht der Aufgabenträger über erklärungsbedürftige Erscheinungen noch tiefergehende Informationen, können diese umgehend beschafft werden. Informationen sind damit verursachungs- und zeitgerecht auf die entsprechende Analyse abstimmbar. In diesem Zusammenhang muß noch erwähnt werden, daß dem Mißbrauch von Informationen durch entsprechende Praktiken der Datensicherung Einhalt geboten werden kann. Bedingt durch die funktionale Informationsübermittlung erfährt auch das Konferenz- und Kommnissionswesen eine Veränderung. Reuss schreibt hierzu: „Im Zeichen sofortiger Informationsübermittlung und zugriffsbereiter Speicherung aller wichtigsten Informationsdaten und der Programmierbarkeit vieler Entscheidungen wird auch das gesamte Konferenz- und Komiteeunwesen abnehmen. Ausschüsse werden dann auf die Funktionen beschränkt werden, wo sie ihren Sinn haben, nämlich Diskussion und Festlegung unternehmenspolitischer Grundlinien" [144, S. 59].

Diese Auswirkungen eines Informationssystems auf das Management hat weiter zur Folge, daß an die Unternehmensführung der Zukunft weit höhere Ausbildungsanforderungen zu stellen sind, was bereits an anderer Stelle angedeutet worden ist. Die Anwendung eines Informationssystems als Mittel der Unternehmensführung erfordert ein Umdenken; sollen die qualifizierten Informationen richtig interpretiert und ausgenutzt werden, bedarf es der Vorbereitung und Umschulung der Führungskräfte aller Stufen auf die neuen Informationstechniken. Heute wird oft in den Unternehmen langjährige Erfahrung in den einzelnen Funktionsbereichen und eine solide Fachausbildung als einzige Eignungskriterien in den Vordergrund gestellt. Das Umdenken in der Zukunft liegt darin, daß die Führungskräfte die Grundlagen, die Funktionsweise und den Aufbau von Kontroll- und Steuerungssystemen in ihrer Wirkung auf die Führung verstehen, um das interne Funktionieren des Unternehmensgeschehens organisieren zu können. Reuss fordert ferner: „Man wird darüber hinaus mehr als heute neben Fachausbildung auch ‚Bildung' verlangen. Bildung als abgerundetes Wissen um Tatsachen, die außerhalb des unmittelbaren Erfahrungsbereiches liegen; als Wissen, auf das man in der langfristigen Unternehmensstrategie zurückgreifen kann und als Wissen, das neue Tendenzen zu erkennen und ihre Auswirkungen absehen läßt" [144, S. 52]. Während heute der optimale Ausbildungsgang späterer Führungskräfte in der Absolvierung betriebswirtschaftlicher Fachschulen gesehen wird, setzt sich Reuss für eine Ausbildung ein, wie sie in einigen wenigen amerikanischen und europäischen Management-Instituten praktiziert wird. „Dort bildet ein abgeschlossenes allgemeines Grundstudium Voraussetzung zum Eintritt. In der zweijährigen harten Schulzeit ... liegt die Betonung weniger auf spezialisiertem Fachwissen, als vielmehr auf dem Erkennen der Grundlinien, die die Entwicklung in Fachbereichen bestimmen und in Zukunft beeinflussen werden; auf der Fähigkeit, aus ungeordneten Situationen Zusammenhänge zu abstrahieren und Problemstellungen zu strukturieren; schließlich auf dem Zeigen und Analysieren von Grundzusammenhängen. Was gelehrt wird, ist also nicht totes Wissen, sondern die Fähigkeit zum Erkennen" [144, S. 52].

4. Das MIS — seine neue Bedingungslage durch den Technischen Fortschritt

4.1 Technischer Fortschritt und Informationssystem

Handarbeit, Mechanisierung, Automation und Kybernetik markieren die Etappen des Technischen Fortschritts, die tiefgreifende Auswirkungen auf die industrielle Gesellschaft gezeigt haben und zeigen werden. Auch die Führungstechnik der Unternehmen unterliegt ständig den Entwicklungstendenzen des Technischen Fortschritts. In der Programmierbarkeit von Entscheidungsbereichen im Unternehmen und in der computer-kontrollierten Steuerung von betrieblichen Abläufen und Systemen tritt uns eine Entwicklung entgegen, die nicht nur die herkömmliche innerbetriebliche Berichterstattung durch das Informationssystem als ein schlagkräftigeres Führungsmittel ersetzt, sondern das Informationssystem selbst erfährt durch den Technischen Fortschritt eine neue Bedingungslage: das Führen im Mitvollzug durch die Verwirklichung eines Real-Time-Management-Informationssystems.

Ein kurzer Überblick soll dazu beitragen, das jeweils Neue der Entwicklungsabschnitte des Informationssystems in der Stufenleiter des Technischen Fortschritts herauszustellen und darzulegen, wie sich die neue Bedingungslage, die sich aus dieser Entwicklung eröffnet, abstecken läßt. Als Entwicklungsstufen des Informationssystems, die entsprechend dem Stand des Technischen Fortschritts jeweils als Mittel der Unternehmensführung dienen, lassen sich aufzeigen:

1. Entwicklungsstufe:	Intuition und Erfahrung,
2. Entwicklungsstufe:	Planung und Kontrolle der Arbeiten einzelner Abteilungen,
3. Entwicklungsstufe:	Mechanisierung der Verwaltungsarbeiten,
4. Entwicklungsstufe:	Neuordnung der Unternehmensbereiche, Übernahme einzelner Arbeitsgebiete auf elektronische Datenverarbeitung,
5. Entwicklungsstufe:	Integrierte Datenverarbeitung,
6. Entwicklungsstufe:	Simulation von einzelnen Entscheidungen,
7. Entwicklungsstufe:	Management-Informationssystem auf der Grundlage einer Datenbank,
8. Entwicklungsstufe:	Real-Time-Management-Informationssystem.

In Abbildung 15 werden diese Zusammenhänge nochmals dargestellt.

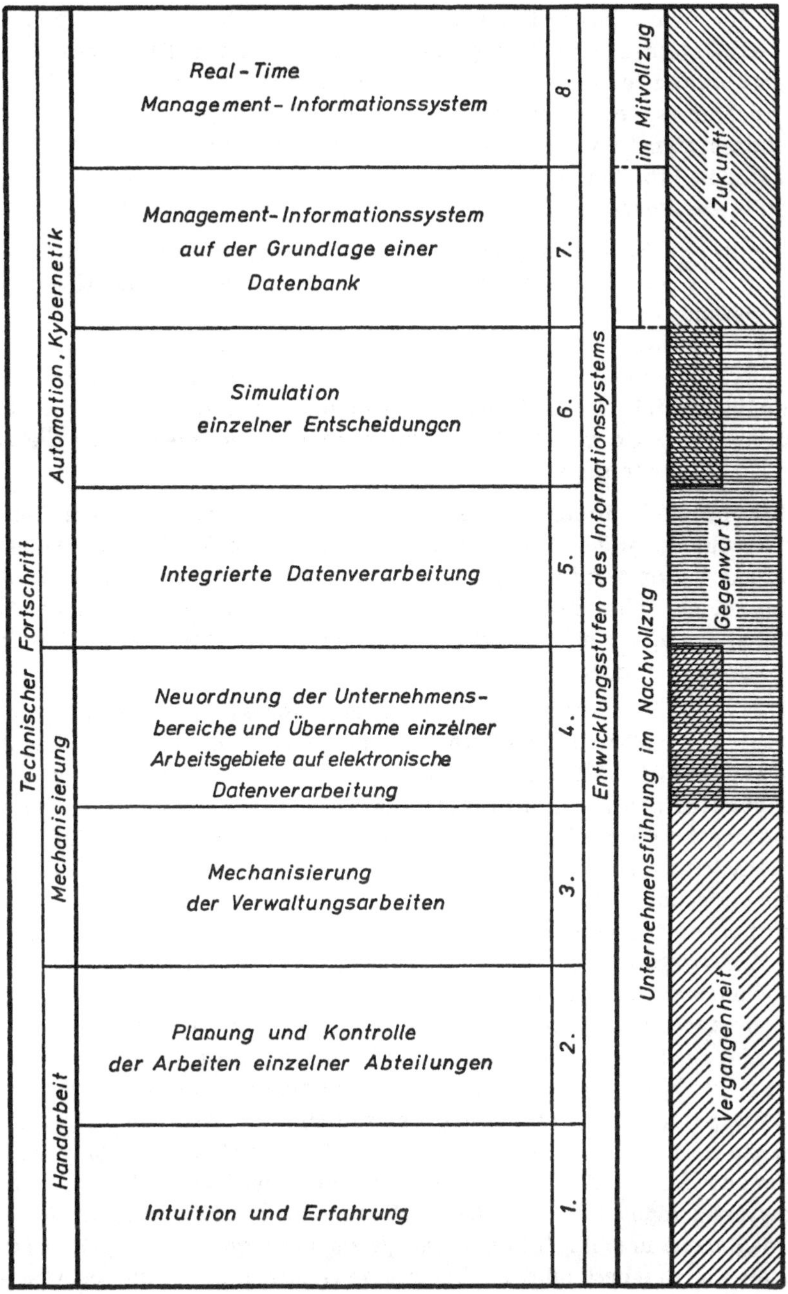

Abb. 15. Technischer Fortschritt und Informationssystem

In der ersten Entwicklungsstufe waren es Intuition und Erfahrung, die für die Unternehmensführung die Grundlage bildeten. Die Geschäftsführung überblickte aus ihrer Berufsentwicklung heraus das Unternehmensgeschehen so weit als möglich. Jeder Aufgabenträger hatte sein „Informationssystem" und die Zielsetzungen im Gedächtnis, plante die auszuführenden Arbeiten nach dem Stand des Erledigten und kontrollierte auch die Ergebnisse. Arbeitstechnische Hilfsmittel waren nicht notwendig.

Die zweite Entwicklungsstufe wurde ausgelöst durch das Aufkommen neuer Technologien, durch die Zunahme der Unternehmensgrößen und Ausweitung der Märkte. Die Vermehrung der Führungsaufgaben überstieg das Führungsvermögen des einzelnen; in bestimmten Abteilungen wurden deshalb systematische Methoden der Planung und Kontrolle zur Arbeitsdurchführung und -gestaltung eingeführt. Die Führungsaufgaben wurden teilweise mittels Anweisungen ohne Koordinierung an die Arbeitskräfte weitergegeben.

Mit der Verbreitung von Tischrechenmaschinen und später von Tabelliermaschinen erfährt die Verwaltungsarbeit eine Mechanisierung. Die Rechenarbeiten werden maschinell durchgeführt. Diese Arbeitserleichterung hat zur Folge, daß nunmehr Statistiken zwecks Information der Geschäftsführung angefertigt werden, was als Kennzeichen der dritten Entwicklungsstufe anzusehen ist.

Die vierte Entwicklungsstufe des Informationssystems wird durch den Einsatz von elektronischen Rechenautomaten eingeleitet. Die Klärung der Frage der Wirtschaftlichkeit des Einsatzes zwingt die Unternehmen, ihre Teilbereiche neu zu ordnen. Erstmalig werden Aufbau- und Ablauforganisation, Arbeitsstrukturen, Führungsmittel und Informationsfluß eines Unternehmens einer Gesamtbetrachtung unterworfen. Probleme der Zentralisation und Dezentralisation eröffnen sich der Geschäftsleitung. Das Berichtswesen erhält eine größere Bedeutung als früher. Bedingt durch die Anfangsschwierigkeiten des Einsatzes von Computeranlagen in Unternehmen wurden jedoch nur einzelne Arbeitsgebiete auf elektronische Datenverarbeitung umgestellt, ohne dabei auf die Mehrfachausnutzung der Eingabedaten zu achten, zumal oft in den konventionellen Arbeitsablauf die Computeranlage als Rechenautomat eingefügt wurde. Dies brachte jedoch eine Vermehrung des statistischen Materials mit sich, so daß die Geschäftsführung in den „Zahlenfriedhöfen" den Überblick verlor oder aus Zeitgründen die Auswertung nicht durchsehen konnte. Viele Unternehmungen haben in dieser Phase sehr deutlich erkannt, daß ihr Management und ihr Informationssystem nicht qualifiziert genug sind, um die vielen entscheidenden Beschlüsse zu ermöglichen. Daraus ergeben sich intensive Impulse für die nächsten Stufen.

Die fünfte Entwicklungsstufe ist gekennzeichnet von der integrierten Datenverarbeitung und gilt als eigentliche Ausgangsstufe für das Management-Informationssystem. „Durch die ‚Integration der Teilsysteme' sollen die verschiedenen Bereiche einer Unternehmung und ihr Informationsfluß zu einer Einheit verbunden werden. In diesem System sollen die einmal eingegebenen Ursprungsdaten nach einheitlichen Grundsätzen verarbeitet und ausgewertet werden" [85, S. 14]. Die Zugriffsmöglichkeit zu Entscheidungsunterlagen wird wesentlich verkürzt. Die Organisation der Arbeitsabläufe erscheint als Gesamtheit und beruht auf der These der Integration der Mittel: „... jede Tätigkeit (erfordert) einen funktional bestimmten Gebrauch der verschiedenen Mittel: Personal, Material, Werkzeuge, Maschinen, Zeit und Geld" [85, S. 15]. Rechnungswesen, Einkauf, Lagerwesen, Vertrieb, Fertigung und Personalwesen werden so organisiert, daß die Vorteile der Computeranlage gegenüber herkömmlichen Organisationshilfsmitteln genutzt werden können.

Auch werden die notwendigen Voraussetzungen geschaffen, Arbeitsgänge im Rahmen der integrierten Verarbeitung zu automatisieren wie beispielsweise das Schreiben von Mahnungen und Bestellungen für Material. Das Informationswesen wird nach Abteilungen aufgebaut. Aufgrund der enorm großen Rechen- und Verarbeitungsgeschwindigkeit der Computeranlagen finden sowohl die rechenintensiven Modelle der Mathematischen Entscheidungsforschung als auch die Erkenntnisse der Kybernetik Anwendung für unternehmerische Belange.

Mit der Festigung der Automation und Kybernetik in der Anwendung für unternehmerische Problemlösungen wird die nächste Entwicklungsstufe des Informationssystems herbeigeführt: die Simulation einzelner Entscheidungen. Simulation bedeutet die Vorausrechnung mehrerer Entscheidungsalternativen. Dieser sechste Entwicklungsabschnitt steht in engem Zusammenhang mit der integrierten Datenverarbeitung, da für das Simulieren von Vorgängen eine Vielzahl von Daten zugriffsbereit gespeichert sein muß.

Die Erkenntnisse aus der fünften und sechsten Entwicklungsstufe sowie die in der Zukunft auf die Unternehmensführung zukommenden Anforderungen und komplexen Aufgaben ließen die Forderung nach einem Management-Informationssystem als das geeignete zukünftige Führungsmittel aufkommen. Die Grundlage seiner Durchführung ist eine umfassende Datenbank, die in der Praxis bereits in manchen Unternehmen im Rahmen der integrierten Datenverarbeitung eingerichtet worden ist. Entscheidend für diese Entwicklungsstufe ist der Ausbau des Informationswesens zu funktionalen, differenzierten und dosierten Informationsströmen entsprechend den Management-Ebenen, die also nicht bereichsgebunden sind, sondern die je nach der Verantwortungsdelegation aus den gleichen Ursprungsdaten maßgeschneiderte Informationen liefern.

Während die bisher aufgeführten Praktiken der einzelnen Entwicklungsstufen die Führung eines Unternehmens im Nachvollzug zulassen, gestattet ein Real-Time-Management-Informationssystem die Unternehmensführung im Mitvollzug.

Die Verzögerungszeit (time-lag) zwischen Aktion und Reaktion des unternehmerischen Entscheidens und Handelns verringert sich von jeder Entwicklungsstufe zur nächsten, so daß mit dem Erreichen der siebten Stufe (Informationssystem auf der Grundlage einer Datenbank) ein Quasi-Mitvollzug gewährleistet ist. Die achte Entwicklungsstufe, die gleichsam als Endstufe einen Idealzustand eines Informationssystems darstellt, dürfte jedoch in naher Zukunft ein Wunschdenken bleiben. Die durch den raschen Technischen Fortschritt eingeleitete Entwicklung wird aber stets in Richtung eines Real-Time-Management-Informationssystems gehen; für die Gegenwart ist es noch ein Mythos. Die Entwicklungsbemühungen werden ein Informationssystem auf der Grundlage einer Datenbank verbessern und verfeinern, so daß aufgrund der hohen Aktualität und Aussagekraft der Informationen eine Unternehmensführung in der Zukunft offensiv agieren kann, statt defensiv reagieren zu müssen.

Die neue Bedingungslage des Informationssystems durch den Technischen Fortschritt wird also von einem Zweifachen geprägt: von dem Einfluß der Automation und Kybernetik und von den Bemühungen der Verwirklichung eines Real-Time-Management-Informationssystems. Beide Problemkreise sollen im folgenden erörtert werden.

4.2 Automation und Kybernetik — Bedeutung für das Informationssystem

4.21 Inhalt und Merkmale der Automation und Kybernetik

Das Grundprinzip der Automation besteht in der selbstregulierenden Steuerung eines aus mechanisierten Arbeitsvorgängen zusammengesetzten Prozesses [45]. Die Gestalt der Automation zeigt sich in der Integration der einzelnen mechanisierten Arbeitsvorgänge, in der integrierten Steuerung und Kontrolle gesamter industrieller Prozesse. Die Betonung liegt hier auf Prozeß und nicht mehr auf dem einzelnen Arbeitsvorgang bzw. auf der einzelnen Maschine, die den Gegenstand der Mechanisierung bilden [202]. Grundlegendes Merkmal des Steuerungsvorganges ist die Rückübermittlung der Kontrollinformationen (feed-back), durch die in einem System die Selbstregulierung ermöglicht wird. Feed-back als wichtigster Vorgang selbstregulativer Prozesse, auch Rückkopplung genannt, bezeichnet in der Nachrichtentechnik die korrigierende Beeinflussung von Ablaufvorgängen aufgrund von Kontrollinformationen, die von nachgelagerten Kontrollstationen rückübermittelt werden.

Bei der Automation gesamter Betriebsprozesse, seien es Produktionsvorgänge oder Verwaltungsabläufe, müssen kontinuierlich Informationen in eine Steuerzentrale eingegeben werden, die den Systemzustand beschreiben. Die ankommenden Kontrollinformationen unterliegen der Analyse durch die Zentrale (Computersystem). Ergeben sich bei dem Vergleich der Istdaten mit Solldaten (Minima- oder Maxima-Daten) Abweichungen, die die Toleranzgrenzen unter- bzw. überschreiten, so gibt das Computersystem automatisch Steueranweisungen an die entsprechende Regelstelle. Durch die Rückkopplung wird also die Möglichkeit der Selbstkorrektur des Prozeßablaufs geschaffen. Hierzu muß jedoch die unabdingbare Voraussetzung erfüllt sein, daß der Ablauf eines Prozesses durch ein mathematisches Modell dargestellt werden kann oder einer systematischen Zwangsläufigkeit unterliegt, aufgrund dessen genau angegeben werden kann, wie der Vollzug unter der beliebigen Ablaufkonstellation weiterzuführen ist.

Kybernetik ist ein Wissenschaftszweig, der sich mit der Theorie der Kontrolle und Steuerung von Systemen befaßt. Die Gestalt der Kybernetik zeigt sich in Systemen und Netzwerken von Regelkreisen. „Aus einer Vielzahl von Wissensgebieten und Tätigkeiten abstrahiert sie (die Kybernetik, d. Verf.) theoretische Grundlagen und gibt sie an eben die gleichen Quellen als analytische Methoden, als Aussage über allgemeine Verhaltensregeln und als Werkzeuge zur Bewältigung praktischer Probleme wieder zurück ... Kybernetik läßt sich also in diesem Sinne mit der Statistik vergleichen, deren theoretische Grundlagen und praktische Verfahren eine ähnlich breite Relevanz und Anwendung haben" [144, S. 11]. Die kybernetischen Überlegungen beruhen im wesentlichen auf Elementen der Managementlehre, Mathematik, Physiologie, Soziologie, Logistik, Informationstheorie, Entscheidungstheorie und Regeltechnik. Steinbuch definiert Kybernetik als „Anwendung der Regellehre, der Informationstheorie und der Theorie der Nachrichtenverarbeitung bei der Untersuchung von Artfakten, Organismen und Gruppen derselben" [269, S. 8]. Der Wert der kybernetischen Systembetrachtung ist nicht in dem Aufzeigen neuartiger Erkenntnisse zu sehen, ... „denn die Regelung und das Rückkopplungsprinzip sind ja keineswegs erst durch die Kybernetik erkannte Phänomene; kybernetisches Denken und Anpassungsverhalten wird tagtäglich in den Betrieben praktiziert" [196, S. 233]. Schwarz sieht den Wert der Kybernetik „... vielmehr in ihrer besonderen Eignung zur Denkschulung sowie zur Darstellung und Analyse komplexer Informations- und Entscheidungszusammenhänge. (Sie trägt, d. Verf.) ... auf diese Weise zur Gewinnung tieferer Einsichten und problemadäquater Strukturregelungen bei, letzteres aufgrund der Tatsache, daß ihre instrumentale Verwendung die Außerachtlassung der mit dem an und für sich bekannten Prinzip der Rückkopplung verbundenen Aspekte verhindert" [164, S. 26]. In Anlehnung an die kybernetische Praxis [11, S. 50 ff.] lassen sich die Systeme einteilen nach dem Grad ihrer Kompliziertheit in einfache, komplexe und überaus komplexe Systeme. Außerdem unterscheidet man deterministische und stochastische Systeme.

Die Einteilung der kybernetischen Systeme nach den allgemeinsten Gliederungskriterien macht auch die Beziehung zwischen Automation und Kybernetik deutlich: Automation umschreibt die Steuerung komplexer deterministischer Ablaufvorgänge im Unternehmen und stellt einen Sonderfall der kybernetischen Systeme dar. Reuss beschreibt den Zusammenhang wie folgt: „Automation ist die selbstregulierende Steuerung integrierter Produktionsprozesse (Prozesse, d. Verf.), die in sich aus mechanisierten Arbeitsgängen bestehen. Automation bezieht sich auf die Steuerung deterministischer Prozesse und umfaßt also eine Untergruppe kybernetischer Systeme. Kybernetik umreißt in allgemeiner Form die Wissenschaft und Technik der Kontrolle und Steuerung von Systemen" [144, S. 12].

4.22 Möglichkeiten und Grenzen der Anwendung von Automation und Kybernetik im Informationssystem

4.221 Nutzung der Regelungstechnik

Unter einer Regelung versteht man einen Vorgang, bei dem eine gemessene physikalische Größe (Regelgröße) laufend mit einem gewünschten Wert (Führungsgröße, Sollwert) verglichen wird und durch eine automatische Einrichtung Abweichungen in einem vorgegebenen Maße verringert oder beseitigt werden. Betrachtet man den Regelvorgang vom Wirkungsablauf her, so läßt sich eine Regelung in einem Blockschaltbild (Abbildung 16) darstellen.

In dem einen Block wird alles zusammengefaßt, was zu dem zu regelnden Ablauf gehört und bezeichnet ihn als Regelstrecke S. Der zweite Block umfaßt alles, was zur Regeleinrichtung R gehört. Beide Blöcke werden mit sogenannten Wirkungslinien verbunden. Der Eingang der Regelstrecke ist die Stellgröße a(t), der Ausgang ist die durch sie veränderliche Regelgröße b(t). Den Eingang der Regeleinrichtung oder des Reglers bildet die Regelabweichung $b_{wc}^{(t)} = b^{(t)} - c^{(t)}$, der Ausgang ist die Stell-

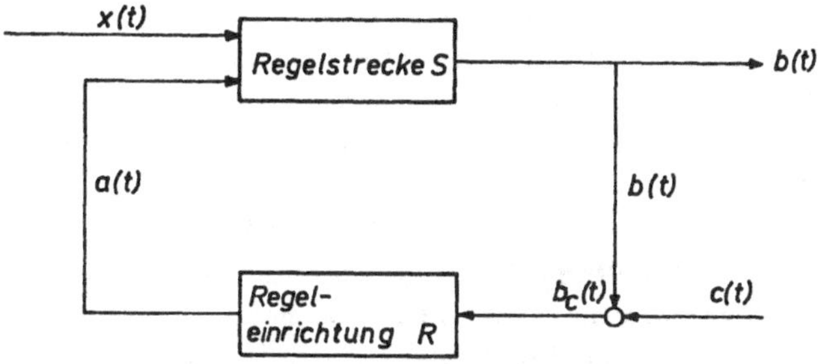

Abb. 16. Darstellung einer Regelung im Blockschaltbild

größe a(t). Die Verbindung der beiden Blöcke Regelstrecke und Regeleinrichtung zeigt, daß jeder Regelvorgang aus einem rückgekoppelten Wirkungsablauf (Regelkreis) besteht, der durch eine Störgröße x(t), die auf die Strecke wirkt, ausgelöst wird.

Die Grundsätze der Regelung werden heute schon beispielsweise in der Automation von Fertigungsprozessen bzw. allgemein in der integrierten Datenverarbeitung berücksichtigt. „Es liegt deshalb die Frage nahe, ob man die dort konsequent angewandten Erkenntnisse auf dem Gebiet der der Regelung und Steuerung nicht auch für die Führung und Verwaltung des Gesamtunternehmens nutzbar machen kann. Man muß sich vor Augen halten, daß jedes Informationssystem seinen Sinn daraus herleitet, daß es möglich ist, aufgrund gegenseitiger Kommunikation der Teile des Systems das Unternehmen zu steuern und auf vorgegebene Ziele einzuregeln. In diesem Sinne ist die Frage nach einem formalisierten Informationssystem im Unternehmen sicherlich eine kybernetische Fragestellung" [241, S. 372]. Um die Grundsätze der Regelung jedoch in einem Informationssystem zu verwirklichen, muß gewährleistet sein, daß das Unternehmen nach den Management-Funktionen geführt wird, damit auf der Grundlage der Planung, Durchführung und Kontrolle ein Soll-Ist-Vergleich vollzogen werden kann. Hartmann [236, S. 167 ff.] hat hierzu auf der Grundlage für ein neues organisatorisches Ganzheitsdenken beim Einsatz elektronischer Datenverarbeitungsanlagen im Unternehmen ein „Total Business System" entwickelt, dessen Hauptziel der Systemgestaltung ein Informationssystem ist. „Gedanklicher Ausgangspunkt für ein ‚Total Business System' ist die Abstraktion des betrieblichen Datenverarbeitungs- und Informationsapparates durch ein kybernetisches Modell" [236, S. 171]. Bei der Nutzung der Gedanken Norbert Wieners [194] auf ein Unternehmen läßt sich der gesamte betriebliche Leistungs- und Informationsprozeß als eine Differenzierung vermaschter Regelkreise verstehen. „Der Ablauf des Leistungsprozesses wird durch eine Übermittlung von Informationen (Vorgabe von Soll-Werten) gesteuert; bei Abweichungen des Leistungs-Ists vom vorgegebenen Soll werden mit Hilfe des ,feedback' ... Informationen an das Steuerungszentrum übermittelt, das durch Abgabe neuer Informationen die notwendige Korrekturmaßnahme einleitet" [236, S. 171]. Zur Veranschaulichung der Anwendung der Prinzipien der Regelungstechnik in einem Informationssystem zeigt die Abbildung 17 das Ineinandergreifen der Regelkreise.

Aufgrund der Gestaltung des Informationssystems nach den Grundsätzen der Regelungstechnik läßt sich seine Bedingungslage mit den folgenden Forderungen umschreiben, die Hartmann katalogmäßig herausgearbeitet hat:

„1. Ein bestimmtes Ausgangsdatum wird ohne Rücksicht auf die Häufigkeit seiner Verwertung im Gesamtsystem stets nur einmal von dem System aufgenommen.

2. Die Ausgangsdaten werden bereits am Ort ihres Entstehens in unmittelbar maschinell verarbeitbarer Form aufgezeichnet.

3. Die weitere Verarbeitung der aufgenommenen Daten geschieht automatisch d. h. ohne manuelle Eingriffe.

4. Ein bestimmtes Datum wird innerhalb des Gesamtsystems immer nur einmal gespeichert.

5. Eine bestimmte Datenverarbeitungsoperation wird mit einem bestimmten Datum bzw. Datensatz stets nur einmal durchgeführt; jedoch werden die Ausgangsdaten und Zwischenergebnisse der Verarbeitung für andere Datenverarbeitungsoperationen so oft wiederbenutzt, wie es erforderlich ist.

6. Datenweiterleitungen von Teilsystem zu Teilsystem innerhalb des Gesamtsystems sind beschränkt auf solche Daten, die für die Datenverarbeitungsoperationen des empfangenden Teilsystems tatsächlich erforderlich sind.

7. Eine bestimmte Information wird nur einmal erstellt und ausgegeben ...

8. Informationen werden vom System zum Zeitpunkt des Bedarfs abgegeben.

9. Das System sorgt für eine gleichwertige Informationsabgabe an nebengeordnete Instanzen und für eine planmäßige Informationsfilterung in Hinsicht auf Informationsabgaben an Instanzen mit verschiedenem Rang ...

10. Die auf programmierten Entscheidungen beruhende Automatik des Systems veranlaßt bei der Mehrzahl von Abweichungen des Operations-Ists vom Operations-Soll selbsttätig die erforderlichen Korrek-

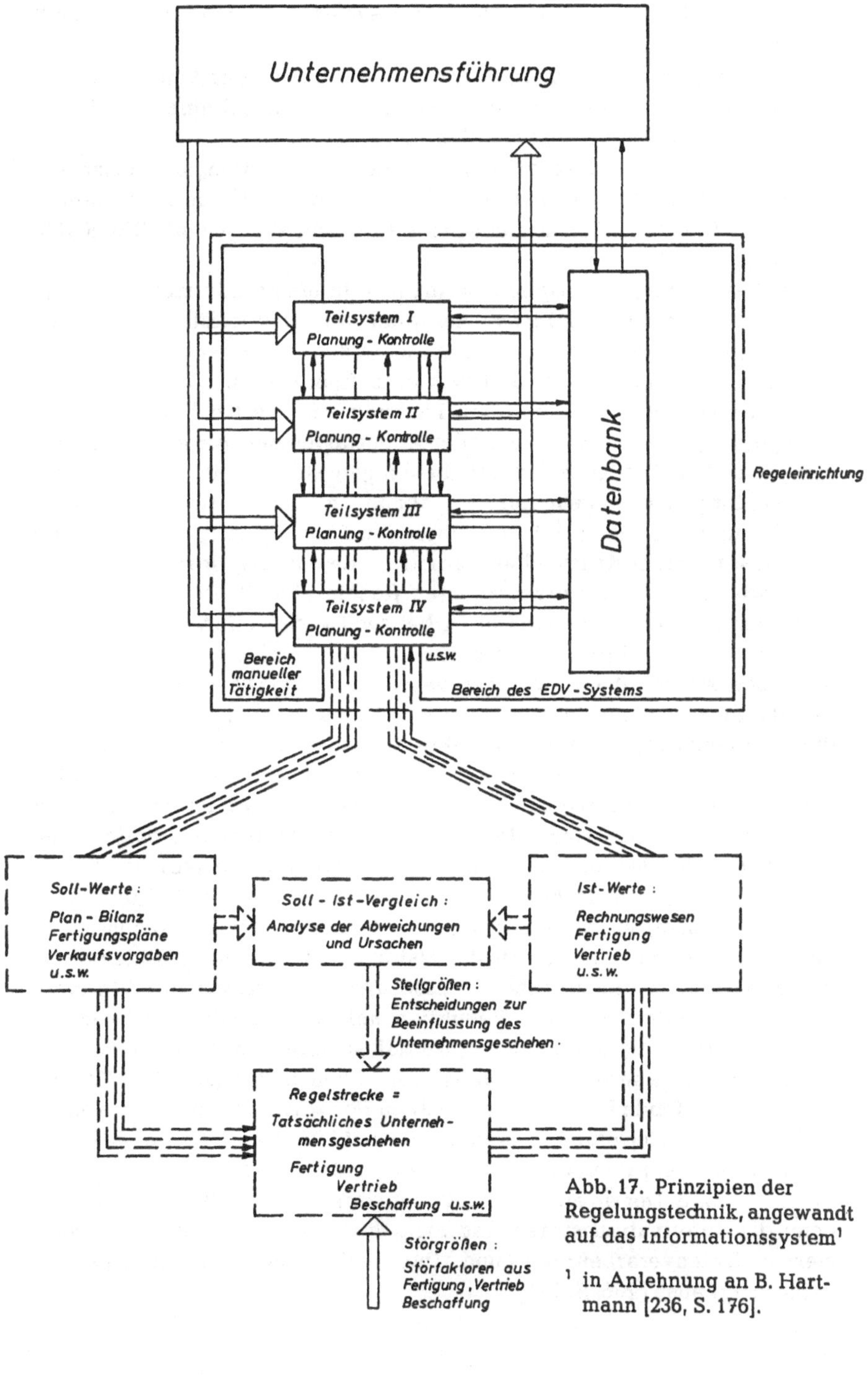

Abb. 17. Prinzipien der Regelungstechnik, angewandt auf das Informationssystem[1]

[1] in Anlehnung an B. Hartmann [236, S. 176].

turmaßnahmen; Informationsabgaben des Systems an Leitungsinstanzen wegen solcher Abweichungen erfolgen nur bei einer relativ geringen Zahl von Ausnahmefällen ...

11. Bei neuartigen Entscheidungsproblemen der Leitungsinstanzen gestattet es das System, in kurzer Frist die hierfür erforderlichen besonderen Informationen zusammenzustellen und abzugeben" [236, S. 180/181].

Die Anwendung der Regelungsprinzipien in einem Informationssystem bedeutet automatische Führung aufgrund der Ist-Vorgänge gemäß den festgelegten Planwerten. Eine Computeranlage ist in der Lage, die Einhaltung der vorgegebenen Soll-Werte zu überwachen. „Die Schwierigkeiten treten bei der eigentlichen Lenkung auf, die bei Soll-Ist-Abweichungen Eingriffe in den Ablauf oder Änderungen der Vorgabedaten vorzunehmen hat. Die Lenkungsentscheidungen stehen mit den Planungsentscheidungen in engem Zusammenhang und lassen sich nicht immer voneinander trennen" [53, S. 33]. Unter den Führungstätigkeiten läßt sich theoretisch grundsätzlich alles nach dem Regelkreisprinzip vollziehen, was nach eindeutigen vorhersagbaren Regeln abläuft. Die nächste Voraussetzung für die automatische Arbeitsweise des Informationssystems besteht in der Programmierbarkeit von Entscheidungen, die im folgenden Abschnitt im einzelnen zu erörtern ist. Die regelungsmäßige Selbständigkeit eines Informationssystems verlangt gewisse „Entscheidungsbefugnisse", um funktionsfähig zu sein. Das Informationssystem kann andererseits nur ein Mensch-Maschine-System sein. Hier werden die Grenzen der Verwirklichung der Grundsätze des Regelprinzips in einem Informationssystem offenkundig. Ein vollautomatisches Informationssystem, bei dem die Gesamtheit seiner Arbeitsweise nach dem Regelprinzip abläuft, wird in der betrieblichen Praxis in naher Zukunft nicht realisierbar sein; es ist zunächst als Gedankenmodell anzusehen. Hartmann führt hierzu aus: „Denn die Natur der betrieblichen Datenverarbeitungs- und Informationsbedürfnisse und die Struktur ihrer Interdependenz ist selbst bei einer Reduktion auf das unbedingt Notwendige viel zu vielgestaltig und komplex, als daß sie sich in der Form eines einheitlichen mathematischen Modells ausdrücken ließe" [236, S. 173]. Die nicht aufzuhaltende Kraft des Technischen Fortschritts wird jedoch schrittweise diese Hindernisse abbauen und darauf hinwirken, eine praktikable Systemgestaltung zu finden, in der die Grundsätze der Regelungstechnik verankert sind. Der erreichbare Automatisierungsgrad wird variabel sein, denn das Informationssystem „schließt Systemteile von nicht-automatisierten Datenverarbeitung- und Informationsübermittlungsvorgängen keineswegs aus" [236, S. 174].

4.222 Programmierbarkeit von Entscheidungen

Als Voraussetzung für die automatische Arbeitsweise eines Informationssystems ist nun die Programmierbarkeit von Entscheidungen zu erörtern.

Bei der Betrachtung der unternehmerischen Entscheidungen hinsichtlich ihrer Programmierbarkeit wird weniger die Stellung der Entscheidung im Rahmen der Unternehmenspolitik in den Vordergrund gestellt; die Kriterien für die Programmierbarkeit sind

1. der Grad der Unsicherheit und
2. die Häufigkeit des Entscheidungsvollzugs.

Die grundlegende Stellungnahme hierzu trifft Simon [170, S. 5], dessen Unterscheidung auch Albach [3, S. 399] übernommen hat. Simon führt aus: „Entscheidungen sind in dem Umfang programmiert, wie sie wiederholt und gewohnheitsmäßig sind, in dem Umfang, in dem eine bestimmte Vorgehensweise zu ihrer Behandlung ausgearbeitet wurde, so daß sie nicht jedesmal von neuem behandelt werden müssen. Der offensichtliche Grund, warum programmierte Entscheidungen wiederholt auftreten, und umgekehrt, ist, daß, wenn ein spezielles Problem oft genug auftritt, nomalerweise Standardanweisungen zur Lösung erarbeitet werden ... Entscheidungen sind nicht programmiert, sofern sie neu und umstrukturiert sind und wichtige Folgen haben. Unter nicht programmiert verstehe ich ein Vorgehen, bei dem das System nicht auf vorgeschriebene Anweisungen zurückgreifen kann, sondern zurück muß zu der allgemeinen Fähigkeit, die es für intelligentes, problemorientiertes, anpassungsfähiges Handeln hat. Zusätzlich zu seinem spezifischen Können und Wissen besitzt der Mensch Eigenschaften, die ihm die Lösung allgemeiner Probleme erlauben" [170, S. 6]. Konstitutive Entscheidungen, die bei der Unternehmensgründung zu treffen sind, tragen den Charakter der Einmaligkeit und müssen fast ausschließlich unter Unsicherheit gefällt werden; sie sind nicht programmierbar. Die laufenden situationsbedingten Entscheidungen im Betriebsgeschehen, die alltäglich sein können, bedingen das eigentliche Tätigsein der Unternehmensführung. Diese Entscheidungen unterliegen einer objektiven Wahrscheinlichkeit bzw. Sicherheit und der Wiederholung; sie sind programmierbar, wobei allerdings die oben zitierte Einschränkung gilt, daß sie weder neu oder umstrukturiert sind oder wichtige Folgen haben. Als programmierbare Entscheidungen gelten also einerseits die sogenannten unternehmerischen Routineentscheidungen wie beispielsweise kreditorische Rechnungszahlung, Mahnungsschreibung, Preisstellung für Kundenaufträge, Materialdisposition und -bestellung, Auflösen von Stücklisten, Festlegen der Arbeitspläne, Terminierung der Aufträge, Steuerung der Arbeitsgänge, Einfügen von Arbeitsgängen aufgrund Nacharbeiten oder Ausschuß in den laufenden Fertigungsablauf. Andererseits sind all die Entscheidungen programmierbar, die mit Hilfe von mathematischen Modellen getroffen werden können. „Für diese Entscheidungen können als Hilfsmittel umfangreiche Simulationsmodellle erstellt werden, die jedoch lediglich die möglichen Folgen alternativer Vorgehensweisen erläutern, die Entscheidung bleibt jedoch dem urteilenden Menschen überlassen" [85, S. 22].

Simon hat einem Schaubild die Einteilung von programmierbaren und nichtprogrammierbaren Entscheidungen vorgenommen, wobei gleichzeitig die Entscheidungstechniken mitberücksichtigt sind. Dieses Schaubild wird in der nachstehenden Abbildung gezeigt.

Entscheidungstyp	Entscheidungstechnik	
	Traditionelle	Moderne
Programmiert Routine -, sich wiederholende Probleme, für die in der Organisation eine spezielle Vorgehensweise bereits entwickelt wurde	1. Gewohnheit 2. Büroroutine — Standardvorschriften 3. Organisationsstruktur — Feste Erwartungen — Ein System von Unterzielen — Festgelegter Informationsfluß	1. Mathematische Entscheidungsforschung — Math. Analyse — Modelle — Computer Simulation 2. Elektronische Datenverarbeitung
Nicht programmiert Einmalige, nicht festgelegte unternehmenspolitische Probleme, die durch allgemeine Fähigkeiten des Menschen behandelt werden.	1. Beurteilung, Intuition, schöpferisches Handeln 2. Faustregeln 3. Auswahl und Ausbildung von Führungskräften	1. Computer Simulation 2. Heuristisches Entscheidungstechnik, angewandt auf a) Ausbildung b) Bau heuristischer Computerprogramme

Abb. 18. Entscheidungstypen und Entscheidungstechnik[2]

In dem Schaubild kommt die neue Bedingungslage des Informationssystems durch den Technischen Fortschritt deutlich zum Ausdruck: Forschung und Entwicklung hinsichtlich der Anwendung der Erkenntnisse von Automation und Kybernetik, die Entscheidungsfindung maschinell vorzunehmen.

[2] nach H. A. Simon [170], zitiert nach H. D. Kalscheuer [85, S. 23].

Die Verfahren der Mathematischen Entscheidungsforschung sind aber nur dann für das Programmieren von Entscheidungen anwendbar, wenn das Entscheidungsproblem mathematisch erfaßbar ist, wenn Zielsetzung(en) sowie Einflußfaktoren quantifizierbar sind und eine Lösung des Modells vorliegt. Die Grenzen der Anwendung der Mathematischen Entscheidungsforschung wurden jedoch schon aufgezeigt, so daß jetzt hierauf verzichtet werden kann.

Anders liegen die Voraussetzungen für das Programmieren der sogenannten Routineentscheidungen. „Diese datenverarbeitenden Prozesse werden durch den Einsatz von elektronischen Datenverarbeitungsanlagen automatisiert, ohne daß größere Probleme auftreten, da es sich um einfache Entscheidungen unter Sicherheit handelt. Die Einbeziehung von komplexen Entscheidungen unter objektivem Risiko in die Automation des Entscheidungsprozesses birgt Probleme, die insbesondere in der Verantwortung für diese Entscheidungen begründet liegen" [85, S. 24]. Für die Programmierung der Routineentscheidungen müssen diejenigen Daten, die für die Entscheidungen relevant sind, in ihren funktionalen Gesetzmäßigkeiten und Beziehungen festgestellt werden. Hierin ist dann die Verantwortlichkeit für die Entscheidungen zu sehen. Für die Programmierbarkeit von Entscheidungen sind auch die Vorteile eines Computersystems, große Rechengeschwindigkeit und Verarbeitung großer Datenmengen, Voraussetzung, da ein Mensch es nicht vermag, dieses Datenaufkommen bereitzustellen, zu analysieren und so langwierige Berechnungen durchzuführen. „Hier erschloß die Rechengeschwindigkeit der Computer völlig neue Horizonte. Nicht nur ist es möglich, kompliziertestе Rechenaufgaben durchzuführen, sondern durch Simulation kann man auf Elektronenrechnern jetzt eine Zahl von konstruktiven Lösungen durchprobieren, die früher jenseits der Möglichkeiten lag. Eine Zahl mag genügen: Wissenschaftler an der University of Chicago berechneten, daß eine Stunde Rechenarbeit auf der dortigen IBM 7094-Anlage einer Million Stunden Rechenarbeit auf einer Tischrechenmaschine entspricht" [144, S. 19].

Für eine umfassende Programmierbarkeit von Entscheidungen müssen die beeinflussenden Einzeldaten herausgearbeitet werden, um eine Vollständigkeit zu gewährleisten. Würde man viele Einzelheiten dem Gutdünken anderer dezentraler Aufgabenträger überlassen, wäre die Folge, daß ein Teil der Routineentscheidungen dem automatisierbaren Bereich vorenthalten wird. „Gerade aber die delegierbaren Details sind häufig Routineentscheidungen und damit programmierbare Handlungsweisen. Die maschinelle Abwicklung wird sich geradezu bevorzugt mit den vielen kleineren Einzelentscheidungen beschäftigen, muß aber dort enden, wo die Einzelentscheidungen schlecht vorhersehbar und zu vielfältig sind"

[53, S. 34]. Mit der Vorgabe von situationsbedingten Entscheidungsalternativen wird der Entscheidungsspielraum starr. Dieser Nachteil kann beispielsweise bei automatischer Disposition zu einem Generalisieren von bestimmten „Faustregeln" führen, ohne den Willensentscheid eines Verantwortlichen zu berücksichtigen. Aus diesen Gründen ist ein Entscheidungsprozeß so flexibel als nur möglich zu programmieren, um diesem Nachteil entgegenzuwirken. Fischer schwächt diesen Nachteil ab, indem er schreibt: „Immerhin ist in der Praxis der Routinesteuerung eine maschinell ermittelte Lösung auch oft die zweckmäßigste Lösung, wenn die Kürze der Dispositionszeit eine zusätzliche Informationsverarbeitung zur Verbesserung der Lösung nicht zuläßt" [53, S. 24].

Nichtprogrammierbar sind, wie bereits angedeutet, die konstitutiven Entscheidungen. Auch „der größte Teil der betriebspolitischen Entscheidungen ist bis heute der Mathematischen Entscheidungsforschung und der Programmierung verschlossen geblieben. Hier können die modernen Hilfsmittel nur zur Verbesserung des Informationsstandes eingesetzt werden" [85, S. 24]. Zu allgemein ist die Auffassung von Fischer, der behauptet: „Es ist auch heute ..., unbestritten, daß die Möglichkeiten maschineller Entscheidungen relativ begrenzt sind. Die Automatisierung macht vor den ‚Führungsentscheidungen' halt" [53, S. 24]. Wenn der Grad der Unsicherheit durch die Angabe von relevanten Einflußdaten nahezu Null wird und die Häufigkeit des Entscheidungsvollzugs eine Unwirtschaftlichkeit des Programmierens und des Automatisierens überhaupt ausschließt, liegt die Programmierbarkeit einer Entscheidung vor. Wo Entscheidungen nicht maschinell zu treffen sind, ist auch eine automatische Regelung nicht zu verwirklichen.

4.223 Heuristische Programmierung

Auch Entscheidungen, die zum heutigen Entwicklungsstand des Technischen Fortschritts noch als nichtprogrammierbar erscheinen, unterliegen den Bemühungen, sie einer Automation zugänglich zu machen. Dieser Forschungsbereich wird umschrieben mit heuristischem Programmieren und gilt als einer der jüngsten Anwendungsbereiche der Kybernetik.

Heuristik ist die Lehre von den Methoden zur Auffindung neuer Erkenntnisse. Newell, Shaw und Simon [132] charakterisieren die heuristische Vorgehensweise mit der Benutzung von nichtmathematischen Grundsätzen oder Methoden, die bei der Vorbereitung der Entscheidungsfindung angewandt werden. Auch sind die aus Erfahrung abgeleiteten Prinzipien, Grundsätze und Entscheidungs- und Verhaltensregeln hinzuzurechnen, nach denen ein Mensch handelt. Nach Neumann und Morgenstern [131, S. 7] zählen insbesondere die Plausibilitätsbetrachtungen dazu.

„Heuristische Programmierung ist die Übertragung dieser Entscheidungsregeln und Plausibilitätsbetrachtungen in ein Computerprogramm, das heißt die Aufstellung einer systematischen Reihenfolge von Instruktionen mit dem Ziel der Nachbildung des menschlichen Denkverhaltens. Die Computerprogramme sollen darüber hinaus die Fähigkeit haben, aus Fehlern zu lernen, d. h. das Programm selbsttätig zu ändern und damit zunächst einen Teil des menschlichen Lernprozesses zu vollziehen" [85, S. 38]. Die Grundlage der heuristischen Programmierung ist also die Analyse des menschlichen Denkprozesses, den Simon vereinfacht wie folgt darstellt: „... zunächst wird ein Ziel gesetzt und der Unterschied zwischen dem Ziel und der Situation ausgemacht. Im Gedächtnis oder durch Suchprozesse wird nach Hilfsmitteln geforscht, die zur Verminderung des Unterschiedes angewendet werden. Jedes Problem wird in Unterprobleme zerlegt, bis wir ein lösbares Unterproblem finden, für das wir bereits ein Programm im Gedächtnis haben. Durch folgerichtige Lösung der Unterprobleme wird schließlich das Ziel erreicht — oder aufgegeben" [170, S. 27].

Die Anwendung der heuristischen Programmierung auf betriebswirtschaftliche Probleme bezieht sich vor allem auf die Erforschung, auf die automatische Handhabung und Verbesserung der bis heute als nichtprogrammierbaren Entscheidungsprozesse. Vor etwa einem Jahrzehnt verhieß Simon der heuristischen Programmierung weitgehende Anwendungsmöglichkeiten bei nichtprogrammierbaren Entscheidungsprozessen [172, S. 9]; der durchschlagende Erfolg blieb bis auf gelungene Forschungsarbeiten aus, zumal sie keine Verallgemeinerungen auf betriebliche Anwendungsmöglichkeiten zulassen. Folgende Aufgaben wurden mit Hilfe der heuristischen Programmierung zufriedenstellend gelöst: Zusammenstellung eines Wertpapier-Portefeuilles [36], Abgleichung eines Montagebandes [273], Planung für Maschinenbelegung [230, S. 39], Konstruktion von Elektromotoren [243, S. 39], Standortbestimmung von Lagerhäusern sowie Simulation des Verhaltens von Einzelhandelskunden [85, S. 39].

Durch die Bemühungen der heuristischen Programmierung, heute als nichtprogrammierbar geltenden Entscheidungen zu automatisieren, wird die neue Bedingungslage des Informationssystems weiter gefestigt. „Mit der heuristischen Programmierung erwerben wir die technische Fähigkeit, nichtprogrammierte Entscheidungen zu automatisieren. Die beiden nächsten Jahrzehnte werden Veränderungen des betrieblichen Entscheidungsprozesses und der Unternehmensorganisation bringen, die ihre Ursache in dieser zweiten Phase der Revolution unserer Informationstechnologie haben" [170, S. 35]. Die Bedeutung der heuristischen Programmierung liegt in einem Zweifachen:

1. Gleichberechtigte Verarbeitung von quantitativen und qualitativen Daten im Entscheidungsprozeß und
2. Behandlung von Problemen unter Unsicherheit.

Die Anwendung der heuristischen Programmierung ist zum jetzigen Entwicklungsstand des Technischen Fortschritts verfrüht. Einerseits bemühen sich die Unternehmen zur Zeit erst darum, die integrierte Datenverarbeitung einzuführen bzw. zu vollenden, andererseits unterliegt die heuristische Programmierung selbst noch der Forschung. Wenn sie in dieser Arbeit dennoch kurz erörtert wurde, geschah dies deshalb, weil die deutsche Literatur sich nicht mit diesem Problemkreis befaßt, mit Ausnahme des Beitrags von Kalscheuer. Er sieht die Beschränkungen einer Anwendung, die für ihn zum gegenwärtigen Zeitpunkt ebenfalls als verfrüht gilt, in den folgenden Problemen:

„1. Die Analyse des Entscheidungsprozesses ist bis heute nicht genügend durchgeführt; nur für sehr begrenzte Gebiete liegen überhaupt Ergebnisse vor;
2. die elektronischen Datenverarbeitungsanlagen sind in ihrer Logik nicht auf Probleme der heuristischen Programmierung ausgerichtet; die heuristische Programmierung wird schnellere Computer mit größeren und schnelleren Speichern erfordern;
3. die heuristische Programmierung erfordert einen sehr großen Programmieraufwand für den Computer, da die bis heute verfügbaren Programmiersprachen für Probleme der heuristischen Programmierung nicht geeignet sind" [85, S. 40].

4.3 Das Real-Time-Management-Informationssystem

4.31 Terminologische Vorbemerkungen

Die zweite grundlegende Entwicklung, die die neue Bedingungslage des Informationssystems durch den Technischen Fortschritt ausmacht, liegt in den Bemühungen, ein Real-Time-Management-Informationssystem zu verwirklichen. Was bedeutet Real-Time-Management-Informationssystem?

Es erweist sich als notwendig, den Begriff zu präzisieren, um Fehlinterpretationen nach Möglichkeit zu vermeiden, denn weder innerhalb der spärlich vorliegenden Literatur, noch zwischen der Wissenschaft und der Praxis besteht eine Übereinstimmung. Diese Schwierigkeiten bei Begriffsbildungen und -interpretationen werden mit der Erschließung neuer Wissens- und Anwendungsgebiete immer wieder auftreten, da es häufig keine Definition für neue Begriffe gibt, die von der Allgemeinheit anerkannt werden. Auch bestehen Übersetzungsschwierigkeiten hinsichtlich der exakten Formulierung bei der Übernahme von fremdsprachigen Fachausdrücken in den deutschen Wortschatz.

Die Fachausdrücke, die mit der Erschließung der elektronischen Datenverarbeitung aufkamen und noch aufkommen werden, bilden hierfür ein gutes Beispiel. Der Begriff „Real-Time-Management-Informationssystem" macht hiervon keine Ausnahme. Dearden stellt in einem Beitrag fest: „Tatsächlich wurde in derselben Ausgabe einer Zeitschrift für Datenverarbeitung ‚Real-Time' in zwei aufeinanderfolgenden Artikeln unterschiedlich definiert. Ein Beispiel, das im ersten Artikel als Erklärung dafür aufgeführt wurde, was ‚Real Time' nicht ist, erschien im zweiten Artikel als Erläuterung, was ein ‚Real-Time-Informationssystem' ist" [215, S. 54].

„Real-Time" heißt übersetzt „Echtzeit"; Real-Time-Management-Informationssystem bedeutet wörtlich also Echtzeit-Management-Informationssystem. Zunächst sollen nun einige Auffassungen darüber, was ein „Real-Time-Informationssystem" bedeutet, wiedergegeben werden. Burck definiert: „Real-Time-Informationssystem ist ein System für die Unternehmensführung, das Informationen so rechtzeitig zur Verfügung stellt, daß gegebenenfalls Maßnahmen getroffen werden können" [26, S. 106]. Martin vertritt die Auffassung: „Ein Echtzeit-Datenverarbeitungssystem kann als ein System bezeichnet werden, das einen Bereich kontrolliert, indem es Daten erhält, sie verarbeitet und die Ergebnisse genügend schnell meldet, so daß das Funktionieren dieses Bereiches beeinflußt wird" [108, S. 378]. Martin jun. beschreibt ein Real-Time-Informationssystem wie folgt: „Bei Losfertigung ergeben sich oft ganz natürliche Verzögerungen; sie zu verringern, würde kaum etwas einbringen. Das Bemühen jedoch, es überhaupt nicht erst dazu kommen zu lassen, daß solche Zeitverluste auftreten, führt zu neuen und noch ziemlich unerforschten Möglichkeiten für eine Änderung der gesamten Struktur des Datenverarbeitungssystems — von einem passiven Aufzeichnen von bereits Geschehenem ... zu einer aktiven Beteiligung am laufenden Geschehen im Unternehmen. Es ist jetzt möglich, Daten sofort, wenn sie anfallen, zu verarbeiten, so daß die Ergebnisse sofort wieder eingegeben werden können, um den Ablauf zu steuern. Auf diese Weise kann der Computer in dynamischer Weise mit Menschen ‚zusammenarbeiten', indem er Informationen empfängt und liefert, menschliche Entscheidungen trifft" [109, S. 381]. Die beiden ersten Definitionen treffen nicht das Wesen eines Real-Time-Informationssystems, da sie zu allgemein sind. Nach dem Kriterium von Burck für ein Real-Time-Informationssystem, daß Informationen so rechtzeitig geliefert werden, um gegebenenfalls Maßnahmen zu ergreifen, müßten all die Überwachungssysteme in einem Unternehmen Real-Time-Informationssystem sein, die Auswertungen über das Unternehmensgeschehen im nachhinein zum Zwecke der Unternehmensführung rechtzeitig bereitstellen. Im Extremfall könnte dann sogar ein und dasselbe System in der einen Situation, d. h. trotz nachträglicher Auswertung noch rechtzeitige Lieferung der Informationen, Führungsentscheidungen zu treffen, ein Echtzeit-Informationssystem, in der folgenden Situation, wenn die nachträglichen Auswertungen nicht mehr rechtzeitig genug vorliegen, kein Echtzeit-Informationssystem sein. Auch der Definition von Martin haftet diese Verallgemeinerung an. Entscheidend für das Wesen eines Real-Time-Informationssystems ist, daß es eine Unternehmensführung im Mitvollzug gewährleistet; „Real-Time" bedeutet seinem funktionalen Inhalt nach Mitvollzug. Unternehmensführung im Mitvollzug liegt dann vor, wenn Daten bzw. Informationen des Unternehmensgeschehens im Zeitpunkt ihres Anfalls sofort erfaßt, zu Führungsinformationen verarbeitet und laufend mit den Zielvorgaben verglichen werden, so daß schon mit dem Vollzug eines Ablaufs aufgrund der Ablaufteilergebnisse Führungsentscheidungen für den weiteren Prozeß getroffen werden können. Abweichungen von Vorgaben und deren Ursachen sollen nicht nachträglich, sondern schon während des Prozeßablaufs erkannt werden, um den Fortgang zu steuern. Diese System-Charakteristiken sind in der Definition von Martin jun. berücksichtigt, da sie die aktive Beteiligung am laufenden Geschehen im Unternehmen aufgrund der sofortigen Datenaufnahme beim Anfall, der Verarbeitung und der Verwendung der Ergebnisse zum Steuern während des Ablaufs in den Mittelpunkt stellt. Das Real-Time-Management-Informationssystem stellt die höchste Entwicklungsstufe des Informationssystems dar; es ist ein Informationssystem, das die Unternehmensführung in die Lage setzt, „vollständige Informationen über alles zu erhalten, was im Unternehmen bis zu diesem Augenblick geschehen ist" [215, S. 54].

Die Ziele eines Real-Time-Management-Informationssystems sind von dem Grundgedanken, ein Unternehmen im Mitvollzug zu führen, abzuleiten. Die Führungskräfte müssen in der Zukunft noch schneller und besser über Entscheidungssituationen informiert werden, um die Reaktionsmöglichkeit für die Führungstätigkeit voll zu nutzen. Das Real-Time-Informationssystem soll durch seine nicht mehr zu übertreffende Flexibilität und Aktualität den Grad der Unsicherheit und damit das Risiko von Fehlentscheidungen nicht nur herabsetzen, sondern ausschalten.

Wie weit dies möglich bzw. notwendig ist, wird noch gesondert erörtert. Ein Real-Time-Management-Informationssystem muß solche Informationsprozesse verbessern, bei denen das Fehlen der allerneuesten Informationen bislang ein Mehr an Kosten oder ein Weniger an Erträgen zur Folge hatte. Der Informationsstand eines Unternehmens erfährt durch den Einsatz eines solch hochqualifizierten Führungsinstruments eine nicht mehr zu übertreffende Aussagefähgkeit. Das Real-Time-Management-Informationssystem schafft die Voraussetzungen, die Zielsetzungen integrierter Systeme zu erreichen, die bisher stets angestrebt wurden. Kalscheuer difiniert als diese Zielsetzungen [85, S. 15—17]: Integration der Teilsysteme, Abstimmung der unternehmerischen Aufgaben, Integration der Mittel, Vereinheitlichung der Sprache, Informationsauswahl, Automation der Entscheidungen, wirtschaftliches Gleichgewicht, wissenschaftliche Unternehmensführung und Mensch-Maschine-Gleichgewicht.

4.32 Arbeitsweise und Probleme der Durchführung

Die Grundstruktur eines Real-Time-Informationssystem gleicht der eines Informationssystems. Das wesentlich Neue ist die Arbeitsweise. Alle Daten werden ohne Zeitverzögerung unmittelbar beim Anfall dem Computersystem zugeführt, in der Zentraleinheit verarbeitet oder in jederzeit zugänglichen externen Speichereinheiten, die im On-Line-Betrieb arbeiten, gespeichert. Nach jedem neu eingetretenen Ereignis wird die Gesamtheit der gespeicherten Daten auf den neuesten Stand gebracht, so daß jene vollzugsgebundene aktuelle Informationsbereitschaft gewährleistet ist. Soweit nun Führungsentscheidungen programmiert sind, können alle ankommenden Informationen sofort ziel- und systemkonform überprüft werden; dieses Vergleichen zieht gegebenenfalls die Berücksichtigung des kybernetischen Prinzips der Rückkopplung nach sich, so daß permanent und ohne Zeitverluste programmierte Steuermaßnahmen auf ein bestimmtes Ziel hin ergriffen werden können. Weiterhin steht jede Führungskraft über einen fest installierten Anschluß an ihrem Arbeitsplatz mit der Computeranlage in Verbindung, der es ihr ermöglicht, zu jedem beliebigen Zeitpunkt die gewünschten Informationen zu übermitteln, gegebenenfalls Entscheidungsinformationen einzugeben und simulierte Auswirkungen der Entscheidung augenblicklich aufzuzeigen. Eine Führungskraft kann also während eines Ablaufs in den Vollzug eingreifen, da die Datenbank als Großspeicher ständig den Arbeitsfortgang in Form von Teilergebnisdaten aufnimmt. Die Möglichkeiten der Dateneinund -ausgabe lassen sich in jeder benötigten Konstellation herstellen. Zu klären ist nur die Frage, welche Kombination von Ein- und Ausgabe für die zu erledigenden Aufgaben am zweckmäßigsten ist, wobei die Anpassung der zu verwendenden peripheren Einheiten von der Konfiguration des Computersystems abhängt. Die Möglichkeiten der Daten- (bzw. Informations-) -eingabe und -ausgabe mit ihren wesentlichen Merkmalen sind in Abbildung 19 zusammengefaßt.

Die Verwirklichung eines Real-Time-Management-Informationssystems kann jedoch durch verschiedene Probleme in Frage gestellt werden:

1. Probleme, die in der Entwicklung der elektronischen Datenverarbeitung begründet sind,
2. Probleme, die in der Anwendung von Automation und Kybernetik begründet sind,
3. Probleme, die in der Unternehmensorganisation begründet sind,
4. Probleme, die in der Mehrarbeit der Realisation begründet sind,
5. Probleme, die in der Wirtschaftlichkeit begründet sind.

Eine Gegenüberstellung der aus den Zielsetzungen eines Real-Time-Informationssystems abzuleitenden Anforderungen an die elektronische Datenverarbeitung mit den derzeitigen Einsatzmöglichkeiten der EDV-Systemeinheiten läßt erkennen, daß weitere Verbesserungen der Metho-

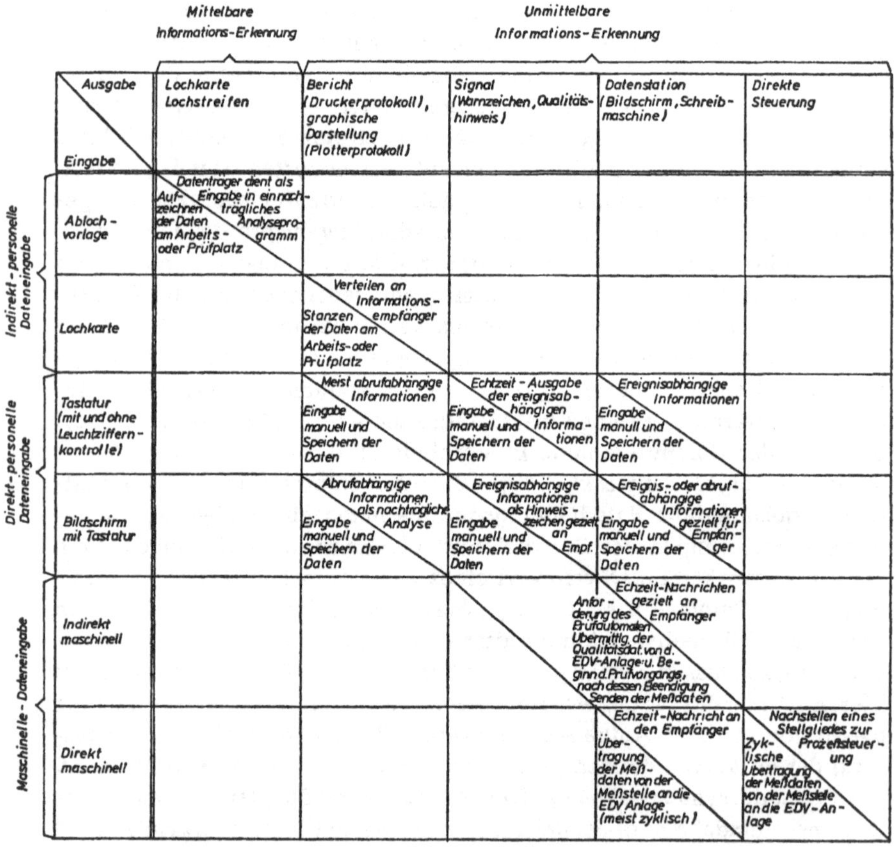

Abb. 19. Möglichkeiten der Dateneingabe und -ausgabe mit ihren wesentlichen Merkmalen[3]

[3] nach W. Steinchen [269].

den der Datenerfassung und der Programmierung sowie die Erweiterung der Speicherkapazitäten unumgänglich sind. Die Datenerfassung und -eingabe stellt heute schon einen Engpaß in der elektronischen Datenverarbeitung dar, da die Lochkarte bzw. der Lochstreifen als gebräuchlichste Dateneingabemedien der Praxis durch ihre zeitaufwendige Aufbereitung der elektronischen Verarbeitung der Daten entgegensteht. Die Datenerfassung muß computer-konform gemacht werden. Kalscheuer sieht hierfür zwei Entwicklungsmöglichkeiten: „Für die Eingabe sind besonders zwei Entwicklungen von Bedeutung, die Direkteingabe von Meßstellen oder über Agentenpulte und die Eingabe von direkt lesbaren Belegen. Beide Verfahren sind zwar grundsätzlich bereits entwickelt, doch ist die Sicherheit und die Erfahrung für eine umfassende Anwendung noch nicht gegeben. Mit der Vervollkommnung dieser Eingabemethoden werden die Probleme der Datenerfassung weitgehend gelöst sein" [85, S. 91].

Mit zu den Problemen der Datenein- und -ausgabe gehören bei einem Real-Time-Informationssystem die Probleme der Datenfernverarbeitung, da die Datenstationen (Terminals) dezentral installiert werden müssen. Die zur Datenübertragung notwendigen Leitungseinrichtungen können entweder private oder posteigene sein. An Privatleitungen können Datenfernübertragungseinheiten ohne besondere Verbindungsgeräte angeschlossen werden, wenn die Qualität der Leitungen genügend gut ist. Wenn sie nicht mit Postleitungen zusammengeschaltet werden müssen, sind keine posteigenen Modems notwendig, stattdessen werden Modems der Computer-Hersteller eingesetzt. Müssen jedoch Nachrichten zu Stellen außerhalb des eigenen Grundstücks gesendet werden, sind die Übertragungseinrichtungen der Deutschen Bundespost erforderlich. Posteigene Leitungen sind von der Deutschen Bundespost in öffentlichen Wählnetzen und genehmigungspflichtigen Privatmeldeanlagen zur Verfügung gestellte Übertragungswege; zu den öffentlichen Wählnetzen gehören das Telex-Netz, das Datex-Netz und Fernsprechnetz, während die überlassenen Leitungen entweder Telegraphenleitungen, Fernsprechstromwege oder Breitband-Übertragungswege sein können [262]. Die fehlerfreie Übermittlung der Daten wird jedoch noch durch Störfaktoren in den örtlichen Wählämtern beeinträchtigt, so daß die Fehlerschutzmaßnahmen noch zu erhöhen sind.

Ein weiterer Problemkreis der elektronischen Datenverarbeitung ist die Programmierung. Sie muß für die Anwendungen in einem Real-Time-Informationssystem wesentlich einfacher zu handhaben sein, da aufgrund der Komplexität des Systems, der Arbeitsweise des EDV-Systems (z. B. Spool-Betrieb, Multiprogramming), der laufenden Änderungen von Anwendungsprogrammen und der Programmiertechniken selbst die Programmierung nach dem heutigen Stand mit einem vertretbaren

Aufwand nicht mehr möglich wäre. Zwar werden Anstrengungen der Entwicklungen von höherwertigen bzw. problemorientierten Programmiersprachen unternommen, sie genügen jedoch noch nicht den Anforderungen eines Real-Time-Informationssystems. Eine der neuesten Entwicklungen ist die Programmiermethode SYMOB [276, S. 2 ff.], die vorprogrammierte Elemente für die unterschiedlichen Funktionen einer Branche verwendet, die dann mit Hilfe von Variablen für den speziellen Anwendungsfall eingesetzt werden können. Weiterhin werden für Real-Time-Informationssysteme wirtschaftliche und schnelle Großspeicher benötigt. „Zwar wurden in den letzten zwei Jahren wesentlich verbesserte Großspeicher entwickelt, doch erst im Jahre 1966 wurden für die Arbeit in integrierten Systemen ausreichende Speicher vorgestellt" [85, S. 92]. Die real-time-gerechte Weiterentwicklung von Speichern muß neben der technischen Lösung des Kapazitätsproblems die wirtschaftliche Ausnutzung und die Verkürzung der Zugriffszeiten beinhalten; hierzu ist nicht ausgeschlossen, daß neue Methoden und neue Formen der Datenorganisation notwendig werden als die bisher bekannten Formen der sequentiellen, der index-sequentiellen und Random-Access-Speicherung.

Die Probleme, die in der Anwendung von Automation und Kybernetik begründet sind, wurden bereits in vorangegangenen Abschnitten im Zusammenhang mit den Grenzen der Anwendung dargelegt, so daß hier darauf verzichtet werden kann. Der Problemkreis muß jedoch aus Gründen der Vollständigkeit der Einführungsschwierigkeiten eines Real-Time-Informationssystems erwähnt werden.

Weitere Probleme der Verwirklichung eines Real-Time-Informationssystems liegen in der Eingliederung des Systems in die Unternehmensorganisation. Voraussetzung ist eine systemkonforme Organisation sowohl im Aufbau als auch im Ablauf. Der Aufbau muß ein Zweckaufbau sein, der durch das Real-Time-Informationssystem ergänzt wird. Der Leistungs- und Steuerungszusammenhang der einzelnen Aufgabenbereiche muß Hand in Hand mit der Arbeitsweise des Systems gehen. „Automatische Leistungserstellungszusammenhänge sind dadurch gekennzeichnet, daß die Maximen der Operationen durch eine Programmsteuerung ermittelt und dem Leistungserstellungszusammenhang zur Ausführung vorgegeben werden" [154, S. 96]. Die Ablauforganisation unterliegt besonders der gesamtbetrieblichen Arbeitsanalyse sowie Synthese des automatischen Arbeitsprozesses, während bisher Untersuchungen struktureller Arbeitsabläufe im Vordergrund standen.

Der Systemgedanke wird für die Unternehmensorganisation in noch viel größerem Ausmaß als bisher zur Geltung kommen. Dieser Entwicklungsprozeß zu einer systemkonformen Unternehmensorganisation steckt noch in den Anfängen. Mit der Einführung der integrierten Datenverarbeitung wurde er eingeleitet; bis zur Realisierung eines Real-Time-Informationssystems liegt noch ein gutes Jahrzehnt vor uns.

Mit den Problemen, die in der Unternehmensorganisation, in der Entwicklung der elektronischen Datenverarbeitung und in der Anwendung der Automation und Kybernetik begründet liegen, sind im gleichen Zuge die Probleme der Mehrarbeit hinsichtlich der Verwirklichung eines Real-Time-Informationssystems anzuführen. Um all die Schwierigkeiten zu überwinden, bedarf es größten Einsatzes von Kapital, Personal und Forschungsgeist. Es taucht die Frage auf, ob ein Unternehmen allein überhaupt in der Lage ist, solche Investitionen zu verkraften. Es kommt das weitere Problem hinzu, woher sollen die Unternehmen die notwendigen Spezialisten nehmen, um ein Real-Time-Informationssystem zu verwirklichen. Ausbildungsstätten gibt es heute hierfür noch nicht, jedoch der Technische Fortschritt zwingt Unternehmer und Wissenschaftler zur Zusammenarbeit, so daß dieser „educational gap" immer kleiner werden wird. Durch diese Verkleinerung der Ausbildungslücke eröffnen sich aber wiederum neue Möglichkeiten der Problemlösungen, so daß Probleme der Jetztzeit in der Zukunft vielleicht keine Probleme mehr darstellen. Der Technische Fortschritt wird weiterhin die Unternehmen zwingen, sich zu größeren Aktions- und Forschungsgruppen zusammenzuschließen, um die Last und das Risiko der kapitalaufwendigen Mehrarbeit zu streuen. Hierin ist dann wiederum ein neuer Komplex von Problemen verankert, die einen sehr differenzierten und fallweise auch unternehmenspolitischen Charakter haben können.

Die Verwirklichung eines Real-Time-Management-Informationssystems kann ferner durch Probleme in Frage gestellt werden, die in der Wirtschaftlichkeit begründet sind. Bei der Betrachtung der Wirtschaftlichkeit eines solchen Systems besteht die Schwierigkeit, „komplexe organisatorische Änderungen in ihrer Kosten- und Ertragsentwicklung abzuschätzen und sie dem sonst anzuwendenden organisatorischen System gegenüberzustellen ... Es bestehen für eine Wirtschaftlichkeitsanalyse zwei Schwierigkeiten; einmal kann der Nutzen bzw. Ertrag von neuen Informationen nur schwer abgeschätzt werden und zum andern sind die Verfahrensvergleiche, die allein brauchbare Ergebnisse liefern können, durch die unsicheren Zukunftserwartungen recht fragwürdig" [85, S. 95]. Es erhebt sich also die Kernfrage: Ist die Verwirklichung eines Real-Time-Informationssystems für die Unternehmensführung überhaupt wirtschaftlich bzw. notwendig, oder erfüllt nicht auch schon ein Informationssystem aufgrund des betrieblichen Alltags sowie des zeitgebundenen Leistungsprozesses die Voraussetzungen, in praxi ein Unternehmen im Mitvollzug zu führen?

Als Vorteile des Real-Time-Informationssystems gegenüber dem Informationssystem sind zu nennen:

1. Führungskräfte erhalten nur die Informationen, die sie abrufen;
2. die Informationen werden schneller geliefert;
3. die Informationen sind noch aktueller und besitzen so eine größere Aussagekraft;
4. der betriebliche Informationsstand wird noch weiter verbessert.

Folgende wichtige Überlegungen müssen jedoch angestellt werden: Ein Computersystem kann nur das mitteilen, was ihm eingegeben worden ist. Die Vorteile eines Real-Time-Informationssystems beruhen sonst letztlich nur auf der Zeitersparnis zwischen Anfall der Daten und Eingabe; ihre Verarbeitung und Auswertung ist davon abhängig. Ist aber der Nutzen der Zeitersparnis so groß, daß er die zusätzlichen Investitionen rechtfertigt? Eine Antwort hierauf kann gefunden werden, wenn man die Bedeutung dieser Zeitersparnis durch das Real-Time-Informationssystem für die Unternehmensführung kennt. Es wäre also zu prüfen, inwieweit die aufgrund der Verwendung eines Informationssystems erwirkten Verbesserungen der Entscheidungs-, der Planungs-, der Organisations-, der Koordinations-, der Kontroll- und der Informationsfunktion durch die Zeitersparnis zwischen Datenanfall und -eingabe noch gesteigert werden können bzw. ob die Verbesserungen notwendigerweise überhaupt noch gesteigert werden müssen. Zweck dieses Untersuchungspunktes ist aber, die Probleme der Wirtschaftlichkeit nur aufzuzeigen, so daß eine solche umfassende Prüfung den Rahmen dieses Abschnitts übersteigen würde. Für ein Real-Time-Informationssystem gibt es im Bereich der Fertigung mit Sicherheit viele erfolgversprechende Anwendungsmöglichkeiten. Ob es jedoch die Unternehmensführung in ihrer Führungstätigkeit noch mehr als das Informationssystem unterstützen kann, ist — zum mindesten beim gegenwärtigen Entwicklungsstand des Technischen Fortschritts — noch zweifelhaft. Ein Vergleich des Ist mit dem Soll verlangt eine Unterteilung in sinnvolle Zeitabschnitte; es ist aber nicht sinnvoll, die Leistungsvorgaben stündlich oder gar nach Minuten zu kontrollieren. Auch haben Informationen nur Wert, wenn sie erläutern, warum Abweichungen entstanden sind. Um deren Ursachen zu erforschen, erfordert oft Zeit, so daß Real-Time-Informationen einer Führungskraft gegebenenfalls nicht helfen. Es ist auch nicht einzusehen, weshalb Kosten- und Erfolgsrechnungen nicht einen bis drei Tage nach Monatsende fertiggestellt werden sollen. Tagesergebnisse bringen hier überhaupt keinen Nutzen für die Management-Funktionen; sie erwirken das Gegenteil, indem sie eine fatale Unruhe in der Unternehmensführung verursachen würden. Ein Real-Time-Informationssystem hat also grundsätzlich für die Unternehmensführung keine Bedeutung, so daß die Zeitersparnis durch ein Real-Time-Informationssytem die hohen Investitionen nicht rechtfertigt. Die betriebliche Praxis steht den Vorteilen eines Real-Time-Informationssystems entgegen, und sie ist als gegeben zu akzeptieren. Von dieser Voraussetzung ausgehend, erfüllt in praxi schon das Informationssytsem die Bedingungen, ein Unternehmen im „Mitvollzug" zu führen.

Aufgrund der Erörterung der Durchführungsprobleme ist abschließend festzustellen, daß die Verwirklichung eines Real-Time-Management-Informationssystems nach dem heutigen Entwicklungsstand des Technischen Fortschritts ein Mythos bleibt.

5. Zusammenfassung

Der Einsatz des Informationssystems als Mittel der Unternehmensführung ist von wachsender praktischer Bedeutung. Das zukünftige Datenaufkommen, die Notwendigkeit der schnellen Verfügbarkeit von Informationen, die Herausforderung des Management durch den Technischen Fortschritt und den Konkurrenzkampf bringen in zunehmendem Maße zum Ausdruck, daß das Informationssystem in Zukunft d a s Führungsmittel sein wird. Das Management-Innformationssystem ist ein Dienstleistungssystem, das in einem fest vorgegebenen betrieblichen Kommunikationssystem verursachungs- und zeitnah für die Unternehmensführung die Daten der verschiedenen Unternehmensbereiche nach Maßgabe der vorliegenden Ordnungskriterien sammelt, umordnet und für Auswertungen verfügbar macht und das die so aufbereiteten Daten zu zweckgerichteten und funktionalen Informationen verdichtet und diese dosiert und differenziert den vertikalen und horizontalen Management-Ebenen mit klarer Abgrenzung von Verantwortung und Kompetenzen zuordnet.

Die Merkmale eines Informationssystems sind:

1. Führen des Unternehmens nach Management-Grundsätzen,
2. Existenz eines formal geschlossenen Kommunikationssystems im Unternehmen,
3. Gewinnung von Management-Informationen als Objekte des formalen geschlossenen Kommunikationssystems,
4. eine computer-orientierte Organisation der betrieblichen Datenverarbeitung.

Die Management-Prinzipien, die als Axiome die gesellschaftlichen Motive des Management zum Ausdruck bringen, dienen als Säulen der Management-Idee und bilden die Beurteilungs- und Wertungsgrundlage für die Führungstätigkeit. Diese ergibt sich aus der Ausführung der Management-Funktionen: Entscheiden, Planen, Organisieren, Koordinieren, Kontrolle und Informieren.

Das formale betriebliche Kommunikationssystem bildet die Grundlage für das Funktionieren des Informationssystems; für den vertikalen Informationsfluß muß das Kommunikationssystem geschlossen sein. Der Ablauf des Informationssystems gliedert sich in Informationsbeschaffungs-, Informationsübermittlungs- und Informationsauswertungsprozeß.

Eine qualifizierte Management-Information verlangt die vollständige Einbeziehung aller faßbaren Entscheidungsfunktionen unter Berücksichtigung der klaren Abgrenzung hinsichtlich der Funktion und der Stellung eines jeden Aufgabenträgers. Die Quellen der Management-Informationen können außerbetriebliche und innerbetriebliche sein. Das Rechnungswesen gilt hierbei als wichtigste Informationsquelle. Die Einteilung der Management-Informationen nach Arten ist abhängig von Zweckrichtungen.

Der Elektronenrechner ist das Kernstück und Voraussetzung der Anwendung des Informationssystems. Ein Computersystem gestattet die Verarbeitung von Informationen in bislang nie bekanntem Ausmaß in kürzester Zeit. Der Technische Fortschritt zeigt sich hier am deutlichsten. Gleichzeitig bedarf es aber auch neuer Fähigkeiten und der Initiativfreudigkeit, um die Möglichkeit einer EDV-Anlage wirtschaftlich zu nutzen.

Der Einsatz des Informationssystems als Mittel der Unternehmensführung macht die Hinwendung von konventioneller Unternehmensführung zum modernen Management zur Voraussetzung. Starke Impulse hierzu gehen auch einerseits vom Wandel der Umweltstrukturen eines Unternehmens aus, andererseits werden interdisziplinäre Einflüsse der betriebswirtschaftlichen Nachbardisziplinen auf die Unternehmensführung immer unaufhaltsamer. Die Erkenntnisse der Umweltsintegration, die sich vollziehenden Strukturwandlungen in den 70er Jahren und das Management-Denken führen ferner zu dem neuen Führungsstil: zum kooperativen Führungsstil im Mitarbeiterverhältnis. Gerade aber der neue Führungsstil setzt wiederum das Informationssystem als Führungsmittel voraus.

Die Anwendung des Informationssystems als Führungsmittel wurde nach drei Kategorien untersucht: das Informationssystem als funktionales Führungsmittel, das Informationssystem als aufgabenbezogenes Führungsmittel und das Informationssystem als institutionelles Führungsmittel.

Der Vorgang des Entscheidungsprozesses muß sich unter den Bedingungen des Informationssystems vollziehen, d. h. die Entscheidungsphasen müssen systemkonform ablaufen. Das Management-Informationssystem ist der Wegweiser für die Ermittlung und Verarbeitung der Daten zu Entscheidungsinformationen; es fördert durch seine Zwangsläufigkeit die entscheidungsgerechte Datenverarbeitung. Das Informationssystem schafft die Voraussetzungen, daß aufgrund seiner Geschlossenheit, seines integrierenden Datenbestandes und seiner Schnelligkeit die Gedanken des Management zur Erarbeitung von Alternativen in kürzester Zeit verwirklicht werden, um die Auswirkungen der Zukunnft in die Gegenwart zu reproduzieren. Mit zunehmender Heranreifung der Entscheidung nimmt der Einfluß eines Informationssystems ab. Bei der Aufbereitung der Unterlagen zur Entscheidungsfindung werden integrierte Informationssysteme zukünftig unumgänglich sein; die Entscheidungsbildung selbst, der Entscheidungsakt verbleibt letztlich im Bereich der menschlichen Schaffenskraft. Das Informationssystem ist nur ein Hilfsmittel, ein Instrument.

Die Bedeutung des Informationssystems für die Planungsfunktion läßt sich folgendermaßen zusammenfassen: Da die Prognosephase der Planung gekennzeichnet ist von dem Vorhandensein nicht fixierter Daten und der Notwendigkeit der menschlichen Intuition und Urteilskraft, kann ein Informationssystem die Vorausschautätigkeit nur insoweit unterstützen, als Planungsunterlagen zu liefern sind. Diese sind jedoch umfassender und differenzierter als die herkömmlichen. In dieser Phase erweist sich jedoch, daß alle Planungstätigkeiten durch ein Informationssystem integriert werden, daß eine Ordnung erzwungen wird und daß Prognosen mit den Zielsetzungen leichter abgestimmt werden können. In der Festlegungsphase dagegen bringt ein Informationssystem wesentliche Vorzüge mit sich. Aufgrund der Existenz quantitativer fixierter Daten erfährt diese Phase eine Beschleunigung und Vereinfachung in der Durchführung durch die systembedingte Systematik, wobei den in Zukunft immer notwendiger werdenden Alternativplanungen und der Planungsflexibilität Rechnung getragen wird. Weiterhin führt die Methodik zu einer Straffung des Planungsprozesses, die sich im wesentlichen auf die unteren und mittleren Management-Ebenen beschränkt.

Das Management-Informationssystem wird die Organisationsfunktion in ihrer grundlegenden Form nicht verändern. Es verlangt jedoch ein Umdenken in der organisatorischen Gestaltung von Daten- und Informationsverarbeitungsaufgaben und eröffnet damit auch die Möglichkeit, die Führungsorganisation nach dem Grundsatz auszurichten: Zentralisation in der Führung und Dezentralisation in der Ausführung.

Der Einfluß des Informationssystems ist weiterhin auf die einheitliche Durchführung der Führungsaufgaben ausgerichtet und fördert die Zusammenarbeit. Dadurch wird die Koordinationsfunktion der Unternehmensführung ausgeprägter, und die Ziele der Koordinierung werden erreicht. Der Fehleinsatz von Produktionsfaktoren wird auf ein Minimum beschränkt, die Erziehung zum Ganzheitsdenken intensiver, die Durchsetzung der betrieblichen Grundsätze in den Unternehmensbereichen kontrollierter und der Mensch wird zum Mitgestalter, was ihn betriebsbewußt, leistungsfähig und kooperationswillig macht.

Der Einfluß des Informationssystems auf die Kontrollfunktion ist durch folgende Merkmale gekennzeichnet: Die betriebliche Kontrolle erfährt eine straffende Ordnung, Kontrollinformationen können umgehend funktional in Beziehung gesetzt werden, der Soll-Ist-Vergleich wird innerhalb des Management zum beherrschenden Kontrollmittel, und die Aussagefähigkeit von Plan- und Entscheidungskontrollen wird durch die Bereitstellung qualifizierter und differenzierter Soll-Ist-Informationen gesteigert.

Das Informationssystem verbessert den Informationsgrad und den Informationsstand. Der innerbetriebliche Informationsfluß wird stabilisiert, die Außeninformationen werden bestimmter genutzt. Für die Ausübung der Informationsfunktion ist weiterhin von Vorteil, daß durch das Informationssystem eine „zentrale Informationsquelle" für die Unternehmensführung geschaffen wird; das Informationssystem ist das verbindende Band zwischen den Einwirkungen des inner- sowie außerbetrieblichen Geschehens und der Unternehmensführung.

Die Führungstätigkeit ändert sich somit von einer verwaltenden zu einer gestaltenden; die improvisierte Führung wird zu einer organisierten Führung; die uneinheitliche Führung wird zu einer zielgerichteten Führung. Eine „laissez-faire" Führungstätigkeit wird zu einer Leistungsführungstätigkeit. Eine verflochtene Führung wird überschaubar. Eine emotionale Führung wird eine rationale Führung. Eine vage Führung wird zu einer sicheren Führung.

Die Untersuchung — das Informationssystem als aufgabenbezogenes Führungsmittel — zeigt einmal die Verfahren der Informationsgewinnung und die Einsatzmöglichkeiten des Führungsmittels für die Bewältigung der taktischen, strategischen und unternehmenspolitischen Führungsaufgaben. Mit der Erörterung der einzelnen Verfahren der Informationsgewinnung sollte nicht eine abgeschlossene Gesamtdarstellung der Disziplinen erreicht werden, sondern nur die gezielten Anwendungsmöglichkeiten, die Stärke der einzelnen Verfahren und deren Grenzen der Anwendung im Rahmen des Informationssystems waren herauszustellen. Das Ergebnis ist, daß die statistischen Methoden für die Unternehmensführung nur für vergangenheitsorientierte Zeitvergleiche von Geschehenem anwendbar sind. Die Grenzen der Anwendung werden weiter hinausgeschoben, da große Datenmengen für die Auswertung kein Hindernis mehr sind. Die Methoden der Voraussagen ergänzen die statistischen Methoden, indem sie zukunftsorientierte Analysen des Unternehmengeschehens ermöglichen. Beide Verfahren der Informationsgewinnung beruhen auf quantifizierbaren Ereignissen; während statistische Methoden unter Sicherheit angewendet werden, suchen die Methoden der Voraussage den Grad der Unsicherheit bei der Unternehmensführung zu verkleinern. Im Rahmen des Informationssystems können Vorhersagen erfolgreicher durchgeführt werden, da einerseits alle Ausgangsdaten gespeichert sind, andererseits bietet die elektronische Verarbeitung den Vorteil, kurzfristiger als bisher Analysen und Vorausrechnungen anzustellen. Die Mathematische Entscheidungsforschung umfaßt wissenschaftliche Methoden, Verfahren und Hilfsmittel, die der Unternehmensführung für ganze Entscheidungsprozesse eine bessere Grundlage bieten, indem sie die Auswirkungen der verschiedenen alternativen Möglichkeiten für komplexe Führungsprobleme zu erkennen suchen. Die Aussagen der mathematischen Modelle lassen Risiken der Entscheidung nicht offenkundig werden. Das große Problem der Anwendung der Mathematischen Entscheidungsforschung liegt in der notwendigen Quantifizierung von Ereignissen, die oft nur hinlänglich möglich sind. Die Methoden können in ihrer Anwendung nur so gut sein wie die aufgestellten Prämissen; davon hängt alles ab. Sie müssen in Grenzen und nicht mechanisch angewendet werden. Durch die Mathematische Entscheidungsforschung wird erreicht, die Entscheidungsstruktur zu erkennen. Darin liegt ihr Wert, deshalb hat sie eine Existenzberechtigung.

Die Bedeutung des Informationssystems für taktische Führungsaufgaben ist im wesentlichen in der Befreiung der Führungskräfte von zeitaufwendigen Überwachungsaufgaben zu sehen, so daß sich die Aufgabenträger den eigentlichen Führungsaufgaben zuwenden können. Die Bedeutung des Informationssystems für die strategischen Führungsaufgaben liegt vor allem in der quantifizierten Lösbarkeit ihrer Durchführung, da gerade in diesem Aufgabenkomplex die Verfahren der Mathematischen Entscheidungsforschung, die Methoden der Vorhersage als auch der Statistik zur Anwendung gelangen können. Durch das Informationssystem ergeben sich neue Möglichkeiten, mehr darüber festzustellen, wie zu führen ist, warum die Entwicklung der Ergebnisse so verläuft; hierdurch erfahren die strategischen Führungsaufgaben eine Stärkung und Festigung in dem Herausfinden von Entscheidungen. Die Führungskräfte erkennen, daß das Führen nicht nur auf Gefühl, auf Intuition und Erfahrung basieren kann, sondern daß es zu einem sehr beachtlichen Ausmaß um die Konsequenzen rationaler Maßnahmen geht. Für die unternehmenspolitischen Führungsaufgaben bringt das Informationssystem: ein wachsendes exaktes Wissen um die Dinge, wie sie sich unter bestimmten vorgegebenen Voraussetzungen und Präferenzen entwickeln; motivierte Meinungsbildung, warum die Entwicklung dieser Art ist und wie sie nutzbar gemacht werden kann; wertvolle Anregungen, die Unternehmenspolitik dahingehend zu gestalten, daß Diskrepanzen so weit als möglich ausgeschlossen werden und zunehmend Einsicht in das Wesen der Interdependenzen Wirtschaft und Unternehmen. Das Informationssystem birgt in sich den Fortschritt, Unternehmenspolitik aus dem Ganzen heraus zu betreiben.

Das Informationssystem als institutionelles Führungsmittel rückt den ganzen Komplex Zentralisation — Dezentralisation in ein neues Licht. Der Unternehmensführung bleibt es weitgehend überlassen, wie sie ihr Unternehmen organisieren will. Wichtig ist nur dabei, daß das Informationssystem und die Organisation miteinander im Einklang stehen, sie müssen eine Harmonie bilden. Damit aber wird zur Notwendigkeit, daß die Organisation in ihrer Grundkonzeption eine funktionale sein muß. Neu in der Unternehmensorganisation ist die Einfügung der Controlbereiche.

Die Anwendung des Informationssystems bringt für das Management eine „Neuverteilung" des Führungs- und Entscheidungsspielraumes. Während der Führungs- und Entscheidungsspielraum des Middle Management sowohl durch die Programmierbarkeit von Entscheidungen als auch durch die Neubildung von Kontrollbereichen auf die Behandlung von Ausnahmefällen eingeschränkt werden, erfährt das Lower Management eine Erweiterung seines Entscheidungsbereiches. Dies hat eine Entlastung von Routineführungsaufgaben in vertikaler Richtung der Management-Hierarchie zur Folge. Diese Auswirkung verlangt jedoch vom Management Ausbildung in Permanenz.

Ein weiterer Gegenstand der Arbeit war, die neue Bedingungslage des Informationssystems durch den Technischen Fortschritt zu erörtern: die Bedeutung von Automation und Kybernetik für das Informationsssytem und die Verwirklichung eines Real-Time-Management-Informationssystems. Das Ziel ist das Führen eines Unternehmens im Mitvollzug. Die Anwendung der Erkenntnisse der Automation und Kybernetik in einem Informationssystem ist mit den Prinzipien der Regelungstechnik, der Programmierbarkeit von Entscheidungen und dem heuristischen Programmieren zum heutigen Stand der Entwicklung nur bedingt möglich. Auch die Verwirklichung eines Real-Time-Informationssystems bleibt vorerst noch ein Mythos. Selbst wenn die Realisierung in Zukunft einmal möglich wäre, ist die Notwendigkeit noch zu überdenken. Trotz des raschen Technischen Fortschritts ist noch viel Forschungsarbeit zu leisten, um die Grenzen der Verwirklichung eines Real-Time-Informationssystems abzubauen.

Die Einführung eines Informationssystems für ein Gesamtunternehmen ist eine schwierige organisatorische Aufgabe, die in nachstehenden zeitlich aufeinander folgenden Phasen verläuft: Aufnahme des Ist-Zustandes, Festlegung der Aufgabenbereiche, Beschreibung und Abstimmung der Informationsströme, Gruppierung der Datenelemente nach Dateien, Entwurf der Verfahren der Informationsgewinnung, Verknüpfung der Dateien zur Datenbank, Entwicklung eines Stufenplans zur Einführung, Realisierungsarbeiten.

Das Informationssystem ist selbst noch ein Stück Zukunft, die Zukunft hat aber schon begonnen. Diejenigen Unternehmen, die jetzt mit der Entwicklung eines Informationssystems beginnen, haben die Möglichkeit, mit dem Technischen Fortschritt Schritt zu halten. Durchschnittlich fünf Jahre muß man rechnen, um integrierte Datenverarbeitungssysteme einzuführen. In Anbetracht der sich daraus ergebenden Erfahrungen ist zu erkennen, daß derjenige, der etwa Mitte der 70er Jahre ein Informationssystem benutzen will, heute schon mit den Anfangsarbeiten beginnen muß. Die Vorteile des Informationssystems sind unbestritten; seine Bedeutung für die Unternehmensführung ist erkannt. Die Grenzen der Anwendung liegen in der Technologie und in der Methodologie. Anforderungen und Aufgaben an die Unternehmer werden aber in Zukunft in immer höher werdendem Maß vom Technischen Fortschritt bestimmt. Das Informationssystem ist *das* Führungsmittel für Unternehmer der Zukunft. Es liegt deshalb an uns, die Herausforderung des Technischen Fortschritts anzunehmen.

Literaturverzeichnis

Bücher und sonstige selbständige Veröffentlichungen

[1] *Acker, H.:* Die organisatorische Stellengliederung im Betrieb. Wiesbaden 1961.

[2] *Agthe, K. und E. Schnaufer* (Hrsg.): Unternehmensplanung. Baden-Baden 1963.

[3] *Albach, H.:* Entscheidungsprozeß und Informationsfluß in der Unternehmensorganisation. Organisation. TFB-Handbuchreihe, 1. Bd., Hrsg. E. Schnaufer und K. Agthe. Berlin — Baden-Baden 1961.

[4] *Albach, H.:* Wirtschaftlichkeitsrechnung bei unsicheren Erwartungen. Opladen 1959.

[5] *Allen, L. A.:* Management and Organisation. New York — Toronto — London 1958. Übersetzt von D. H. Hanes, Bad Godesberg.

[6] *American Management Association (Hrsg.):* Operations Research, dtsch. Ausgabe W. W. Elwenspoek. Essen 1958.

[7] *Angermann, A.:* Entscheidungs-Modelle. Methoden rationeller Betriebsführung. Frankfurt/Main 1960.

[8] *Antoine, H.:* Kennzahlen, Richtzahlen, Planungszahlen. 2. Aufl. Wiesbaden 1958.

[9] *Bartels, G.:* Diversifizierung. Stuttgart 1966.

[10] *Bartram, P.:* Die innerbetriebliche Kommunikation. Berlin 1969.

[11] *Beer, S.:* Kybernetik und Management. Hamburg 1962.

[12] *Bender, K.:* Die Führungsentscheidung im Betrieb. Stuttgart 1957.

[13] *Berthel, J. und D. Moews:* Information und Planung in industriellen Unternehmungen. Eine empirische Studie. Berlin 1970.

[14] *Bidlingmaier, J.:* Zielkonflikte und Zielkompromisse im unternehmerischen Entscheidungsprozeß. Wiesbaden 1968.

[15] *Birkle, J. und R. Yearsley:* Computer Applications in Management. London 1969.

[16] *Bittel, L. R.:* Management by exception. Systematizing and simplifying the managerial job. New York — Toronto — London 1964.

[17] *Blumenthal, S. C.:* Management Information Systems: A framework for planning and development. Englewood Cliffs 1963.

[18] *Böckmann, W.:* Millionenverluste durch Führungsfehler. Düsseldorf — Wien 1967.

[19] *Böhm, H. H.:* Operationsforschung. Berlin und Baden-Baden 1961.

[20] *Börner, D.:* Das Rechnungswesen als Gegenstand betriebswirtschaftlicher Entscheidungen; unveröffentlichte Habilitationsschrift. München 1966.

[21] *Bössmann, E.:* Die ökonomische Analyse von Kommunikationsbeziehungen in Organisationen. Berlin — Heidelberg — New York 1967.

[22] *Bowman, E. H. und R. B. Fetter:* Analysis for Production Management, 3rd Printing. Homewood/I 11, 1960.

[23] *Brech, E. F. L.:* The Principles and Practice of Management. London 1961.

[24] *Brech, E. F. L.:* Management. London 1967.

[25] *Broaded, C. H.:* Essentials of Management for Supervisors. New York — London 1947.

[26] *Burck, G. und Redakteure von „Fortune":* The Computer Age. New York 1965.

[27] *Bursk, E. C. und D. H. Fenn, jun.:* Unternehmerstrategie. Originaltitel: Planning the Future Strategy of our Business, deutsche Ausgabe von C. Hundhausen, Essen 1956.

[28] *Bussmann, K. F.:* Das betriebswirtschaftliche Risiko. Meisenheim 1955.

[29] *Campion, G. L.:* Traité des Entreprises Privées, Vol. I/II. Paris 1949.

[30] *Cannrug, R. G.:* The Management of Data Processing. New York 1967.

[31] *Cassier, S. C.:* Wer bestimmt die Geschäftspolitik der Großunternehmen. Frankfurt/Main 1962.

[32] *Chapin, N.:* An Introduction to Automatic Computers. 2. Aufl. Princeton/N. J. 1963.

[33] *Cherry, C.:* On Human Communication. A Review, a Survey and a Criticism. New York — London 1951.

[34] *Churchman, C. W., Ackoff, R. L. und E. L. Arnoff:* Operations Research. Wien — München 1961.

[35] *Churchman, C. W., Ackoff, R. L. und E. L. Arnoff:* Introduction to Operations Research, 3rd ed. New York 1957.

[36] *Clarkson, G. P. und A. H. Meltzer:* Portfolio Selection: A Heuristic Approach. In: Journal of Finance, Bd. 15, Nr. 4, 1960.

[37] *Coenenberg, A. G.:* Die Kommunikation in der Unternehmung. Wiesbaden 1966.

[38] *Croxton, F. E. und D. J. Cowden:* Practical Business Statistics. New York 1943.

[39] *Dahrendorf, R.:* Sozialstruktur des Betriebes — Betriebssoziologie. Wiesbaden 1959.

[40] *Danert, G.:* Planung der optimalen Unternehmensorganisation. In: Organisation, TFB-Reihe. Baden-Baden 1961.

[41] *Davis, R. C.:* The Fundamentals of Top Management. New York 1951.

[42] *Dearden, J.:* Management Information Systems. Homewood, I/11. Irwin 1966.

[43] *Degelmann, A.:* Moderner Führungsstil im Unternehmen, Taschenbuchreihe, Hrsg. E. Hotz/C. Knott/E. W. Mommsen, Bad Wörishofen 1970.

[44] Dewey, J.: Wie wir denken. Bd. von der Sammlung „Erkenntnis und Leben", Hrsg. von W. Corti, Zürich 1951.

[45] *Diebold, J.:* Die automatische Fabrik, ihre industriellen und sozialen Probleme. Frankfurt/Main 1955.

[46] *Drucker, P.:* Die Praxis des Management. Düsseldorf 1956.

[47] *Drucker, P.:* Das Fundament für morgen. Düsseldorf 1958.

[48] *Dworatscheck, S.:* Einführung in die Datenverarbeitung. Berlin 1970.

[49] *Egerton, R. A. D.:* Investment Decision under Uncertainty. Liverpool 1960.

[50] *Fayol, H.:* Allgemeine und industrielle Verwaltung (Administration industrielle et générale). Deutsche Übersetzung von K. Reineke, München und Berlin: Oldenbourg 1929.

[51] *Fayol, H.:* Industrial and General Management. London 1958.
[52] *Faure, R., Boss, J. P. und A. Le Garff:* Grundkurs der Unternehmensforschung. München — Wien 1962.
[53] *Fischer, Ch.:* Maschinelle Planung und Kontrolle im Industriebetrieb. München und Wien 1966.
[54] *Fischer, G.:* Die Führung von Betrieben. Stuttgart 1961.
[55] *Flaskämper, P.:* Grundriß der sozialwissenschaftlichen Statistik, Teil I, Allgemeine Statistik, Nachdruck der 2. Aufl. (1949). Hamburg 1959.
[56] *Futh, H.:* Elektronische Datenverarbeitungsanlagen, Bd. 1, 2. Aufl. München — Wien 1966.
[57] *Futh, H. und G. Lang:* Daten integriert verarbeiten. Köln - Braunsfeld 1967.
[58] *Gast, W. F.:* Principles of Management. St. Louis University 1952.
[59] *Gaugler, E.:* Instanzenbildung als Problem der betrieblichen Führungsorganisation. Berlin 1966.
[60] *Gerami, C.:* Der erfolgreiche Manager, Arbeitsweise und Arbeitsmethoden, Hrsg. von den Redakteuren von „Nation's Business". München 1966.
[61] *Goossens, F.:* Handbuch der Personalführung, Bd. 1, 2. Aufl. München 1956.
[62] *Goossens, F.:* Moderne Unternehmens-Leitung. München 1958.
[63] *Grochla, E.:* Betriebliche Planung. Handwörterbuch der Sozialwissenschaften, 42. Lieferung. Stuttgart — Tübingen — Göttingen 1962.
[64] *Gutenberg, E.:* Unternehmensführung, Organisation und Entscheidungen. Wiesbaden 1962.
[65] *Guthmann, H. G.:* Analysis of Financial Statements, 4th ed. Englewood Cliffs, N. J. 1962.
[66] *Hanold, T.:* Management by Perception, Information Systems Review. Phoenix (Arizona) 1967.
[67] *Hardach, F. W.:* Die Interne Revision als Mittel der Unternehmungsleitung und der Wandel ihrer Aufgaben. Köln und Opladen 1961.
[68] *Hartmann, B.:* Betriebswirtschaftliche Grundlagen der automatisierten Datenverarbeitung. Freiburg i. Brsg. 1961.
[69] *Hax, H.:* Die Koordination von Entscheidungen in der Unternehmung. In: Unternehmerische Planung und Entscheidung. Hrsg. Walther Busse von Colbe und Peter Meyer-Dohm, Bielefeld 1969.
[70] *Hax, H.:* Die Koordination der Entscheidungen. Köln — Berlin — Bonn — München 1965.
[71] *Häusler, J.:* Grundlagen der Betriebsführung. Wiesbaden 1966.
[72] *Heinen, E.:* Das Zielsystem der Unternehmung. Wiesbaden 1966.
[73] *Head, R. V.:* Real-Time Business Systems. New York 1961.
[74] *Hellfors, S.:* Management — Datenverarbeitung — Operations Research. München und Wien 1967.
[75] *Henn, R. und H.-D. Kunzi:* Einführung in die Unternehmensforschung I und II. Berlin — Heidelberg — New York 1968.
[76] *Hertz, D. B.:* New Power for Management. Computer Systems and Management Science. New York 1961.
[77] *Hill, W.:* Unternehmensplanung. Stuttgart 1966.

[78] *Hodge, B.:* Management and the Computer in information and control systems. New York 1969.

[79] *Holden, P.E., Fish, L.S. und H.L. Smith:* Top Management — Organization and Control. New York — Toronto — London 1951.

[80] *Höhn, R. (unter Mitarbeit von G. Böhme):* Führungsbrevier der Wirtschaft. Bad Harzburg 1969.

[81] *Illetschko, L.L.:* Zentralisation und Dezentralisation, in: Organisation. Das Handbuch für die Unternehmensleitung. Hrsg. E. Schnaufer und K. Agthe. Berlin und Baden-Baden 1961.

[82] *Jerome, Wm. T.:* Executive Control — The Catalyst. New York und London 1961.

[83] *Junckerstorff, K.:* Internationaler Grundriß der wirtschaftlichen Unternehmensführung. Berlin 1964.

[84] *Junckerstorff, K. (unter Mitarbeit von W.F. Gast):* Grundzüge des Management. Wiesbaden 1960.

[85] *Kalscheuer, H.D.:* Integrierte Datenverarbeitungssysteme für die Unternehmensführung. Berlin 1967.

[86] *Kaufmann, A.:* Entscheidungstechnik im Management, Modelle für menschliches Handeln. München 1968.

[87] *Känel, W.:* Operations Research und betriebswirtschaftliche Entscheidungen. Hamburg — Berlin 1966.

[88] *Kellerer, H.:* Statistik im modernen Wirtschafts- und Sozialleben. Hamburg 1960.

[89] *Kilger, W.:* Flexible Plankostenrechnung. Köln und Opladen 1967.

[90] *Klauer, R. und P.M. Voûte:* Einführung in die Sonderprobleme des Rechnungswesens internationaler Unternehmungen. In: Managementprobleme internationaler Unternehmungen, Schriften zur Vergleichenden Managementlehre, Hrsg. L. Perridon, Wiesbaden 1970.

[91] *Kloidt, H., Dubberke, H.-A. und J. Göldner:* Zur Problematik des Entscheidungsprozesses. In: Organisation des Entscheidungsprozesses, Hrsg. E. Kosiol. Berlin 1959.

[92] *Knight, F. H.:* Risk, Uncertainty and Profit. London 1948.

[93] *Kochs, C.J.:* Kaufmännische Organisation und Rationalisierung, 2. Aufl. Wiesbaden 1970.

[94] *Koontz, H. und C. O'Donnell:* Principles of Management. New York — Toronto — London 1959.

[95] *Kosiol, E.:* Die Unternehmung als wirtschaftliches Aktionszentrum. Reinbek 1966.

[96] *Kosiol, E.:* Organisation der Unternehmung. Wiesbaden 1962.

[97] *Kramer, R.:* Information und Kommunikation. Betriebswirtschaftliche Bedeutung und Einordnung in die Organisation der Unternehmung. Berlin 1965.

[98] *Kulhavy, E.:* Operations Research. Wiesbaden 1963.

[99] *Langenegger, E.:* Konzernunternehmungspolitik, Schriftenreihe des Betriebswirtschaftlichen Instituts der Universität Bern, Hrsg. W. Müller, Bern 1967.

[100] *Langers, F. und R. Steinbock:* Konzept für die Realisierung eines Management-Informationssystems (MIS) mit Hilfe einer automatisierten Datenverarbeitung (ADV). In: Elektronische Datenverarbeitung, 7/1968, 10. Jahrgang, S. 313—321.

[101] *Leavitt, H. J.:* Managerial Psychology, 2nd ed. Chicago — London 1964.

[102] *Leavitt, H. J. und Th. Whisler:* Betriebsführung 1980. In: Fortschrittliche Betriebsführung, Bd. 6. Hrsgg. vom Kurt-Hegener-Institut für Arbeitswissenschaft des Verbandes für Arbeitsstudien — Refa — e. V. Berlin — Köln — Frankfurt/Main, o. J.

[103] *Li, D. H.:* Accounting, computers, management information system. New York 1968.

[104] *Magyar, K. M.:* Marketside einer neuzeitlichen Unternehmenspolitik, Diss. d. Hochschule St. Gallen 1967.

[105] *Maier, N. R. F.:* Psychology in Industry. A psychological Approach to Industrial Problems, 2nd. ed. Boston — Cambridge 1955.

[106] *Major, W.:* Programmbereinigung als unternehmenspolitisches Problem. Wiesbaden 1969.

[107] *Martin, F. F.:* Computer Modeling and Simulation. New York 1968.

[108] *Martin, J.:* Programming Real Time Computer Systems. Englewood Cliffs 1965.

[109] *Martin jun., E. W.:* Electronic Data Processing. Homewood 1965.

[110] *Mayntz, R.:* Die soziale Organisation des Industriebetriebes. Stuttgart 1958.

[111] *Mayo, E.:* Probleme industrieller Arbeitsbedingungen. Köln — Opladen 1964.

[112] *McConkey, D. D.:* How to Manage by Results. New York 1965.

[113] *Mechler, H.:* Management — Motor der Produktivität. Stuttgart 1955/56.

[114] *Medicke, W.:* Die Gemeinkosten in der Plankostenrechnung. Berlin 1956.

[115] *Meffert, H.:* Betriebswirtschaftliche Kosteninformation. Ein Beitrag zur Theorie der Kostenrechnung. Wiesbaden 1968.

[116] *Meier, A.:* Organisation der Unternehmensführung. Stuttgart 1965.

[117] *Meier, A.:* Rationale Führung und Leitung in der Unternehmung. Stuttgart 1957.

[118] *Mellerowicz, K.:* Planung und Plankostenrechnung, Bd. 1; Betriebliche Planung. Freiburg i. Brsg. 1962.

[119] *Mellerowicz, K.:* Unternehmenspolitik, Band 1. Freiburg i. Brsg. 1963.

[120] *Mellerowicz, K.:* Allgemeine Betriebswirtschaftslehre. Berlin 1952.

[121] *Mellerowicz, K.:* Neuzeitliche Kalkulationsverfahren. Freiburg i. Brsg. 1966.

[122] *Mellerowicz, K.:* Betriebswirtschaftslehre der Industrie, Band 1, 6. neubearbeitete und erweiterte Auflage. Freiburg i. Brsg. 1966.

[123] *Mertens, P.:* Die Maßnahmen zur Verbesserung des Informationsstandes industrieller Betriebswirtschaften unter besonderer Berücksichtigung der organisatorischen Aspekte, Diss. Darmstadt 1961.

[124] *Meyer-Eppler, W.:* Grundlagen und Anwendungen der Informationstheorie. Berlin — Göttingen — Heidelberg 1959.

[125] *Miller, D. C. und W. H. Form:* Unternehmung, Betrieb und Umwelt. Köln — Opladen 1957.

[126] *Morgenstern, O.:* Prolegomance to a Theory of Organization, U.S. Air Force, Project Rand, Research Memorandum RM-734. Santa Monica 1951.
[127] *Morris, F. E.:* The Predictive Value of the National Bureau's Leading Indicators. In: Business Cycle Indicators, Volume I. Princeton 1961.
[128] *Müller, H.:* Die elektronische digitale Rechenmaschine und Grundlagen ihrer Anwendbarkeit, Bd. 12 der betriebswirtschaftlichen Forschungen der TU Berlin. Hrsg. von Mellerowicz, K. / Schnutenhaus, O. R. Berlin 1959.
[129] *Müller-Merbach, H.:* Operations Research. Methoden und Modelle der Optimalplanung. Berlin und Frankfurt 1969.
[130] *Neubert, H.:* Internal Control. Düsseldorf 1959.
[131] *Neumann, J. v. und O. Morgenstern:* Theory of Games and Economic Behaviour, Princeton 1947; dt. Übers.: Spieltheorie und wirtschaftliches Verhalten. Würzburg 1961.
[132] *Newell, A., Shaw, J. C. und H. A. Simon:* The Process of Creative Thinking, The Band Corporation, Paper P 1320. New York 1958.
[133] *Newman, W. H.:* Administrative Action, Englewood Cliffs. New York 1951.
[134] *Newman, W. H., Summer, Ch. E. und E. K. Warren:* The Process of Management Concepts, Behaviour and Practice. New Jersey 1961.
[135] *Niederberger, A.R.V.:* Das betriebliche Informationssystem. Wiesbaden 1967.
[136] *Nordsieck, F.:* Rationalisierung der Betriebsorganisation, 2. überarbeitete Aufl. von „Grundlagen der Organisationslehre". Stuttgart 1955.
[137] *Nowak, P.:* Betriebswirtschaftliche Kennzahlen, in: Handbuch der Wirtschaftswissenschaften. Hrsg. K. Hax und T. Wessels, Bd. I, Betriebswirtschaft, 2. Aufl. S. 701—726. Köln und Opladen 1966.
[138] *Odiorne, G. S.:* Management by Objectives: A System of Managerial Leadership. New York — Toronto — London 1965.
[139] *Owens, R. N.:* Management of Industrial Enterprises. Chicago 1953.
[140] *o. V.:* Curriculum, Senior Officer's Military Management Course, U.S.A.F., Air University.
[141] *Pfanzagl, J.:* Allgemeine Methodenlehre der Statistik I, 3. Aufl. Berlin 1966.
[142] *Plaut, H. G.:* Grenzplankostenrechnung. In: Fortschritte der Planung. Wiesbaden 1965.
[143] *Pöhlmann, G.:* Der Prozeß der Unternehmensführung. Berlin 1964.
[144] *Reuss, G. E.:* Management im Zeitalter des Elektronenrechners. Basel 1965.
[145] *Rosenstock, H. A.:* Die Entscheidung im Unternehmensgeschehen, Schriftreihe „Führung und Organisation der Unternehmung". Hrsgg. v. Institut für Betriebswirtschaft an der Hochschule St. Gallen. Bern 1963.
[146] *Rose, T. G. und D. E. Farr:* Higher Management Control. New York — Toronto — London 1967.
[147] *Rößle, K.:* Allgemeine Betriebswirtschaftslehre, 5. Aufl. Stuttgart 1956.
[148] *Sandig, C.:* Die Führung des Betriebes. Stuttgart 1953.
[149] *Sandig, C.:* Betriebswirtschaftspolitik, 2. Aufl. von „Die Führung des Betriebes — Betriebswirtschaftspolitik". Stuttgart 1966.
[150] *Sasieni, M., Yaspan, A. und L. Friedmann:* Methoden und Probleme der Unternehmensforschung. Würzburg — Wien 1967.

[151] *Schenk, H.:* Die Betriebskennzahlen, Begriff, Ordnung und Bedeutung für die Betriebsbeurteilung. Leipzig 1939.
[152] *Schleh, E. C.:* Management by Results. New York 1961.
[153] *Schlenzka, P. A.:* Unternehmer — Direktoren — Manager. Düsseldorf 1954.
[154] *Schmidt, E.:* Die Automation in organisationstheoretischer Betrachtung. Berlin 1966.
[155] *Schmidt, W.:* Das erfolgreiche Führen in Technik und Wirtschaft. Düsseldorf 1959.
[156] *Schmidt-Sudhoff, U.:* Unternehmerziele und unternehmerisches Zielsystem. Wiesbaden 1967.
[157] *Schneider, R.:* Computer sinnvoll nutzen. Technik und Anwendung informationsverarbeitender Maschinen. Düsseldorf — Wien 1966.
[158] *Schnettler, A.:* Betriebsvergleich, Grundlagen und Praxis zwischenbetrieblicher Vergleiche, 3. Aufl. Stuttgart 1961.
[159] *Schnutenhaus, O. R.:* Absatzpolitik und Unternehmensführung. Freiburg i. Brsg. 1961.
[160] *Schnutenhaus, O. R.:* Allgemeine Organisationslehre. Berlin 1951.
[161] *Schramm, W.:* Die betrieblichen Funktionen und ihre Organisation. Berlin 1936.
[162] *Schulz, A.:* Strukturanalyse der maschinellen betrieblichen Informationsbearbeitung. Berlin 1970.
[163] *Schulz, R.:* Bedeutung und Problematik betriebswirtschaftlicher Kennzahlen. In: Taschenbuch für den Betriebswirt. Berlin — Stuttgart 1954.
[164] *Schwarz, H.:* Betriebsorganisation als Führungsaufgabe. Berlin 1969.
[165] *Schwarz, H.:* Optimale Investitionsentscheidungen. München 1967.
[166] *Schweiker, K. F.:* Grundlagen einer Theorie betrieblicher Datenverarbeitung. Wiesbaden 1966.
[167] *Servan-Schreiber, J. J.:* The American Challenge. New York 1969.
[168] *Simon, H. A.:* Perspektiven der Automation für Entscheider. Quickborn 1966.
[169] *Simon, H. A.:* Administrative Behavior. A Study of Decision-Making Process in Administrative Organization, 2. Aufl. New York 1960.
[170] *Simon, H. A.:* The New Science of Management Decision. New York 1960.
[171] *Simon, H. A.:* Das Verwaltungshandeln, Verwaltung und Wirtschaft, Schriftenreihe der westfälischen Verwaltungs- und Wirtschaftsakademie, Band 12. Stuttgart 1955.
[172] *Simon, H. A. und A. Newell:* Heuristic Problem Solving. The Next Advance in Operations Research. In: Operations Research, Bd. 1, Nr. 1/1958, S. 7 ff.
[173] *Sprague, R. E.:* Electronic Business Systems. New York 1962.
[174] *Staerkle, R.:* Stabsstellen in der industriellen Unternehmung. Berlin 1961.
[175] *Stegmüller, W.:* Hauptströmungen der Gegenwartsphilosophie, 3. Aufl. Stuttgart 1965.
[176] *Steinmann, H.:* Das Großunternehmen im Interessenkonflikt. Stuttgart 1969.
[177] *Steinbuch, K.:* Automat und Mensch. Über menschliche und maschinelle Intelligenz. Berlin — Göttingen — Heidelberg 1961.
[178] *Taylor, F. W.:* Shop Management. New York 1903.
[179] *Taylor, F. W.:* The Principles of Scientific Management. New York 1911.

[180] *Terry, G. R.:* Principles of Management. Chicago 1953.

[181] *Ulrich, H.:* Betriebswirtschaftliche Organisationslehre. Eine Einführung. Bern 1949.

[182] *Urwick, L.:* Axioms of Organisation, Public Administration Magazine. London 1955.

[183] *Urwick, L.:* Grundlagen und Methoden der Unternehmensführung. Essen 1961.

[184] *Valentine, R. F.:* Performance Objectives for Manager. New York 1966.

[185] *Vaterrodt, K. F.:* Funktionale Management-Information. In: Unternehmensführung und Unternehmensberatung. Düsseldorf 1969.

[186] *Vazsonyi, A.:* Die Planungsrechnung in Wirtschaft und Industrie, (dt. Übers.) Wien — München 1962.

[187] *Viel, J.:* Betriebs- und Unternehmungsanalyse, 2. Aufl. Köln und Opladen 1958.

[188] *Vieweg, R.:* Datenverarbeitung und Management. Anpassung der Führungsmethoden an moderne Informationssysteme. Frankfurt/M. — Berlin 1968.

[189] *Vogt, B.:* Die Integration des betrieblichen Verwaltungsprozesses und ihre Einwirkungstendenzen auf den Organisationsaufbau, Diss. an der TU Berlin 1968.

[190] *Vollberg, J.:* Wirtschaftlicher Einsatz elektronischer Digital-Rechenanlagen im kaufmännischen und fertigungstechnischen Verwaltungsbereich der Elektroindustrie, Diss. an der TU Berlin 1960.

[191] *Wahl, M. P.:* Grundlagen eines Management-Informationssystems. Neuwied und Berlin 1969.

[192] *Weiskam, J.:* Methoden der Voraussage als Grundlage betrieblicher Planung. Freiburg i. Brsg. 1963.

[193] *Wiener, N.:* Cybernetics or Control and Communication in the Animal and the Machine. 2. Aufl. New York — London 1961.

[194] *Wiener, N.:* Kybernetik. Düsseldorf und Wien 1963.

[195] *Wieser, W.:* Organismen, Strukturen, Maschinen. Zu einer Lehre vom Organismus. Frankfurt/Main 1958.

[196] *Wild, J.:* Neuere Organisationsforschung in betriebswirtschaftlicher Sicht. Berlin 1967.

[197] *Wild, J.:* Grundlagen und Probleme der betriebswirtschaftlichen Organisationslehre. Berlin 1966.

[198] *Wille, F.:* Fortschrittliche Kosten- und Erfolgsrechnung. Stuttgart 1962.

[199] *Wille, F.:* Management mit Profit Centers. München 1970.

[200] *Wissenbach, H.:* Betriebliche Kennzahlen und ihre Bedeutung im Rahmen der Unternehmerentscheidung, Diss. an der Johann-Wolfgang-Goethe-Universität. Frankfurt/Main 1966.

[201] *Wittmann, W.:* Unternehmung und unvollkommene Information. Unternehmerische Voraussicht — Ungewißheit und Planung. Köln und Opladen 1959.

[202] *Zimmermann, H. W. (Hrsg.):* Aspekte der Automation, Veröffentlichungen der List Gesellschaft, Bd. 16. Basel und Tübingen 1960.

[203] *Zuber, J.:* Elektronische Datenverarbeitung und Einzelfertigung, Diss. an der Friedrich-Alexander-Universität Erlangen-Nürnberg 1958.

Aufsätze und Beiträge in Zeitschriften und Sammelwerken

BFuP	Betriebswirtschaftliche Forschung und Praxis
BTA	Bürotechnik und Automation
HWO	Handwörterbuch der Organisation. Hrsg. E. Grochla. Stuttgart 1969.
ZfB	Zeitschrift für Betriebswirtschaft
ZfhB	Zeitschrift für handelswissenschaftliche Forschung (ab Jg. 1964 ZfbF: Zeitschrift für betriebswirtschaftliche Forschung)
ZfO	Zeitschrift für Organisation

[204] *Albach, H.:* Systeme der Planung in großen Unternehmensgruppen. In: Unternehmerische Planung und Entscheidung, Hrsg. Walther Busse von Colbe und Peter Meyer-Dohm. 1969.

[205] *Balke, S.:* Technischer Fortschritt und Unternehmer. In: IBM-Nachrichten, 18. Jhrg. (1968), Heft 191, S. 326 ff.

[206] *Bavelas, A.:* Communication Patterns in Task-oriented Groups. In: Group Dynamics, ed. by D. Cartwright and A. Zander, 2nd ed. London 1960.

[207] *Bemerl, R., Bonhoeffer, F. O. und W. Striegel:* Wie plant die Industrie. In: Wirtschaftskonjunktur, 18. Jg. 1966, Heft 1.

[208] *Bernsau, G.:* Der Einsatz elektronischer Datenverarbeitungsanlagen bei Nutzung integrierter Planungs- und Informationssysteme. In: Strukturwandel der Wirtschaft im Gefolge der Computer, S. 299 — 316. Basel — Tübingen 1966.

[209] *Blohm, H.:* Die Management-Methoden der 70er Jahre. In: Management-Perspektiven der 70er Jahre. Hrsg. v. G. Hohenstein. München 1970.

[210] *Böhm, H. H.:* Management-Informations-Systeme und der Computer. In: Neue Betriebswirtschaft, Heft 6/1968, S. 1.

[211] *Bouffier, W.:* Kennziffern im betrieblichen Rechnungswesen. In: Der österreichische Betriebswirt, 2. Jahrg. 1952, S. 26 — 40.

[212] *Buerki, W.:* Integrierte Management-Informations-Systeme (IMIS). In: Industrielle Organisation, Heft 6, 1969, Jahrg. 38, S. 249 — 256.

[213] *Chang, W.:* Queuing Analysis of Real-Time Computer Processing. In: Management Science, Heft 15, Jahrg. 15, 1969, S. 658 — 671.

[214] *Church, A. H. und L. P. Alford:* The Principles of Management. In: Classics of Management, ed. by F. Merill, Harwood American Management Association. New York 36, N. Y.

[215] *Dearden, J.:* Myth of Real-Time Management Information. In: Fortschrittliche Betriebsführung, 18. Jhrg., Heft 3, 1969, S. 54 (dt. Übersetzung).

[216] *De Beauclair, W.:* Geschichtliche Entwicklung. In: Taschenbuch der Nachrichtenverarbeitung. Hrsg. K. Steinbuch, Berlin — Göttingen — Heidelberg 1962.

[217] *Demmer, K. H.:* Die neuen Management-Techniken der Kostensenkung. In: Die neuen Management-Techniken. München 1967.

[218] *Deyhle, A.:* Die neuen Management-Techniken zur systematischen Gewinnerzielung. In: Die neuen Management-Techniken. München 1967.

[219] *Enrick, N. L.:* Enttäuschungen mit Management-Informations-Systemen. In: Maschine und Manager, Zeitschrift für Betriebsführung, Betriebsrüstung und Rationalisierung, 13. Jg., Heft 5.

[220] *Emerson, H.:* The First Principle: Clearly Defined Ideals. In: Classics of Management, ed. by Harwood F. Merill, American Management Association, New York 36, N. Y.

[221] *Erhard, L.:* Deutsche Wirtschaftspolitik der 70er Jahre. In: Management-Perspektiven der 70er Jahre. Hrsg. v. G. Hohenstein. München 1970.

[222] *Erwart, H.:* Kybernetische Orientierung betrieblicher Entscheidungsprozesse und Ablaufslenkung. In: Elektronische Datenverarbeitung, 10. Jhrg. 1968, Heft 9, S. 441 — 446.

[223] *Falkenhausen, H. Frhr. v.:* Die neuen Management-Techniken zur Entscheidungsbildung. In: Die neuen Management-Techniken. München 1967.

[224] *Fayol, H.:* General Principles of Management. In: Classics of Management, ed. by Harwood F. Merill, American Management Association, New York 36, N. Y.

[225] *Flavin, J. B. und G. R. Parisot:* The IBM World Trade Planning System. In: Multi-National Corporate Planning. Hrsg. G. A. Stemer, — Cannon, W. M. New York — London 1966.

[226] *Fridrich, P.:* Informationsverarbeitung in Fertigungsbetrieben. In: VDI-Nachrichten, Folge: Datenverarbeitung, Beginn: Ausgabe Nr. 8/28. Februar 1970.

[227] *Fu, K. S.:* Learning Control Systems. In: Computer and Information Sciences. Collected Papers on Learning, Adaptation and Control in Information Systems. Hrsg. von Julius T. Ton und Richard H. Wilcox.Washington 1964.

[228] *Gasser, Ch.:* Der Unternehmer vor neuen Aufgaben. In: Fortschrittliche Betriebsführung, Heft 1/2, 1969.

[229] *Gebert, H.:* Das integrierte Personalinformationssystem (IPIS) der Ford-Werke Köln. In: IBM-Nachrichten, Heft 19 8, 19. Jhrg. 1969, S. 919 — 924.

[230] *Gere, W. S.:* „Heuristics in Ido Shop Scheduling" O. N. R. Memorandum Nr. 70 Graduate School of Industrial Administration, Carnegie Institute of Technology, June 1960.

[231] *Grochla, E.:* Modelle als Instrumente der Unternehmensführung. In: ZfbF, 21. Jg. (1969), Heft 6, S. 382.

[232] *Grochla, E.:* Bedeutung der automatisierten Datenverarbeitung für die Unternehmensführung. In: IBM-Nachrichten, Heft 188, 1968, 18. Jahrg., S. 84 — 90.

[233] *Grochla, E.:* Die Gestaltung allgemeingültiger Anwendungsmodelle für die automatische Informationsverarbeitung in Wirtschaft und Verwaltung. In: Elektronische Datenverarbeitung, Heft 2, 1970, 12. Jahrg., S. 49 — 55.

[234] *Guetzkow, H. und H. A. Simon:* The Impact of Certain Communication Nets upon Organization and Performance in Task-oriented Groups. In: Some Theories of Organization, ed. by A. H. Rubenstein and Ch. Haberstroh, Homewood III. 1960.

[235] *Gutenberg, E.:* Die gegenwärtige Stellung der Betriebswirtschaftslehre. In: ZfhF 1960, S. 126 ff.

[236] *Hartmann, B.:* Total Business Systems. In: Gegenwartsfragen der Unternehmensführung. Festschrift zum 65. Geburtstag von Wilhelm Hasenack. Hrsg. Engeleiter, H. J., S. 165 — 182. Herne/Berlin 1966.

[237] *Hansamann, R.:* Der Wandel von Organisationsstrukturen in den 70er Jahren. In: Management-Perspektiven der 70er Jahre, Hrsg. von S. Hohenstein, München 1970.

[238] *Hurni, M. L.:* Einflüsse auf die Strategie der Unternehmung. In: Unternehmerstrategie, Hrsg. E. C. Bursk und D. H. Fenn jun. S. 161—174. Essen 1956.

[239] *Heinen, E.:* Zum Wissenschaftsprogramm der entscheidungsorientierten Betriebswirtschaftslehre. In: ZfB, April 1969.

[240] *Hetzel, F.:* Projekt-Informations-Dienst (PID). In: Die Unternehmung, Schweizerische Zeitschrift für Betriebswirtschaft, Heft 2/1970.

[241] *Holliger, H.:* Management als Entscheidungsprozeß. In: Industrielle Organisation 38 (1969) Heft 5, S. 185.

[242] *Illetschko, L. L.:* Die rationalen Grundlagen der Führungsentscheidungen im Betrieb. In: Führungsentscheidungen und ihre Dispositionshilfen, Vorträge am 11. Deutschen Betriebswirtschaftler-Tag, Berlin.

[243] *Jochvin, G. L.:* Digital Computers top out design for large motors ... In: Power Nr. 4/1958.

[244] *Jungk, R.:* Krisenherde der 70er Jahre. In: Management-Perspektiven der 70er Jahre. Hrsg. von G. Hohenstein, München 1970.

[245] *Kneip, A.:* Referat bei dem Besuch der Herren des Imperial Defense College in Troisdorf am 22. 9. 1966 (vervielfältigtes Manuskript).

[246] *Knoblauch, H.:* Was jeder Manager von der Datenverarbeitung wissen sollte. In: Die neuen Management-Techniken. München 1967.

[247] *Koopmann, H. J.:* Eine Einführung in die Praxis des Cashflow-Rechnens. In: Neue Betriebswirtschaft, Heft 1 (1968), S. 18.

[248] *Koreimann, D.:* Kybernetische Grundlagen der Betriebswirtschaft. In: BFuP 1965, S. 631.

[249] *Kregeloh, H.:* Was verspricht sich die Wirtschaftspraxis von der Kybernetik. In: Rationalisierung, Heft 10, 1969, 20. Jahrg., S. 246—247.

[250] *Langers, F.:* Konzept für die Realisierung eines Management-Informationssystems (MIS) mit Hilfe einer automatisierten Datenverarbeitung. In: Elektronische Datenverarbeitung, Heft 7, 1968, Jahrg. 10, S. 313—321.

[251] *Lindemann, P.:* Die Notwendigkeit der Forschung auf dem Gebiet der Unternehmensführung. In: VWI-Zeitschrift, Bericht über den Wirtschaftsingenieur-Kongreß 1967.

[252] *Lutz, T. und H. Beutler:* Management Information System (MIS), Begriffe und Konzeption. In: IBM-Nachrichten, Heft 191, Oktober 1968, 18. Jahrg., S. 367 ff.

[253] *Lutz, T. und H.* Klimesch: Management Information Systems (MIS), Die Datenbank und ihre Probleme. In: IBM-Nachrichten, Heft 192, Dezember 1968, 18. Jahrg. S. 457 ff.

[254] *Lutz, T. und P. Miottke:* Management Information Systems (MIS), Der Weg zu einem MIS. In: IBM-Nachrichten, Heft 193, Februar 1969, 19. Jahrgang. S. 534 ff.

[255] *McKeever, J. M.:* Building a computer-based MIS. In: Journal of Systems Management, Heft 9, 1969, 20. Jahrg. S. 12—17.

[256] *Marx, W.:* Die Verwendung vorgefertigter anpassungsfähiger Informationssysteme. In: RDO: Rechnungswesen, Datenbank, Organisation, Heft 3, Jahrgang 16, 1970, S. 49—60.

[257] *Mellerowicz, K.:* Voraussetzungen und Wege erfolgswirksamer Kostensenkung. In: Gegenwartsfragen der Unternehmensführung, Festschrift zum 65. Geburtstag von Wilhelm Hasenack, Hrsg. Engeleiter, H. J. S. 465—478, Herne/Berlin 1966.

[258] *Mertens, P.:* Industrielle Datenverarbeitung. Wiesbaden 1969.

[259] *Müller-Merbach, H.:* Koordinierung von Rechnungswesen und Optimalplanung in der elektronischen Datenverarbeitung. In: Kostenrechnungspraxis 1962, Heft 5, S. 211—217.

[260] *Niehaus, J.:* Zur Preisbildung bei ungewissen Erwartungen. In: Schweizerische Zeitschrift für Volkswirtschaft und Statistik, 1948, S. 493 ff.

[261] *Nowak, R.:* Aufbau von Informationssystemen mit EDV-Anlagen der 3. Generation. In: Elektronische Datenverarbeitung, Heft 6/1968, S. 5.

[262] *o. V.:* „Dateldienste" der Deutschen Bundespost. Hrsg. vom Fernmeldetechnischen Zentralamt in Darmstadt.

[263] *Rinderhagen, G.:* Factor, ein integriertes Management-Informations- und Kontrollsystem für die Fertigungsindustrie. In: Impulse, Honeywell Computer Nachrichten. Heft 1/70. Frankfurt/Main 1970.

[264] *Schott, G.:* Betriebswirtschaftliche Kennzahlen. In: ZfhF, 3. Jahrg. 1951, S. 563—573.

[265] *Schultheiss, R. R.:* Elektronische Datenauswertungen als Führungsunterlagen. In: Rationalisierung Heft 2, 1969, 20. Jahrg., S. 40—44.

[266] *Schwarz, H.:* Zur Bedeutung und Berücksichtigung nicht oder schwer quantifizierbarer Faktoren im Rahmen des investitionspolitischen Entscheidungsprozesses. In: BFuP, Jg. 1960, S. 686 ff.

[267] *Sporer, E. S.:* Kybernetische Organisationstechnik. In: Industrielle Organisation. Heft 7, 1969, 38. Jahrg., S. 311—318.

[268] *Stahlknecht, P.:* Anwendungen der Unternehmensforschung in der Praxis. In: ZfbF, N. F. Jg. 19., ab 1967, Heft 7/8.

[269] *Steinbuch, K.:* Über Kybernetik. In: Heft 118 der Arbeitsgemeinschaft für Forschung des Landes Nordrhein-Westfalen. Köln und Opladen 1963.

[270] *Steinchen, W.:* Qualitätssteuerung durch Computer. In: VDI-Nachrichten, Folge: Datenverarbeitung, Beginn: Ausgabe Nr. 46/12. Nov. 1969.

[271] *Strong, L.:* Every Day is Doomsday. The Ordeal of Executive Decision. In: The Management Review, November 1955.

[272] *Taylor, F. W.:* The Principles of Scientific Management. In: Classics of Management, edited by Harwood F. Merill, American Management Association, New York 36, N. Y.

[273] *Tonge, F. M.:* Summary of a Heuristic Line Balancing Procedure. In: Management Science, Oct. 1960.

[274] *Trechsel, F.:* Die neuen Management-Techniken der Investitions- und Wirtschaftlichkeitsrechnung. In: Die neuen Management-Techniken, München 1967.

[275] *Van de Kamp, J. A.:* Elektronische Datenverarbeitung als Führungsinstrument — Möglichkeiten und Grenzen. In: Management International, Sonderband über die V. Europäische Management Konferenz des CECIOS. Wiesbaden 1966.

[276] *Volmer, G.:* SYMOB — neue Wege der Systemanalyse und Programmierung elektronischer Datenverarbeitungsanlagen. In: BULL Informationen. Februar 1964.

[277] *Wagenführ, H.:* Gesellschaftliche und wirtschaftliche Strukturwandlungen in den 70er Jahren. In: Management-Perspektiven der 70er Jahre. Hrsg. von G. Hohenstein. München 1970.

[278] *Wahl, M. P.:* Grundlagen eines Management-Informationssystems — Thesen. In: IBM-Nachrichten, Heft 198, Dezember 1969.

[279] *Walther, A.:* Wechselbeziehungen zwischen Rechenautomaten und Operations Research. In: Ablauf- und Planungsforschung 4 (1963), Heft 1, S. 146—157.

[280] *Weaver, W.:* Recent Contributions to the Mathematical Theory of Communication. In: C. E. Shannon, W. Weaver. The Mathematical Theory of Communication. Urbana III 1959.

[281] *Will, H. J.* Moderne Unternehmensführung. In: ZfB, Nr. 6, 1970

[282] *Witte, E.:* Führungsstile. In: HWO, Hrsg. Grochla, E. Stuttgart 1969.

[283] *Zemanek, H.:* Informationstheorie. In: Unternehmensforschung. Operations Research, 1. Band 1956.

Sachregister

FSC
www.fsc.org
MIX
Papier | Fördert
gute Waldnutzung
FSC® C083411

Kolibri 360 GmbH
Ferdinand-Jühlke-Straße 7
99095 Erfurt, Deutschland
produktsicherheit@kolibri360.de